首都高端智库报告

首都财政研究

SHOUDU
CAIZHENG YANJIU

姚东旭 何晴 等 ◎ 著

首都经济贸易大学出版社
Capital University of Economics and Business Press
·北京·

图书在版编目（CIP）数据

首都财政研究 / 姚东旭，何晴 等著. —北京：首都经济贸易大学出版社，2022.11
　　ISBN 978-7-5638-3449-5

　　Ⅰ.①首… Ⅱ.①姚…②何… Ⅲ.①地方财政—研究—北京 Ⅳ.①F812.71

中国版本图书馆CIP数据核字（2022）第211850号

首都财政研究
SHOUDU CAIZHENG YANJIU

姚东旭　何　晴　等著

责任编辑	潘　飞
封面设计	砚祥志远·激光照排　TEL：010-65976003
出版发行	首都经济贸易大学出版社
地　　址	北京市朝阳区红庙（邮编100026）
电　　话	(010) 65976483　65065761　65071505(传真)
网　　址	http://www.sjmcb.com
E-mail	publish@cueb.edu.cn
经　　销	全国新华书店
照　　排	北京砚祥志远激光照排技术有限公司
印　　刷	唐山玺诚印务有限公司
成品尺寸	170毫米×240毫米　1/16
字　　数	327千字
印　　张	18.75
版　　次	2022年11月第1版　2022年11月第1次印刷
书　　号	ISBN 978-7-5638-3449-5
定　　价	98.00元

图书印装若有质量问题，本社负责调换
版权所有　侵权必究

课题组成员

姚东旭　何　晴
李林君　张亦然
王子林　茹　玉
孙　萌　张晓颖

前 言

首都作为一个国家的政治中心和中央政府所在地，具有很强的政治属性。首都既有一般城市的共有职能，也有其独有的"首都职能"，而首都城市职能的特殊性又必然会对其财政制度提出特殊要求，使得首都财政具有不同于一般城市财政的特征。

党的十八大以来，习近平总书记多次考察北京，提出"建设一个什么样的首都，怎样建设首都"这个重大时代课题，新时代首都建设规划也由此拉开了帷幕。2017年9月，党中央、国务院批复《北京城市总体规划（2016年—2035年）》，正式确立了北京城市发展的新蓝图。2018年12月，党中央、国务院批复《北京城市副中心控制性详细规划（街区层面）（2016年—2035年）》，标志着北京城市副中心规划建设迈出了崭新一步，将与河北雄安新区共同建成北京新的"两翼"。2020年8月，党中央、国务院批复《首都功能核心区控制性详细规划（街区层面）（2018年—2035年）》，成为未来首都核心区的总体纲领、总体指南，此次编制核心区控制性详细规划在首都规划建设史上也是第一次。首都高质量发展需要更好地处理"都"与"城"的关系，更好地落实"四个中心"城市战略定位、履行"四个服务"基本职责。

在加快建设国际一流和谐宜居之都的过程中，首都财政发挥了基础性的作用，既体现在为首都城市战略的实现提供充足的财力保障，又体现在为首都的高质量发展提供有效的财政工具与政策。因此，有必要对与首都功能相匹配的财政责任的常态化特征进行分析，并探索首都财政责任制度化的可行性方案。

首都经济贸易大学特大城市经济社会发展研究院（以下简称"研究院"）

是首都高端智库首批试点单位之一，研究院聚焦"京津冀协同发展"和"特大城市治理"两个研究主题，围绕"建设一个什么样的首都，怎样建设首都"这一重大时代课题，在首都城市战略定位、京津冀协同发展、有序疏解非首都功能、城市副中心建设、推动首都高质量发展等重大现实问题，以及市委市政府决策急需的热点、难点问题等研究领域，着力推出具有现实性、针对性和较强决策参考价值的研究成果。

本书为首都经济贸易大学特大城市经济社会发展研究院姚东旭研究团队在首都财政领域的重要研究成果，笔者在书中力图对以下问题进行探究，寻找政策优化路径：首都财政的内涵属性是什么？与一般城市财政相比，首都财政的范畴具有哪些特异性？首都财政之特异性的影响因素是什么？立足首都城市战略定位和推动京津冀协同发展重大战略，现阶段首都财政的功能定位是什么？首都财政对北京财政制度建设的意义是什么？为实现首都财政的功能定位，北京市税源建设、支出结构、市区财政体制、预算管理制度等的改革方向应当如何设计和落地？在对这些问题的探索基础上，笔者以首都财政的内涵属性、功能定位和实现路径为题，通过横向、纵向等综合比较分析，对首都财政的国外经验、北京财税体制的历史沿革等进行了比较与剖析；围绕首都高质量发展的核心目标设计了首都财政功能定位的基本框架，在这一基本框架中，进一步分析首都财政功能实现的行动原则、目标设定和具体步骤，勾勒行动路径，提出有价值的政策性建议，从而为首都财税体制改革提供智力支持。

"十四五"规划具有特殊历史使命、特殊时代背景。这一时期，世界百年未有之大变局正在深度演化，如新冠肺炎疫情已开始重塑全球政治经济格局，我国的外部发展环境也更加错综复杂。在这一背景下，研究"建设一个什么样的首都，怎样建设首都"这个重大时代课题，处理好"都"与"城"的关系，释放"四个中心"巨大能量，把"四个服务"转化为发展动力，将科技优势转化为经济实力，建设国际一流和谐宜居之都，是首都财政功能定位和路径规划所要充分考虑的。希望本书能够为关心首都财政功能定位和实现路径的研究者以及实务部门提供有益启发，在拓展这一领域的研究边界方面贡献力量。

目 录

1 首都财政：概念构建与理论探讨 1
   1.1 首都、首都城市及其分类 1
   1.2 首都的行政区划及行政组织机构 6
   1.3 首都城市管理体制的国外实践 9
   1.4 中国首都城市管理的历史变迁及其特殊性 12
   1.5 北京常态化的首都财政责任及"首都财政"命题的学术价值和
       现实意义 16

2 首都城市规划发展定位及历史变迁 25
   2.1 1949 年以前的北京城市规划：基本处于缺位状态 25
   2.2 1949—1972 年的北京城市规划：以工业生产为中心 28
   2.3 1973—1992 年的北京城市规划：北京作为首都定位的不断调整深化 ... 38
   2.4 1993—2016 年的北京城市规划：首都定位的进一步精确 46
   2.5 2017 年至今的北京城市规划：非首都功能的疏解 56

3 首都财政体制的变迁与发展 61
   3.1 计划经济时期的中央-北京-区县财政关系（1950—1979 年）........... 61

  3.2 转型时期的中央 – 北京 – 区县财政关系（1980—1993 年）..........74

  3.3 发展社会主义市场经济中的中央 – 北京 – 区县财政关系

    （1994 年以后）..........85

  3.4 首都财政体制改革思路..........120

4 北京市历年财政收支规模、结构与特征..........123

  4.1 北京市财政收入分析..........123

  4.2 北京市财政支出分析..........145

  4.3 北京市财政收支平衡分析..........157

  4.4 北京市财政收支的特点..........162

5 新发展背景下的首都财政..........165

  5.1 新发展背景下的首都财政概述..........165

  5.2 疏解非首都功能对财政的影响..........175

  5.3 "四个中心"定位对北京财政的影响..........185

  5.4 "五子"联动对北京未来财政的影响..........209

6 首都财政的国际比较..........219

  6.1 华盛顿特区的财政体制分析..........220

  6.2 东京都的财政体制分析..........234

  6.3 伦敦市的财政体制分析..........253

7 关于首都财政发展的政策建议..........279

参考文献..........284

1 首都财政：概念构建与理论探讨

中国语境下的首都财政，本质上是为了处理好中央、首都、北京三者之间的关系，使之更好、更稳定、更可持续。对于首都而言，目前我国并不存在完整、系统的首都制度体系，唯一设置的首都组织机构是首都规划建设委员会。对于北京而言，与之相关的重要制度安排是"直辖"制度和20世纪90年代以来逐渐形成的分税制框架，当然这两项制度安排并非专门针对北京而设计的。实际上，北京的特殊性在于其身兼首都和地方一级政府的双重身份；与此同时，有效落实"四个中心"的城市战略定位，强化"四个服务"[①]，加快建设国际一流的和谐宜居之都，是党中央赋予北京的重大战略任务。上述现实需求都与首都财政息息相关。因此，对首都财政相关问题的探讨，具有重要的理论意义和现实意义。

1.1 首都、首都城市及其分类

1.1.1 首都要义及其具象体现

国家作为政治统一体，一般须具备四要素：人民、政府、领土和管辖权。其中，领土是国家的空间要素，首都则是国家领土的重要组成部分。首都是将人民与政府、领土与管辖权凝聚在一起的国家政治中枢，是上述政治统一体四要素的集中体现，通常而言，没有首都的国家是不存在的。

在古代，首都往往既是政治中心，也是宗教中心。金碧辉煌的宫殿等

---

① "四个服务"，即首都北京要更好地为中央党政军首脑机关正常开展工作服务，为日益扩大的国际交往服务，为国家教育、科技和文化发展服务，为市民的工作和生活服务。

各类建筑设施是封建社会的权力象征。例如，我国明清时期的皇城——紫禁城，就是按照"紫微正中"的格局，建在了北京城的中心，再加上钟楼、鼓楼，以及天、地、日、月四坛，通过向心、对称和严谨的布局，来体现"天子"（最高统治者）对秩序、等级和生存环境的认识和安排。现代的首都则多以中心广场、纪念碑、博物馆等为主要象征物，来体现特定的政治信仰、政治制度等。中华人民共和国成立后，对旧北京进行了改造，围绕天安门陆续建起了人民英雄纪念碑、人民大会堂、中国革命历史博物馆、毛主席纪念堂等，使天安门真正成为中国政治中心的重要标志，成为中华人民共和国的重要象征。

1.1.2 首都城市的相关认知

1.1.2.1 对首都城市的理解

首都城市是指承载国家政治中枢功能的区域政治实体，它的建设与管理不仅仅是一个地理的、城市的或经济的问题，而是一个关系国家民族兴衰的重大政治问题。首都城市功能是指首都这个特定区域在国家政治、经济和文化生活中所担负的任务和发挥的作用。现代社会的首都城市是民族国家的政治凝聚力与政治权力的中心，通常是国家的政治中心、文化中心、国际交往中心，在有些国家也是经济中心。

亚里士多德的著作《政治学》收录了150多个城邦的政治、法律等方面的制度资料，他据此论述了当时的首都城市功能问题。他认为，城邦构成了古希腊的政治系统，城邦生活就是当时的政治生活，而城邦的中心区域作为当时的政权机构所在地，领导着城邦的生活，这个中心区域被视为城邦的首都。在亚里士多德之后，许多著名的政治思想家也都对首都城市功能问题有所论述，如托克维尔、孟德斯鸠、卢梭、马克思、恩格斯、列宁等。近现代以来，首都城市的情况比传统社会要复杂得多。在大多数国家的首都城市，人口高度聚集且流动性很强，党政军机构、新闻媒介机构、文化教育机构、科研信息机构等国内外各类组织机构云集。可见，首都城市对于国家政治与公共政策的影响力，是其他非首都城市所不可比拟的。

1.1.2.2 首都城市的本质特征

首都城市的本质特征，是相比非首都城市而言的，即指首都城市在国家政治、经济、文化与社会生活中所表现出来的带有根本性的内在属性，主要体现在以下两个方面。

第一，首都是国家最高政权机关所在地，是国家的政治、权力中心。首都的这一中心地位一般由国家最高政权机关决定、公布并由国家法律载明。因此，首都城市往往是国家的代名词，而非首都城市则一般不具有这种功能，正如人们常常以北京、华盛顿、巴黎、伦敦、东京等作为该国的代名词一样。卢梭在《社会契约论》中指出，维持主权权威政治生命的立法权和行政权是国家的心脏和大脑。大脑指示各个部分运动起来，如果大脑瘫痪，一个人就将麻木不仁地活着；一旦心脏停止了它的机能，则任何动物马上就会死掉。非首都城市则不具有这种重要性，即使失去了某个城市，如同失去了肢体上的某个部分，虽然残缺不全，但仍能延续生命。

第二，首都是国家及其文化与文明的象征。首都代表着国家，是国家的展示窗口与"首善之区"。恩格斯将巴黎喻为"汇集了整个欧洲历史文明神经纤维的世界的心脏和头脑"；列宁认为"首都是国家的神经中枢、心脏和人民精神生活的中心"；美国社会学家理查德·帕克则把首都城市喻为"文明的工厂"。加拿大国家首都委员会曾于1989年做过一项调查，以揭示首都城市的象征意义。调查的问题是：当提到首都城市（如加拿大首都渥太华）时，你脑海中会联想到怎样的词汇或形象？调查结果显示：人们脑海中与首都城市相关联的词汇大部分涉及"政治、文化中心功能"，如"政府""议会""国家艺术馆"等；若只考虑被调查对象中那些从未到过渥太华的人（占本次调查样本的60%），则答案只有一个——"议会"，而"议会"显然是具有很强的国家象征意义的。首都城市所具有的象征意义对该国以外的人而言尤为明显。通常外国人会很自然地认为，与首都城市相关的一切都代表着这个国家，其中包括好的方面，也包括不好的方面。从这个意义上讲，首都城市建设、管理与提供服务质量的意义远远超过任何非首都城市。

当然，首都城市一些具有象征意义的特征也在发生着变化。首都城市区别于非首都城市的本质特征往往是通过一些物质形式加以表达的，但这种表达正在被削弱或受到来自非首都城市越来越多的挑战。在日益多元的社会格局中，首都城市的象征意义也已经悄然发生了某些变化。变化的原因主要来自以下三个方面：一是伴随现代化发展浪潮，世界各国的城市生活方式与环境质量、信息资源也愈来愈趋于一致。原有首都城市的"中心性"或发展的"前沿性"特征，即通过拥有较高标准的服务（如摩天大楼、高速公路、机场、商店、旅馆、国家图书馆、大学等）所体现的优越地位，通过优质的通信、银行服务，连同各类国内外商业总部和侨民团体等所体现的与世界的广泛连接,已受到较大的削弱。二是随着现代化信息与管理手段的发展,首都城市所具有的版图控制的中心性功能或方式也必然发生变化。在后现代社会形态下,描述国家首都的象征意义是比较困难的,因为首都城市的国家特征这个功能似乎愈来愈缺乏清晰的界定。三是传统的首都城市作为人工制造的作品,其本身就是权威体系的必然构成部分,或者说至少从物质层面上体现了权威体系,它们通常是崇高、神圣的最高表达,通过具体的文化符号来体现其政治文化价值。然而,这些在后现代社会与信息社会的强大冲击下正变得微弱。当然,即便如此,首都城市在很大程度上仍然代表着国家,并且是国家特征和权力的重要体现。首都城市不仅仅具有某种象征意义,更重要的是其在制度层面维护、发展、巩固国家统一的功能,而这也是首都城市区别于非首都城市最重要、最本质的功能。

1.1.2.3 首都城市的功能问题

首都城市功能是一个体系,包括体现首都本质的"核心功能"和体现城市本质的"附加功能"。所谓核心功能,是指反映首都城市本质、起主导作用的国家政权与公共管理功能,即国家政权通过各种政治制度、设施与行为,实现国家治理的功能(亦可称之为"国家功能"),包括政治功能、卫戍功能、国际交往功能等。所谓附加功能,是指首都城市基于不同的历史文化传统与需要,在核心功能之外逐渐叠加上去的各类功能,如文化功能与经济功能等。核心功能是所有首都城市皆应具备的特征,附加功能则是反映首都城市差别或特色的功能(亦可称"特色功能")。

在不同国家及其政治治理模式下,首都功能的范围与管理体制是不同的,且大多数首都城市已呈现越来越向国际化大都市发展的趋势。首都区域治理权限的划分是个比较敏感的问题,强调中央作用过多或强调地方作用过多,都会影响首都城市功能的正常发挥,也会遭到来自不同方面的批评,但这个问题又无法回避。改革开放以来,中共中央、国务院对首都北京的建设和发展曾有多次重要指示,要求把北京建设成为全国的政治、文化中心,要求北京市政府把职能定位于做好"四个服务"上,要求科学规划、科学建设与科学管理。不过,在国务院的有关批示中并没有提到北京作为首都所应发展的经济功能问题,以致在"一切以经济建设为中心"的大背景下,如何发展经济一度成为困扰北京发展的重要问题,直到中共北京市第八次代表大会明确提出了"首都经济"①的概念和发展思路。首都北京如何处理好经济发展与政治、文化中心的关系,如何走出一条具有中国特色的首都政治经济协调发展之路,是需要在实践中不断探索的大课题。

1.1.3 依据功能的首都城市分类

1.1.3.1 单功能首都

单功能首都主要是指单纯作为国家政治与行政中心的政治首都,也有少量政治首都兼具国家文化中心或国际交往中心的功能。单功能首都城市是专门为政府所在地而创建的城市,它具有一国的政治中枢功能,是中央政府及其所属部门所在地,其主要功能是行政管理。这类首都城市集中体现了前述首都城市的核心功能,特别是近现代社会政治高度发展对首都城市的功能要求。单功能首都城市一般规模都比较小,城市人口较少,城市就业人口主要是中央政府雇员以及为首都功能提供服务的从业人员。这类首都城市大都环境优美,具备现代化公共设施,服务业发达,各项事业的发展都服从于城市政治功能的要求,财政上基本靠中央支持。目前,世界上只有少量首都城市属于单功能型。从总体上看,这类国家多为联邦制国家,即由若干邦、州、省组成的统一的国家结构形式,其特点是各成员联合在一个公共主权之下,在联邦宪法规定的范围内,分别行使一定的国家权力。联邦政府有统一的宪法、法律和对外政策,有最高立法机关、行政机关、武装力量等。首都选址是个重大的政治问题,如果把国家首都定在某个邦、州或省,必然会给人留下以这里为全国政治中心的印象。为增进民族团结,防止国家分裂,体现国家统一与民主政治理念,必须采取某种妥协方案,避免使首都城市落入任何一个邦、州、省的辖区内,因而采用单一功能模式。

单功能型首都城市初始典范中最突出的无疑是美国首都华盛顿。美国是最早实行联邦制的国家,也是最早推出单功能首都城市的国家。美国的成功经验,以及这一模式本身所体现的独特魅力,使一些国家纷纷效仿并取得了

---

① 1980年,中共中央书记处针对首都建设作出了四项指示,并提出要紧紧抓住"适合首都特点的经济建设"这一点。1983年,《中共中央、国务院关于对〈北京城市建设总体规划方案〉的批复》中,再次重申"适合首都特点的工业经济";在20世纪80—90年代初长达10年期间,北京市委市政府对"适合首都特点的工业经济"进行了比较深入的研究。1995年,党中央、国务院领导再次重申北京作为首都和历史文化名城,应该是全国的政治中心、文化中心和国际交往中心,提出"四个服务",并指出,还要集中力量把经济搞上去,发展适合首都特点的经济。据此,在1997年12月召开的中共北京市第八届代表大会报告中,首次提出了"首都经济"这一简明扼要的概念,并概括了"首都经济"的基本含义。

成功，尤其是实行联邦制的国家，如加拿大首都渥太华、澳大利亚首都堪培拉、瑞士首都伯尔尼、印度首都新德里、巴基斯坦首都伊斯兰堡等。与此同时，也存在借鉴模仿失败的案例。例如：阿根廷迁都计划最后流产；巴西首都虽然成功地从里约热内卢迁往巴西利亚，但它却最终成了一个重要的经济城市；日本、韩国的迁都计划也始终未能实施，取而代之的是采用英国大伦敦市、法国巴黎大区和印度新德里的建设格局或范式，即在扩大的首都地区范围内调整功能分布，采取不同功能区域的相对集中模式。

1.1.3.2 多功能首都

多功能首都的特点是它集中了所有或大部分重要的国家级城市功能，即除了政治中心功能外，还具备其他多种功能，如文化中心、经济中心等。从总体上看，多功能首都城市是世界上多数国家特别是发展中国家首都城市的主要类型，其也已成为当今世界主要的首都模式。目前世界上大多数国家的首都兼具政治、文化和经济中心（有的属全国性，有的属区域性）等多功能，如北京、巴黎、伦敦、东京等。

从政治制度上看，这类首都城市基本上是与单一制国家结构形式相适应的。所谓单一制，指由若干个行政区域单位构成单一主权国家的一种国家结构形式。在这一体制下，国家的各类优质资源都尽可能地集中于首都城市，如国家级的图书馆、体育馆、博物馆、歌剧院、大学，以及各类商业、金融机构的总部等，此外还包括各类重大活动和赛事，如奥运会、大型国际展会等。总之，单一制国家的首都城市理所当然应在各方面都"争优创先"。以奥运会为例，通过举办此类大型赛事，的确能够有效地吸引外来资金，加快城市基础设施建设，培育体育文化产业，刺激旅游业，创造更多的就业机会。韩国首都汉城（现名首尔）和日本首都东京正是在举办奥运会的刺激下获得了长足的发展，并一举迈上了国际大都市的台阶。与此同时也应该看到，如果首都城市承担的功能（如举办各类赛事活动等）过多，也会给首都城市核心功能的发挥带来负面影响。

1.2 首都的行政区划及行政组织机构

1.2.1 首都的行政区划

行政区划，亦称行政区域，指各国为了有利于政治和行政管理，有利于民族团结和繁荣，有利于社会经济与文化发展，兼顾历史传统与人口分布状况及地理交通条件等因素而把领土范围分为层次不同、大小不等的行政管理区域。行政区划是国家进行政权建设和管理的手段，是国家组织的空间表现形式。目前，我国宪法规定了省、自治区、直辖市的行政区划，尚没有专门针对首都的行政区划，而是表述为"中华人民共和国首都是北京"，北京按直辖市进行行政管理。

如果根据首都城市功能范围理解"首都行政区划"，则首都行政区划范围是指首都功能所及的区域范围。通常存在狭义和广义两种口径，即首都功能核心区（狭义）与整个首都城市行政区（广义）。以北京为例，狭义上，首都北京仅指中央政务区，含东城区和西城区这两个市属行政区，总面积92.5平方公里，这里的功能定位是全国政治中心、文化中心、国际交往中心的核心承载区，是历史文化名城保护的重点地区和展示国家首都形象的重要窗口。广义上，首都北京则包括整个北京行政区，也就是16个市属行政区都包括在内。

根据首都城市功能，通常人们对北京的"首都的行政区划"形成了三种口径的理解：①首都的行政区划是指首都城市所担当的行政功能中属于国家功能的那部分行政区域，在其范围上对应首都功能核心区，即东城区+西城区，基于这种理解的"首都的行政区划"，与东城和西城的行政区域在地理上完全重合。②首都的行政区划是指城市市区内的行政区域，即北京的城区部分，不包括乡村。这种看法比第一种理解宽泛，"首都的行政区划"与"北京行政区域"的城区部分完全重合。③首都的行政区划是指整个北京行政区，既包括城区也包括农村，基于这种理解的"首都的行政区划"与"北京行政区域"在地理上完全重合。

1.2.2　首都的行政组织机构

首都行政的特殊性之一在于其协调功能。几乎各国都建有由中央政府直接领导的协调性组织机构，如国家首都委员会、首都规划建设委员会、首都地区（大区）议会、首都圈联合委员会、首都发展局、首都建设公团等。这些机构对首都及其周围地区的规划、建设、发展与行政管理实施统筹领导与协调，地方建设必须与这些协调组织机构协商，其中关系重大的决策还要经过中央政府批准，并通过颁布各种法令、法规予以实施。例如，中国的首都规划建设委员会被列为国务院议事协调机构[①]，主要负责审定实施北京城市建

[①] 国务院行政机构根据职能分为国务院办公厅、国务院组成部门、国务院直属机构、国务院办事机构、国务院组成部门管理的国家行政机构和国务院议事协调机构。国务院议事协调机构承担跨国务院行政机构的重要业务工作的组织协调任务。国务院议事协调机构议定的事项，经国务院同意，由有关行政机构按照各自的职责负责办理。在特殊或紧急的情况下，经国务院同意，国务院议事机构可以规定临时性的行政管理措施。

设总体规划的近期计划和年度计划,以及重要地区、街道的重大建设工程方案,研究城市建设和管理的重大问题,协调各方面关系。2016年7月20日,根据北京市委十一届十次全会相关部署,北京市政府设立北京市规划和国土资源管理委员会,为市政府组成部门,挂首都规划建设委员会办公室牌子。不再保留北京市规划委员会、北京市国土资源局。2017年9月28日,首都规划建设委员会召开第35次全体会议,会议宣读了《中共中央、国务院关于对〈北京城市总体规划(2016年—2035年)〉的批复》,通报了《首都规划建设委员会议事规则》和《首都规划建设重大事项向党中央国务院请示报告工作制度》,研究部署城市总体规划实施工作。会议强调首都规划建设委员会最重要的职责就是守护好规划,坚决维护规划的严肃性和权威性,各成员单位都要带头遵守规划、落实规划,自觉接受城市总体规划的法定约束。北京市要先带好头,严格按规划办事,加强监督与检查,确保各项建设和管理严格按照城市总体规划有效实施。根据首都规划建设委员会主要组成人员来看(见表1.1),虽然首都规划建设委员会设在北京市行政机构框架里[1],但其实质上更多是中央政府意志的一个转达机构。

表 1.1　首都规划建设委员会主要成员构成情况

主要人员		在首都规划建设委员会中的职位
蔡 奇	北京市委书记	主任
陈吉宁	北京市委副书记、代市长	副主任
丁向阳	国务院副秘书长	副主任
杨伟民	中央财经领导小组办公室副主任	副主任
张 勇	国家发展改革委副主任	副主任
李干杰	环境保护部部长	副主任
钱毅平	中央军委后勤保障部副部长	副主任
隋振江	北京市副市长	副主任
王蒙徽	住房和城乡建设部部长	副主任

资料来源:http://www.china.com.cn/news/2017-09-28/content_41663290.htm。

---

[1]　根据中共中央、国务院批准的《北京市党政机构改革方案》和《北京市人民政府关于机构设置的通知》(京政发〔2000〕2号),组建北京市规划委员会(简称"市规划委"),挂首都规划建设委员会办公室(简称"首规委办")的牌子。

1.3 首都城市管理体制的国外实践

首都城市管理体制（即"都制"），是从国家法律制度上对所划定的特定区域作为首都城市的性质、地位、组织和运营作出规定，赋予其特殊的功能，并从制度上对"机关、企业事业单位在机构设置和领导隶属关系管理权限划分"作出规定[①]。"都制"的基础是建立在国家法律公信度与权威性之上的组织结构、地位作用、职能范围、决策程序、规章制度等方面的综合。就横向关系而言，它涉及政治实体及其他公共权力主体之间的责权利关系；就纵向关系而言，它涉及不同政治实体与组织体系的上下级关系，如中央政府与直辖市政府、市政府与区县及各个派出机关之间的关系等。

首都的重要性不言而喻，如何有效地管理首都是中央和有关地方最重要的任务之一。首都城市一般不宜由地方所控制。从世界范围来看，在联邦国家，将联邦的某一个州设立为首都是一个重大的政治问题。选定一个适当的城市作为首都，并在那里建立与国家通行的地方制度不完全相同的"首都制度"可以说是很普遍的现象。在非联邦制国家，则一般把首都城市制度置于该国的地方制度之中，但不排除设定某些特殊规则。事实上，大部分国家的首都城市制度或体制都处于"夹缝"之中。一方面，它必须服从于中央政府的垂直管理；另一方面，为了实行有效的管理，它又需要一定的自治权，也就是能够管理和控制其整个辖区。通过对一些国家首都制度和体制方面案例资料的梳理，可以得出以下判断：一是世界各国都有各具特色的首都制度。二是美国的建都原则一直被视为联邦制国家建立首都城市的基本原则，即联邦首都应该设在联邦境内一个特殊的地理位置上，它不能被某一个单独的州所管辖。这个基本原则被后来的许多联邦制国家所接受，但并未被完全照搬，而是采取了一种变通的办法。例如，加拿大首都渥太华就继续由其所在的安大略省管理，安大略省对其的管理方式与省内其他城市也并没有什么不同。三是联邦国家对首都城市的分权程度，与联邦首都是不是由联邦直接管辖并没有明显的关联。换句话说，在相对分权的联邦国家中，不仅首都城市由联邦管辖，而且联邦境内其他重要的州也由联邦直接管辖。

1.3.1 日本首都东京的管理体制实践

东京作为日本的首都，实行了特殊的管理体制。1871 年设立东京府，东

---

① 《辞海》编辑委员会编：《辞海》缩印本，上海辞书出版社 1999 年版，第 223、274 页。

京府知事由中央政府任命；1889年设立东京市，形成府、市双重体制，市议会获准选举市长；1943年又将东京市改为东京都，行政区划也进行了大幅度的调整，形成了23个特别区，将府与市的权力联结在了一起，东京都政府在特别行政区域内直接负责市政管理。第二次世界大战后，日本又多次调整，对东京实行不同于市的"都制"管理体制。东京的行政管理机构分为决议机构（都议会）和执行机构（都知事、行政委员会），都议会由东京都民直接选出的议员组成。都议会拥有制定与废除条例、决定预算、批准决算等权力，以及选举行政委员会成员的选举权和对副知事的任命权。日本都一级的执行机关首长称为知事，由地方居民直接投票选举产生。东京都作为首都和大都市，可设2名副知事。知事与副知事均不能担任众参两院议员。知事有权任免、监督所管辖地区的行政官员，有权进行预算、征税、财政拨款，有权解散同级地方议会和监督下级地方政府。东京都地方政府的职权是维护、保存和使用属于本自治政府的财产，保护和管理地方的学校、医院、公园、道路、桥梁、河流等，办理户口、登记居民身份证，支配地方警察，执行国家法令，监督公债的偿还，负责国会、政府机关、外国使馆、皇族、国内外重要人物的警卫，接待外宾等。

1.3.2　法国首都巴黎的管理体制实践

作为法国首都，巴黎的体制与法国其他地方相比具有特殊性。20世纪60年代以前，巴黎市属于塞纳省，行政权归省。1964年，法国对巴黎市的地位作了明确规定，对其行政组织作了改革，取消了原来的塞纳省和塞纳瓦兹省，组建了6个新省，并将巴黎独立出来，使之成为拥有市镇和省的双重地位的特殊领土单位。由巴黎省省长行使行政管理职权，同时保留警察总监一职（省长不拥有治安权）。1975年，法国政府再度对巴黎市的行政体制进行改革，赋予其更大的自主权，设立巴黎市和巴黎市长，省长不再兼任市长，行政机构分开设立，机构、人员、预算、财产均分开。不过巴黎市长仍不拥有治安权，警察总监一职也被保留下来。巴黎市的组织结构包括巴黎市议会、市长及其助理、警察总监、巴黎省省长等。其中，市长由市议会选举产生，警察总监由中央政府委派，其在巴黎既行使国家治安权又行使市镇治安权。警察总监有权出席市议会会议，也可以要求市长召集议会会议，审议其职权范围内的决议和警察局专门预算。1982年之后法国的地方分权改革继续进行，并向行政管理分散化和工业多中心转化，这给予巴黎地区以综合性特征，像法国的省和大区一样具有同样的法律地位。由此可见，一是法国是传统的单一制国家，巴黎市的自治权有限，设置这种体制的目的在于把对首都城市的控制权牢牢地掌握在中央手中。二是巴黎市政府不具有治安权，治安权由中央政府任命的警察总监行使。中央政府不愿存在一个强大的巴黎市镇组织，以防其在中央政府所在地与中央政府形成抵抗，直接威胁中央政府的安全。

1.3.3 美国首都华盛顿特区的管理体制实践

美国的华盛顿哥伦比亚特区（Washington D.C.），简称"华盛顿"，得名于美国首任总统乔治·华盛顿，其靠近弗吉尼亚州和马里兰州，是1790年作为首都而设置并由美国国会直接管辖的特别行政区划，不属于美国的任何一个州。华盛顿哥伦比亚特区英文名称的两部分反映其双重身份，Washington（华盛顿市）是作为首都的名称，而 D.C. 则为 District of Columbia（哥伦比亚特区）的缩写，是联邦直接管辖的区域。美国的首都体制为大多数实行联邦制国家的首都体制提供了一个原型，当然其自身实践也是一个不断变迁的过程。

华盛顿市第一届市政府建立于1802年，当时的市长由总统任命，市政会则是民选的，但市长与市政会的权力极为有限。1871年，国会通过决议，设立哥伦比亚特区"领地制政府"，其组成包括1名市长、1个市政会、1个由11人组成的立法会议和1个由22人组成的代议院，以上所有人员均要经过总统任命。之后，国会废止了领地制政府，改由国会对该市直接控制，具体行政由总统直接任命的3位专员担任，形成"专员制政府"形式。1871年以后的很长一段时期里，哥伦比亚特区尚未自治，特区居民一直在争取成立"自治"的地方政府，希望拥有自己选举的市长和市政议会，其首都地区居民的自决问题也变得越来越多。

1961年，美国宪法修正案赋予华盛顿居民投票选举总统的权利。1967年，国会通过决议案废除了"专员制政府"，地方自治立法获得通过，但市长及特区政务会议成员（共9人）仍须经总统任命，并经参议院同意。与以往不同的是，特区政务会议成员必须是本地居民，市长对特区政务会议的决议有否决权。尽管此时特区政府在法律上已经成为"都市政府"，但传统观念使得国会仍将其视为联邦政府的一个分支机构。例如：整个特区的消防人员、警察以及其他市政雇员都必须由联邦市政服务委员会雇聘；所有的市政开支，包括用于学校、公园和娱乐场所的费用，每年仍由国会拨付，特区政务会议所呈报的财政预算须由国会批准并经总统签署后方能生效。国会仍在首都城市管制、司法裁判权方面发挥着较大的作用。事实上，这时的管理模式，实为联邦政府与市政会双重领导并以联邦政府为主。

从 1968 年开始，由联邦特区法院任命的学校管理委员会改由民选，但公用设施的管理仍由总统任命的公用设施委员会来实施。私有财产的分区保护由财产分区委员会负责，其成员包括市长、特区管委会主席、国会山总建筑师、国家公园管理局局长等。市区的水源配额由市长负责。特区的治安和法律实施由 4 个辖属关系不同的部门分片包干：市区警察局由市长负责指挥，实施市政府的法律条文；国会山警察局负责国会山的安全保卫；白宫卫队负责保卫总统和白宫；国家公园警察负责所有公园及娱乐场所的治安。司法管辖方面，过去司法案件的处理分别由 2 个联邦法院和 3 个地方法院负责。1970 年，华盛顿居民获得了选举众议院无投票权代表的权利。1973 年，美国国会通过了由总统签署的法案，给予华盛顿以更大的自治权。1974 年，由华盛顿居民投票批准了著名的"地方自治宪章"。宪章规定市长、13 人组成的管理委员会和顾问委员会由市民选举产生。自此，华盛顿特区承担了美国大多数市和州的功能，之前由联邦机构提供的许多特区服务，都统一由城市行政管理部门负责提供。但国会对特区政府还是保留了一些重要职权，包括对预算项目的批准和在法定 30 日内否决议案的权力，以及对特区法院系统的调整和对国家首都计划委员会等联邦机构的建筑高度的限制。特区政府的任何变动不仅要通过全民投票来决定，而且还要得到国会的批准。1989 年，美国国会颁布法院改组计划，成立哥伦比亚特区高等法院。自此，华盛顿特区第一次拥有了与其他各州相似的法院系统。

在典型的美国模式中，特区政府的权力是分开的，市长负责整个行政管理部门，但不参与特区政务会议的事务，甚至不是其成员。市长有权否决特区政务会议提出的议案，但市长的否决可能被特区政务会议三分之二的多数投票推翻。市长负责出台特区的综合规划，但该规划必须经特区政务会议和联邦国家政府规划委员会批准通过。

1.4 中国首都城市管理的历史变迁及其特殊性

1.4.1 中国首都城市管理的历史变迁

古代中国虽然对首都的称谓时常在变，但对首都的管理大都采取"直隶"的形式。在秦代，京城机构设置不同于外郡，不设郡守而设内史，一是用来突出京师位置之重要，二是使之参与朝议，与列卿同。内史的属官也高于列郡，并有长、丞之分，按其主管事务性质分类。汉代至两晋，设京兆尹为京师地方行政长官。在唐代，设京都府管辖京都，长官为府尹，京都之外设八府，以区别一般州郡。在清代，设顺天府和奉天府，两府事务属中央管辖。

近代以来，在20世纪20年代的北洋政府时期，设立特别市与一般市，首都城市作为特别市由内务部监管，市长由内务部遴选并经国务总理报大总统任命；北洋政府曾颁布《市自治制》，并在北京设立京都市，确定由民主选举产生城市权力机构与行政机关。1928年后，国民党政府设直隶市、特别市、省辖市的建制。

中华人民共和国成立后，一度各种"直辖"方式并存，首都城市并不是唯一被直辖的，但还是有异于地方政府。所谓"直辖市"，是一种将特定地区直接隶属国家最高行政机关或中央政府的行政建制。中华人民共和国成立初期，设立中央直辖市，由中央政府直接领导并管理。当时，除了北京、天津和上海为中央直辖市外，各大区也设有直辖市，包括南京、西安、重庆、广州、武汉、沈阳、鞍山、抚顺、本溪等。1953年初，中央直辖市与大区直辖市均统一为中央直辖市，最多时曾达到14个。1954年6月，国家撤消大区建制，除北京、天津、上海仍保留为中央直辖市外，其余一律改为省辖市。1954年宪法规定，中华人民共和国的行政区域，全国划分为省、自治区、直辖市，从此直辖市成为直接隶属中央的市建制的专属名称。1997年，重庆也被列为直辖市。可见，能否为中央直辖，主要是基于其地理区位优势和经济政治优势的考量，并非完全出于"首都"的原因。我国的首都城市——北京，也正因为同时具有明显的地理区位优势和经济政治优势而成为直辖市。与此同时，从直辖市的角度来看，北京与上海、天津、重庆无异，均是"地方政府"。这与古代中国的"京城直隶于中央政权"有明显的区别。

1.4.2 中国首都城市管理制度安排的特殊性

世界上无论何种类型的首都城市，是实行单一制还是联邦制，权力是集中于中央还是下放给地方，都会涉及一个中央政府与首都所在地方政府的关系问题，也就是中央行政机关与地方行政机关的关系问题，而这也一直是各国首都城市政治与行政体制运作中的核心问题。

对于非首都城市而言，中央与地方的关系相对简单。地方行政机关的权力是公共权力在地方层次上的分布，地方行政机关与中央行政机关之间通常是隶属关系。对于首都城市而言，情况则比较复杂。以北京为例，一方面，中央政府及其所属的综合部门与职能部门的行政规定，对北京市政府具有直接的约束力。这是因为北京是首都城市，中央同它的关系是领导与被领导、管辖与被管辖、支配与被支配。另一方面，作为地方法定公共权力主体和管理机关，北京市政府对本辖区内的所有社会团体与公民均具有直接管辖权。这就是说，无论是在法律依据上，还是在社区生活与具体管理过程中，北京市政府都对其辖区内的中央机关及其工作人员具有公共生活的管理权。这样，北京市政府事实上就拥有了其他地方政府所不具有的对中央政府的影响力。当然，现实中北京市政府所拥有的这种影响力和管理手段还是非常有限的，因为我国基本上是以单位所有制的形式进行社会事务管理的，这与世界上其他一些地方的情况不同。

关系协调中的合作一致与矛盾冲突，是各级政府及其管理活动中普遍存在的政治现象，并不是首都城市所特有的。北京市政府作为一级地方政府与中央政府在目标和方向上存在诸多一致性。作为首都，北京自然获得了不少优越资源，其首都地位本身就是最大的资源，中央政府在这里直接或间接的资源投入相当可观。可以说，首都城市的各项事业发展都是中央政府与北京市政府共同努力的结果。

北京市政府作为首都城市政府，与其他一级地方政府的不同之处在于，其在关系协调中所面临的矛盾往往更直接、更经常、更尖锐。这就要求首都城市的领导具备更高的政治素质与协调水平，以处理好三方面难题：一是目标取向上存在的一定差异。对中央政府而言，考虑较多的是如何对全国人民负责，因而在政策上往往要作通盘考虑。对首都城市政府而言，要面对的则经常是双重压力：一方面，必须对全国负责，必须执行中央政策；另一方面，又要面对地方发展压力，要考虑当地发展需要和市民满意度，以及社会各界对此的批评和质询。在现实生活中，首都市民对首都城市政府的要求是极为迫切与高标准的，这是由其所处层次与需求水平所决定的。二是政策期望值方面存在的一定差异。中央政府作为宏观运作系统，首都城市政府作为其中的次级运作系统，在对诸如某些政策的期望值等问题上两级政府有可能存在部分不一致，但决策权在中央，执行权在地方，这时候首都城市政府难免会处于"两难境地"。三是错综复杂的环境。首都城市政府处于中央"眼皮底下"，行政环境与人际环境错综复杂，各种掣肘也较多，许多问题处理起来必须慎重、周密。北京是首都，因而在此的中央各大部委及其所属事业单位、企业单位众多，这就使得首都城市政府在制定任何一项政策时都可能因为同上述中央单位发生这样那样的关联而具有敏感性，从而产生执行方面的复杂性。当然，在关系协调中发生不一致或矛盾冲突时，首都城市政府还是要服从中央政府的安排。

无论是中央政府还是北京市政府，在实践中都会介入对首都城市的管理，这种格局是1949年之后逐步形成的。以首都城市的信息发布需求为例，作为首都，北京是党政军首脑机关所在地，是各大部委集中办公的地方，党中央、国务院的信息要通过广播、电视、报刊等媒体向全国发布和宣传。作为地方，北京市也主要是通过传媒机构向市内各级政府和市民发布和传达信息。由于所发信息的目的、范围及内容存在较大差异，很难存在机构整合的可能，于是逐渐形成了两种并存一地却属各自范围的宣传发布体系。

在以单位所有制形式进行社会事务管理的国情下，同样功能的部门却往往分属中央及北京市的不同单位，这些部门大都各自维护、开发、经营，人力、物力、财力分散，大大削弱了首都城市区域内政治文化资源密集的优势及其聚合、辐射功能。这种条块分割的首都城市管理体系常常导致条条块块有人管、统一整体无人问的后果，现代化大都市的规划与管理无法落到实处，甚至还会造成各种矛盾。事实上，条块分割的首都城市管理体系是几十年来对北京的城市管理权经历了"集中—下放—集中"后的结果。1949年后，北京市的财政、基本建设投资、劳动工资、物价等计划大权都集中于中央，许多重要企业也归中央各部门直接管理；1958年"二五"计划开始后，中央决定改革管理体制，实行大规模权力下放，北京市的计划管理权也同时下放，从而削弱了计划管理工作。之后又受西方国家"系统政治"理念的影响，强调中央政府在政策制定中起主要作用，地方政府则主要是执行中央制定的政策，于是对政治管理体制现代化的追求就主要体现在两个方面：一是努力提高中央政府的决策和领导能力，由其提供更多的信息与计划性，把地方政府管理控制在"系统模型"中。二是中央政府应采取有效措施，既充分发挥下级政府尤其是地方政府的积极性和创造性，又不违背中央政府的决策。实际上，首都城市政府要想影响中央政府的决策，不论是在联邦制国家还是在单一制国家都非常困难。

我国宪法规定，市辖的各区政府，都是本地区人民代表大会的执行机关，因而具有独立的政府行为与责任，其管辖权限也相应是完整的。目前，北京市下辖16个区（即市辖区），其中的市中心各区地处国家政治中心，因此其管理活动的敏感性、复杂性、覆盖面、影响面都较大，但决策权或自主权却较小。北京市政府作为上级权力主体，尚未充分放权至各个区政府，也就是说，市政府经常处于权力统管的支配性地位。然而，随着首都城市规模的不断扩大，必然要求首都城市内部管理的分权化，因为只有适度分权的基层管理体制，才能使城市管理深入基层，实现管理科学化、合理化。简言之，当涉及政治与稳定层面的事务时，应进一步加强市政府的权能；当涉及社会发展与社区服务层面的事务时，则应更多地放权给各区。

1.5 北京常态化的首都财政责任及"首都财政"命题的学术价值和现实意义

1.5.1 北京在首都功能定位中的财政责任及其常态特征

由于处在特殊的地位，北京市政府作为一级地方政府对于首都的财政责任紧紧围绕首都功能定位而形成。对首都功能定位的认识是一个不断深化和提升的过程，并且以"规划"的形式加以明确。党的十八大以来，习近平总书记多次视察北京，并提出"建设一个什么样的首都，怎样建设首都"这一重大命题，新时代首都建设规划由此拉开了帷幕。2017年9月，党中央、国务院批复《北京城市总体规划（2016年—2035年）》，北京城市发展的整体蓝图正式确立。2018年12月，党中央、国务院批复《北京城市副中心控制性详细规划（街区层面）（2016年—2035年）》，标志着北京城市副中心规划建设迈出了崭新一步，将与河北雄安新区共同建成北京新的"两翼"。2020年8月，党中央、国务院批复《首都功能核心区控制性详细规划（街区层面）（2018年—2035年）》，成为未来首都核心区的总体纲领、总体指南。编制核心区控制性详细规划在首都规划建设史上是第一次。对于首都核心功能区，《北京城市总体规划（2016年—2035年）》提出，构建"一核一主一副、两轴多点一区"的城市空间结构。其中，"一核"即首都功能核心区。核心区总面积约92.5平方公里，包括东城区和西城区两个行政区。首都功能核心区的战略定位，是未来要将这"一核"建设成为全国政治中心、文化中心和国际交往中心的核心承载区，历史文化名城保护的重点地区，展示国家首都形象的重要窗口地区。北京的首都功能也随着一系列规划的出台予以确定，即全国政治中心、文化中心、国际交往中心、科技创新中心。与此同时，北京的财政责任也相应呈现"常态"特征并被制度化。

1.5.1.1 首都功能核心承载区规划落实的财政保障将成为常态

首都功能核心区作为国家政治中心，是国家治理的神经中枢，是我国党、政、军、司法、群等最高机构，国家经济决策、管理最高机构，国家市场准入和监管最高机构，国家主要银行、保险、证券等金融最高管理机构，以及国家级社会团体等机构的所在地。因此，北京必须做好4 500余家中央在京单位的各项常态化服务保障工作。用地方面，划拨给中央部门的大量土地，往往以远低于土地成本的价格甚至是无偿方式供给,土地成本差价则全部由北京市政府承担。用房方面,北京市为中央企业(以下简称"央企")协调解决办公用房,同时,北京市每年在经济适用房用地中直接预留给在京中央、军队单位的用地占很大比例(见表1.2)。生活保障方面,北京市为入职国务院各部委、直属机构及在京央企的毕业生及其配偶、子女、父母提供户口保障,这意味着为其提供与户口挂钩的本地医疗、教育、住房等公共服务,这些是非北京户籍所无法享有的(见表1.3)。除此之外,公共安全类的公共服务也呈常态化。例如,一类是历年全国两会期间,对二、三环路段及代表委员行车路线涉及的路段桥梁、地下通道进行定点看护;另一类是提供常态化的安全保障服务,如为维护首都安全和社会安定而组织开展的各种形式的反分裂、反恐怖斗争。

表1.2 由北京市负担的在京中央、军队单位住房供地

内容	2011年	2012年	2013年	2014年
北京市全年保障房供地计划(公顷)	1 330	850	800	570
经济适用房土地(公顷)	130	140	135	20
经济适用房中的在京中央、军队单位用地(公顷)	80	80	80	—
在京中央、军队单位用地所占经适房用地比例(%)	61.50	57.10	59.30	—
在京中央、军队单位用地所占保障房用地比例(%)	6.00	9.49	10.00	—

资料来源:根据北京市国土局公布的2011—2014年《国有建设用地供应计划》整理。

表1.3 非北京市户籍无法享有的主要权利

领域	规定	文件出处
住房	不享有廉租房、经济适用房等经济权利	《北京市城市廉租住房管理办法》(2007年)第八条,《北京市经济适用住房管理办法(试行)》第五条
城市救济	不享有最低生活保障的权利	《实施〈城市居民最低生活保障条例〉办法》(2000年)

续表

领域	规定	文件出处
社会保险	不享有生育保险的权利	《北京市企业职工生育保险规定》（2005年）
	不享有儿童大病医疗保险的权利	《关于建立北京市城镇无医疗保障老年人和学生儿童大病医疗保险制度的实施意见》（2007年）
	不享有正常的失业保险的权利	《北京市失业保险规定》（1999年）
就业	不享有某些就业机会	《北京市出租汽车管理条例》《北京市小公共汽车管理条例》，以及北京市各级政府部门、事业单位公开招录公务员、事业单位工作人员的要求
教育	不能在北京参加高考等	《北京市教育委员会关于加强中小学接收借读生管理的通知》《北京市中、小学学生学籍管理办法》

资料来源：根据表中所列文件整理。

首都功能核心区作为国际交往中心，是国家对外政治、文化、军事、民间等交流的重要窗口。以北京为例，作为邦交国家使馆机构、国际组织驻华机构、国家级别的大型交流场所、涉外交流服务机构等所在地或"涉政"会议举办地，由于交流规格高、活动频繁、规模庞大，北京需要提供大量的服务类保障措施，因此，完善现代化会议交流服务系统和提供设施保障成为常态。

此外，首都功能核心区作为国家文化中心，通常是一国最先进、最受大众欢迎的文化密集区和传播地。以北京为例，它是民族文化、非物质文化遗产（如京剧、漆雕、景泰蓝等），国家级历史古迹（如故宫、颐和园、天坛、八达岭长城等），国家级文化设施（如国家大剧院、国家图书馆、国家军事博物馆、中国航天博物馆等），名人故居（如老舍故居等），国家级文化活动（如人艺话剧、全国声乐比赛等），国际文化交流、博览会（如中国国际网络文化博览会、中韩文化产业论坛等）的所在地或举办地。伴随大量文化载体而生的基础性服务和保护成为常态，如对上述场所提供管理服务以及修复和保护服务等。

1.5.1.2 优质的全国性公共产品供给成为常态

北京是首都所在地，这注定了它也是全国性公共产品的聚集地。公共交通方面，来自全国各地乃至世界各地的人们与北京本地居民一样享受优质、便捷、低廉的公共交通服务。教育方面，约47.1万非京籍义务教育阶段学生（占全市义务教育在校学生人数的近42%）与京籍学生一样享受首都优质的教育资源①。医疗方面，北京各大医院每天接待13万人次来此就诊②。上述公共服务的供给，都由北京市自身财力来保障。

1.5.1.3 首都减量发展和转型升级的财政责任将成为常态

按照新版北京城市总体规划（以下简称"规划"），北京市成为全国第一个减量发展的城市。这主要体现在大力疏解非首都功能的战略安排上。规划要求实现人口规模和建设规模双控，严守人口总量上限、生态控制线、城市发展边界三条红线。规划明确：2020年将全市常住人口规模控制在2 300万人以内，2020年以后长期稳定在这一水平；2020年全市生态控制区面积占市域面积比重达到73%，到2035年提高到75%；全市城乡建设用地规模到2020年减至2 860平方公里，到2035年减至2 760平方公里，腾退减量后的用地要更多用于增加绿色生态空间。按照减量发展要求，一方面，北京市采取了一系列调控政策措施，如：为稳定房地产市场，防止房价过快增长，北京市实施了严格的房地产调控措施；为改善首都环境，更好地履行政治中心职能，北京市进一步严格执行大气污染综合治理措施，其保障重大活动举办的功能也在一定程度上对企业生产、工程施工提出了更高的要求；等等。目前，北京市主动禁限产业已占全部产业类别的55%。另一方面，北京市目前仍处于推动产业优化升级的动力转换期，能够支撑财政收入增长的新动能有待进一步培育和壮大，高精尖产业占财政收入的比重仍然较小。必须指出的是，无论是减量发展还是转型升级，其背后都需要相应的首都财政作为支撑和保障。

1.5.2 "首都财政"命题的学术价值及现实意义

1.5.2.1 办好首都财政的现实、紧迫需要

在现有体制下，北京肩负着双重身份：既是首都，又是地方一级政府。

---

① 人民网：北京非京籍义务教育在校生47.08万，占总数41.74% http://edu.people.com.cn/n/2015/0527/c367001-27064029.html。

② 中国经济网："日均13万人来京看病"折射医疗资源失衡 http://views.ce.cn/view/ent/201603/08/t20160308_9350478.shtml。

与此同时，作为客观现实需要，北京的首都身份往往优先于其地方一级政府的身份。在首都这一身份下，北京是政治中心、国际交往中心、文化中心、科技创新中心，其相关的事权也被默认为中央与北京地方的共同事权。在地方一级政府的身份下，北京则与全国各地一样，必须承担相应的公共产品供给职责。"四个服务"是中央对首都工作的基本要求，也是北京地方政府做好首都工作的根本职责所在。"四个服务"功能决定了北京地方财政要在支持高标准城市基础设施建设与公共服务设施建设、维护首都一流社会环境、不断改善中央党政军机关工作与生活条件等方面提供资金保障。无疑，北京作为首都，对各类城市建设的质量要求较高，与之相应的资金投入也是较大的，此外在环境综合治理方面也需要较多的投入。这无形中加大了北京地方财政的支出。别的城市尚可通过价格机制、供应机制，通过调整和提高相关基础产品与公共服务价格以减少政府财政补贴，但作为首都城市的北京不可以这么做，因为其首要考虑的不是钱的问题，而是必须保证首都政治稳定，保证中央在京的指挥能力与国际影响力。与此同时，因具首都身份，北京市在经济结构、规模、体量等方面的发展也都相应受限，进而影响了北京的财政收入及其可持续性。以同为直辖市的上海、天津为参照系，北京市的财政收支差额（收入减支出）呈不断扩大趋势且自2013年以来超过上海、天津（见表1.4），这意味着北京市的财政收支缺口更加严峻且呈稳态迹象。

表1.4　1949—2019年直辖市（京、沪、津）一般预算收支比较情况表

年份	北京 收入（亿元）	北京 支出（亿元）	北京 收减支（亿元）	上海 收入（亿元）	上海 支出（亿元）	上海 收减支（亿元）	天津 收入（亿元）	天津 支出（亿元）	天津 收减支（亿元）
1949	0.24	0.22	0.02	0.08	0.07	0.01	0.44	0.18	0.26
1950	0.66	0.46	0.20	1.09	0.80	0.29	1.91	0.44	1.47
1951	1.40	0.63	0.77	1.45	1.48	−0.03	3.24	0.73	2.51
1952	2.09	1.01	1.08	2.55	2.10	0.45	3.88	1.08	2.80
1953	3.66	1.68	1.98	1.99	1.87	0.12	5.82	1.19	4.63
1954	3.98	1.86	2.12	2.72	2.34	0.38	5.87	1.25	4.62
1955	4.06	2.08	1.98	2.54	1.88	0.66	6.10	1.40	4.70
1956	5.81	2.87	2.94	3.06	2.41	0.65	6.68	1.54	5.14

续表

年份	北京 收入（亿元）	北京 支出（亿元）	北京 收减支（亿元）	上海 收入（亿元）	上海 支出（亿元）	上海 收减支（亿元）	天津 收入（亿元）	天津 支出（亿元）	天津 收减支（亿元）
1957	6.40	2.22	4.18	4.62	3.75	0.87	7.99	1.63	6.36
1958	11.47	7.37	4.10	13.94	12.40	1.54	16.31	4.64	11.67
1959	15.38	7.15	8.23	85.13	16.42	68.71	22.38	7.20	15.18
1960	20.20	8.60	11.60	101.26	19.25	82.01	22.43	8.00	14.43
1961	13.20	3.27	9.93	59.59	8.85	50.74	11.88	2.65	9.23
1962	9.09	2.55	6.54	44.36	3.87	40.49	9.77	2.49	7.28
1963	10.11	3.78	6.33	51.73	4.92	46.81	10.06	3.27	6.79
1964	10.62	4.08	6.54	57.88	6.77	51.11	12.82	3.46	9.36
1965	10.98	4.38	6.60	62.90	7.59	55.31	13.33	3.50	9.83
1966	12.09	5.26	6.83	70.83	7.24	63.59	15.91	3.25	12.66
1967	9.90	3.48	6.42	56.04	5.99	50.05	12.64	2.62	10.02
1968	9.89	2.48	7.41	62.43	4.83	57.60	12.75	2.25	10.50
1969	15.64	4.09	11.55	84.99	8.47	76.52	19.52	3.82	15.70
1970	21.62	6.61	15.01	99.90	12.88	87.02	28.02	6.40	21.62
1971	26.85	6.32	20.53	114.13	11.59	102.54	32.35	6.63	25.72
1972	31.52	6.88	24.64	121.15	11.20	109.95	31.22	7.56	23.66
1973	30.87	9.14	21.73	129.58	15.40	114.18	34.67	8.13	26.54
1974	36.12	14.15	21.97	132.75	22.06	110.69	36.98	9.70	27.28
1975	39.35	16.03	23.32	136.18	26.53	109.65	39.17	10.61	28.56
1976	37.79	16.20	21.59	133.23	21.87	111.36	33.30	11.09	22.21
1977	42.77	15.97	26.80	147.69	17.18	130.51	33.27	13.40	19.87
1978	50.46	20.38	30.08	169.22	26.01	143.21	39.25	14.51	24.74
1979	47.75	20.06	27.69	172.69	27.06	145.63	37.64	15.21	22.43
1980	51.29	14.87	36.42	174.73	19.18	155.55	40.94	14.67	26.27
1981	49.12	14.85	34.27	174.35	19.06	155.29	40.20	14.48	25.72

续表

年份	北京 收入（亿元）	北京 支出（亿元）	北京 收减支（亿元）	上海 收入（亿元）	上海 支出（亿元）	上海 收减支（亿元）	天津 收入（亿元）	天津 支出（亿元）	天津 收减支（亿元）
1982	47.25	16.80	30.45	167.99	20.68	147.31	38.71	21.38	17.33
1983	39.84	19.61	20.23	156.39	22.39	134.00	38.74	20.49	18.25
1984	45.62	27.15	18.47	163.96	30.32	133.64	40.46	18.79	21.67
1985	52.44	32.99	19.45	184.23	46.07	138.16	48.21	26.97	21.24
1986	60.34	44.27	16.07	179.46	59.08	120.38	54.50	34.85	19.65
1987	63.62	49.67	13.95	168.97	53.85	115.12	55.87	31.16	24.71
1988	68.11	52.93	15.18	161.62	65.88	95.74	44.81	34.99	9.82
1989	71.05	59.50	11.55	166.88	73.31	93.57	46.49	39.26	7.23
1990	74.01	66.52	7.49	170.03	75.56	94.47	44.88	40.20	4.68
1991	77.02	67.98	9.04	175.53	86.05	89.48	58.09	47.47	10.62
1992	80.25	71.74	8.51	185.56	94.99	90.57	63.05	46.52	16.53
1993	84.10	80.99	3.11	242.34	129.26	113.08	74.96	51.27	23.69
1994	99.85	98.53	1.32	175.33	196.92	−21.59	46.83	69.00	−22.17
1995	115.26	154.40	−39.14	227.30	267.89	−40.59	58.94	90.37	−31.43
1996	150.90	187.45	−36.55	288.49	342.66	−54.17	76.02	110.19	−34.17
1997	182.32	236.39	−54.07	352.33	428.92	−76.59	89.91	122.78	−32.87
1998	229.45	280.68	−51.23	392.22	480.70	−88.48	101.40	137.93	−36.53
1999	281.37	355.19	−73.82	431.85	546.38	−114.53	112.81	157.41	−44.60
2000	345.00	443.00	−98.00	497.96	622.84	−124.88	133.61	187.05	−53.44
2001	454.17	559.11	−104.94	620.24	726.38	−106.14	163.64	234.67	−71.03
2002	533.99	628.35	−94.36	719.79	877.84	−158.05	171.83	265.21	−93.38
2003	592.54	734.80	−142.26	899.29	1 102.64	−203.35	204.53	312.08	−107.55
2004	744.49	898.28	−153.79	1 119.72	1 395.69	−275.97	246.18	375.02	−128.84
2005	919.21	1 058.31	−139.10	1 433.90	1 660.32	−226.42	331.85	442.12	−110.27
2006	1 117.15	1 296.84	−179.69	1 600.37	1 813.80	−213.43	417.05	543.12	−126.07

续表

年份	北京 收入（亿元）	北京 支出（亿元）	北京 收减支（亿元）	上海 收入（亿元）	上海 支出（亿元）	上海 收减支（亿元）	天津 收入（亿元）	天津 支出（亿元）	天津 收减支（亿元）
2007	1 492.64	1 649.50	−156.86	2 102.63	2 201.92	−99.29	540.44	674.33	−133.89
2008	1 837.32	1 959.29	−121.97	2 382.34	2 617.68	−235.34	675.62	867.72	−192.10
2009	2 026.81	2 319.37	−292.56	2 540.30	2 989.65	−449.35	821.99	1 124.28	−302.29
2010	2 353.93	2 717.32	−363.39	2 873.58	3 302.89	−429.31	1 068.81	1 376.84	−308.03
2011	3 006.28	3 245.23	−238.95	3 429.83	3 914.88	−485.05	1 455.13	1 796.33	−341.20
2012	3 314.93	3 685.31	−370.38	3 743.71	4 184.02	−440.31	1 760.02	2 143.21	−383.19
2013	3 661.11	4 173.66	−512.55	4 109.51	4 528.61	−419.10	2 079.07	2 549.21	−470.13
2014	4 027.16	4 524.67	−497.51	4 585.55	4 923.44	−337.89	2 390.35	2 884.70	−494.35
2015	4 723.86	5 737.70	−1 013.84	5 519.50	6 191.56	−672.06	2 667.11	3 232.35	−565.24
2016	5 081.26	6 406.77	−1 325.51	6 406.13	6 918.94	−512.81	2 723.50	3 699.43	−975.93
2017	5 430.79	6 824.53	−1 393.74	6 642.26	7 547.62	−905.36	2 310.36	3 282.54	−972.18
2018	5 785.92	7 471.43	−1 685.52	7 108.15	8 351.54	−1 243.39	2 106.24	3 103.16	−996.92
2019	5 817.10	7 408.19	−1 591.09	7 165.10	8 179.28	−1 014.19	2 410.41	3 555.71	−1 145.30

数据来源：《新中国成立60年统计资料汇编》、2009—2020年《中国财政年鉴》。

1.5.2.2　天然的缺失：无法完整且系统地处理首都功能事权

虽然有关政策文件已经明确了首都核心功能的具体内容，即全国政治中心、文化中心、国际交往中心、科技创新中心。但无论是在理论分析层面还是在具体操作层面，都很难明确将上述内容一一对接细化到政府的事权划分中来，其所导致的结果是，与首都功能事权相对应的财政支出责任根本无法在中央和北京地方之间进行明确的划分，即使是对大家都已经没有分歧并形成充分共识的方面（如与国家政治中心有关的事权都属于中央政府这一点），也是如此。

1.5.2.3　财政规范不明晰：无法更好处理北京和首都的关系

形成于1994年分税制改革的"中央-地方"财政分配关系框架体系，是目前处理"中央-地方"关系最重要甚至是唯一的财政规范。长期以来，北京被视为与其他省、自治区、直辖市同样的身份来处理中央与地方的财政关系。然而，北京的特殊性在于身兼首都和地方一级政府双重身份，直接的体现就是财政收支的矛盾冲突。在"统收统支""分灶吃饭""财政包干"阶段，上述矛盾虽然存在但并不至于影响"中央－首都－北京"关系，因为一方面上述三个节点都暗含中央政府"兜底"的这样一个政策倾向，另一方面当时地方政府的公共服务供给都还处于相对简单的阶段。施行分税制后，实际上各地方政府已普遍进入收不抵支的阶段。由于分税制自身的制度设计等原因，收不抵支原本不足为奇，但通过表1.4所示京、沪、津的一般预算收支的横向比较，就可以观测到自2013年以来，北京市的财政收支矛盾更加突出且日益严峻。因此，不能再将北京简单等同于其他地方来对待，并且目前的分税制框架已经不能很好地处理中央、首都、北京三者之间的关系。如何解决好首都北京的财政问题？这也是本书接下来要重点探讨之处。

2 首都城市规划发展定位及历史变迁

中华人民共和国成立以来，北京作为首都城市，共经历过 7 次比较大的规划调整。与这几次规划相对应的文件分别为 1953 年发布的《改建与扩建北京市规划草案》，1958 年发布的《北京城市建设总体规划初步方案》，1973 年发布的《关于北京城市建设总体规划中几个问题的请示报告》，1982 年发布的《北京城市建设总体规划方案》，1993 年发布的《北京城市总体规划（1991 年—2010 年）》，以及 2005 年发布的《北京城市总体规划（2004 年—2020 年）》，最新的北京城市规划发布于 2017 年，全称为《北京城市总体规划（2016 年—2035 年）》。

通过对历次北京城市规划的研究分析，可以较为详细地了解其作为首都城市规划发展定位的变化及其历史变迁，也有助于理解新时代下首都财政所面临的历史分界点和未来发展趋势。

以下将分别介绍历次规划的时代背景、城市定位、人口规模、产业特征、首都职能建设、重点支出领域、成效及存在问题等，并重点论述首都城市规划发展定位的趋势以及未来可能面临的问题。

2.1 1949 年以前的北京城市规划：基本处于缺位状态

中华人民共和国成立前的北京，历经了近代以来的风雨飘摇，城市基础设施几乎被破坏殆尽，人民居住条件十分艰苦，城市建设处于百废待兴的状态。总体而言，当时的北京城市规划基本上是空白，处于事实上的缺位状态①。

2.1.1 民国时期的北京城市规划

1912年3月，袁世凯在北京就任中华民国临时大总统，意味着北洋政府统治时期的开启。北洋时期，政权更迭频繁，各派军阀之间争权夺利，大都无心于城市建设。这一时期成立的京都市政公所承担了北京城市建设、维护和管理的事务。1913年，朱启钤任内务总长并兼京都市政公所首任督办，他主持起草了《京都市政条例》。在他的带领下，京都市政公所在基础信息调查、基础测绘、城市改造、新区建设等方面还是取得了一系列成就。如相继完成了正阳门改造和京师铁路建设、香厂新市区建设、道路沟渠整修等城市建设项目，进行了旧城区的整理、电车计划、开辟街市和道路计划、整修市内和郊区道路等。图2.1是1914年由天津中东石印局印制的《北京地图》，主要展示了北京的内外城情况。

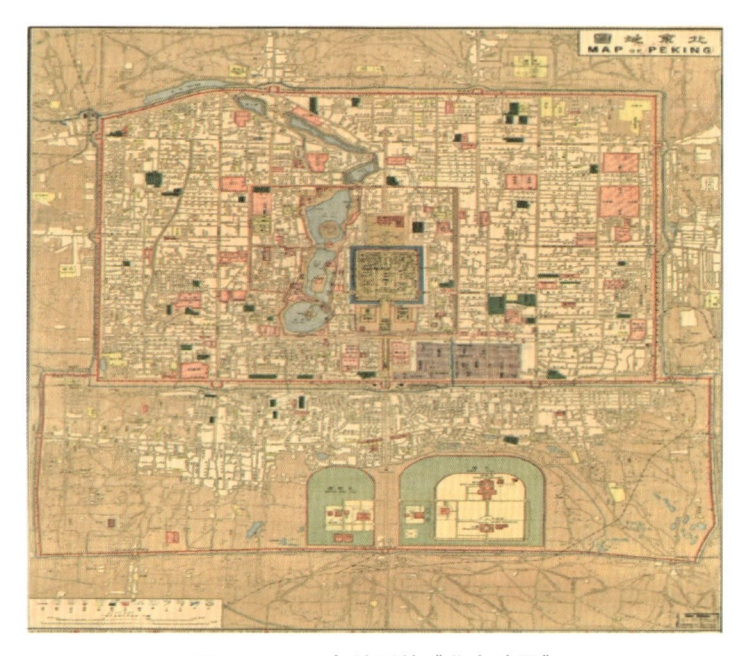

图 2.1　1914 年绘制的《北京地图》

资料来源：《69幅老地图，看尽北京城市历史变迁》（https://www.thepaper.cn/newsDetail_forward_5108744）。

---

① 有城市史学家认为，自辛亥革命至1949年北平解放，真正意义上的北京城市规划只有两次。一次是日伪时期由日本主持编制的《北京都市计划大纲》，其目的是服务日本对北京的占领，扩大侵略，最终随日本投降而告流产。另一次是抗战胜利后国民党政府北平工务局在日本规划方案基础上修改而成的"北平都市规划"，最终也未能付诸实施。

1928年北伐结束后，中国实现了形式上的统一，南京国民政府也成为得到国际承认、代表中国的中央政府。同年，北京作为首都的政治地位被取消，取而代之的是北平特别市的设立。鉴于北京城市角色的变化，一批城市规划和建设的专业人士围绕北京的城市建设，尤其是围绕北京在新角色下的发展功能定位进行了讨论和分析。最终，北平市政府对北京城市建设采取了保护、发展的态度，并注重将北京作为"文化都市"来建设。1934年，在时任北平市市长袁良的带领下，"旧都文物整理计划"出台；1935年，旧都文物整理委员会成立。但是，这一计划后因日本侵华而终止，并未完成。此外，受制于政治地位的下滑，这一时期的北京缺乏中央政府的优惠政策和特别财力的支持，城市建设以修整为主，城市规划发展总体上停滞不前。

2.1.2　日伪军占领时期的北京城市规划

1937年七七事变后，北京被日军占领，直到1945年日本宣布投降，北京经历了长达8年的日伪军占领时期。这一时期的北京市政基础建设基本停滞，城市设施十分落后，仅有少数繁华地区和外国人居住的街道配备了较好的基础设施。以城市供水系统和排水排污系统为例，此时的北京用的还是清朝时期遗留下来的沟渠排水系统，即便如此也由于无人维护、年久失修等原因而大量坍塌，丧失了原有的功用。

日本侵略者为满足其殖民统治的需要，对北京的地理、经济、社会、资源等进行了极为详细的调查，并在近代城市规划理论的影响下编制了《北京都市计划大纲》，确定北京城市性质为政治、军事中心，特殊的观光城市并可被视为商业都市。该规划采取分区制，划定了专用居住区、商业区等，并规定了绿地区、风景区、美观区等，对旧城区与规划新开发地区采取了不同的建设目标和任务（见图2.2）[①]。

2.1.3　抗战胜利至中华人民共和国成立前的北京城市规划

抗战胜利后，国民党政府接收北平。由于日本殖民者在北平城市的建设和管理方面遗留了大量殖民痕迹，1947年5月29日，北平成立都市计划委员会，为制定新的北平都市计划进行基础准备工作。时任北平市长何思源提出了这样的规划原则：表面要北平化，内部要现代化。随后，北平市工务局对全城进行实地调查，在日伪时期的建设计划基础上，制定了《北平都市计划大纲》，其计划的基本方针包括规定市界、交通设施、分区制、公共卫生、游

---

① 有城市史学研究者认为，该规划部分复制了当时的日本本土城市规划理念、技法和当时的欧美城市规划思想，也是北京出现的首次近现代化意义的都市总体规划。

憩设施、住宅建设等 8 项专题设想。然而在国民党发动内战的背景下，加之当时的国情、财力有限，北京市政建设的新发展注定难以实现。

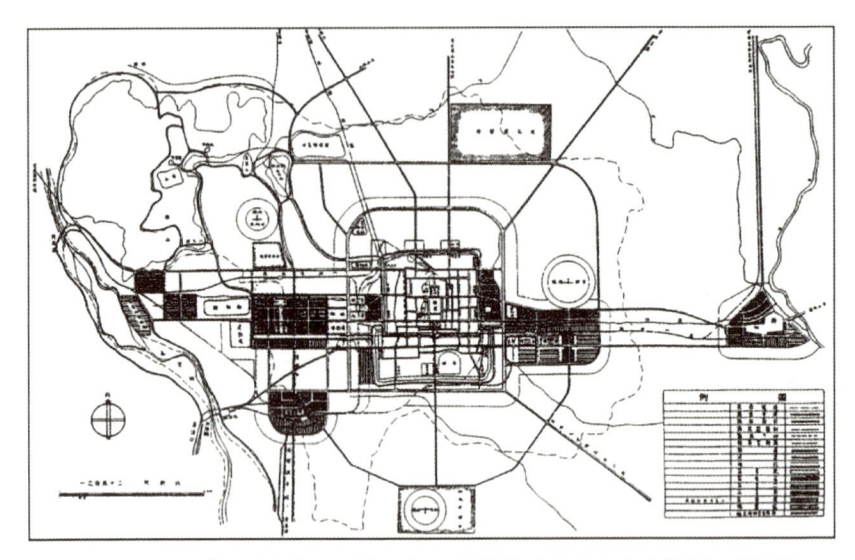

图 2.2　依据《北京都市计划大纲》而绘制的"北平市都市计画简明图"

资料来源：王亚男 著：《1900—1949年北京的城市规划与建设研究》，东南大学出版社2008年版。

2.2　1949—1972 年的北京城市规划：以工业生产为中心

在中华人民共和国成立之初，我国一共颁布了两次较为完整的北京城市规划方案，分别为 1953 年的《改建与扩建北京市规划草案》和 1958 年的《北京城市建设总体规划初步方案》。在 1953 年的城市总体规划中，将北京的城市性质定位为政治中心、文化中心和经济中心（工业基地），确立了以旧城为城市中心并在此基础上改建与扩建的建设方式。1958 年的城市总体规划则确立了 1 000 万人居住的特大城市空间格局，构建了"子母城"和"分散的、集团式的"的布局形式。

2.2.1　1953 年的北京城市规划

中华人民共和国成立之后，北平正式改名为北京，由此北京的城市化建设逐渐步入正轨。当时，关于北京的建设思路和方案主要分为两种。一种是由建筑学家梁思成、陈占祥提出的《关于中央人民政府行政中心区位置的建议》，即著名的"梁陈方案"（见图 2.3）。该方案的主要内容是将行政中心西移，向西边建设新城，以疏散旧城压力。另一种是由苏联专家巴兰尼科夫提出的

《关于中央人民政府行政中心区位置的建议方案》(见图2.4)。巴兰尼科夫的核心观点是将天安门广场作为行政中心,后续的建设以天安门广场为中心向外辐射。最终苏联专家的方案得到高度认可,并成为1953年北京城市规划的雏形。

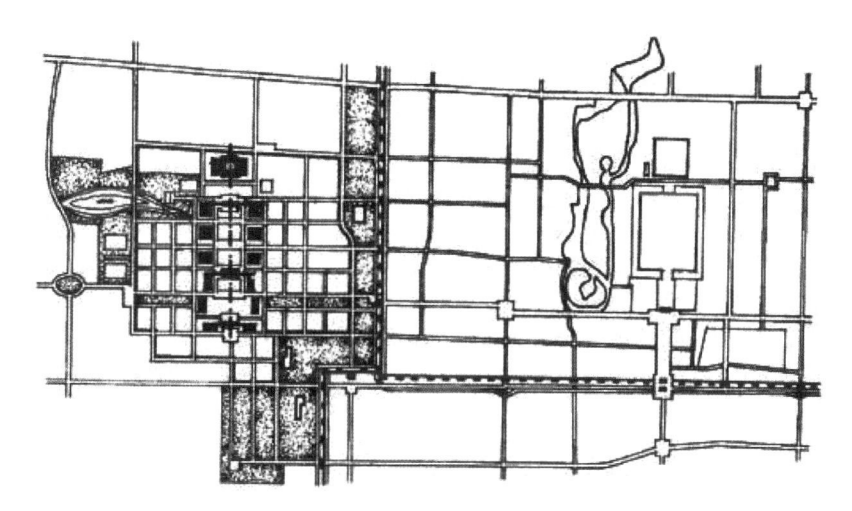

图 2.3 梁陈方案:北京的新行政中心与旧城关系

资料来源:梁思成、陈占祥 等著,王瑞智 编:《梁陈方案与北京》,辽宁教育出版社2005年版。

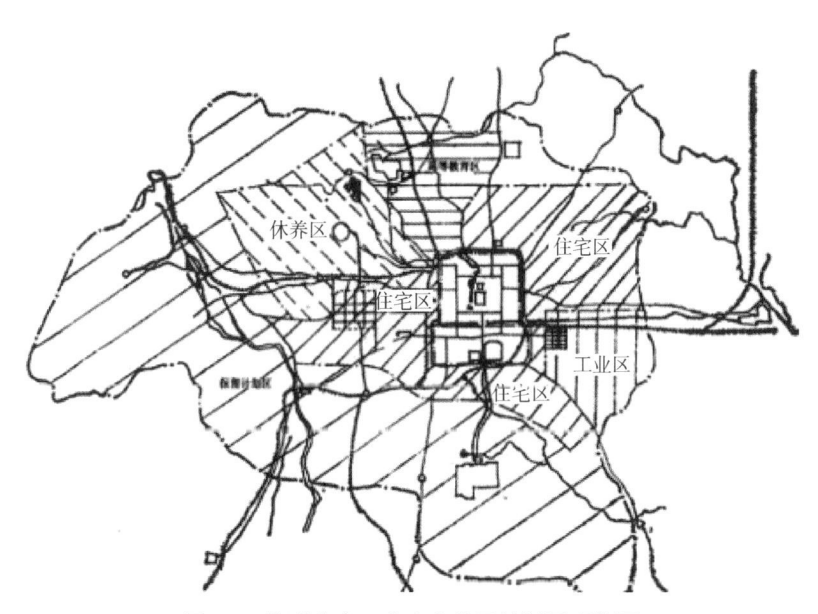

图 2.4 苏联方案:北京市分区计划及现状图

资料来源:规划篇史料征集编辑办公室 编:《北京城市建设规划篇·第二卷·城市规划(上篇)(1949—1995)》,北京市城市建设档案馆1998年版。

2.2.1.1 规划背景

1949年北平和平解放后，中共中央和中国人民解放军总部顺利入驻北平，行使领导和保卫国家的职能，由此为北京作为全国政治中心奠定了基础。在中共中央移驻北平前后，各民主党派、民主人士的负责人以及社会各界代表纷纷聚集北平，开始建立或筹备建立全国性的组织。类似的政治活动也对北京这座城市履行首都的职能提出了要求。

1953年，随着三大改造的完成，第一个五年计划开始实施，北京开始进入大规模建设的时期，各类建设任务急剧增加。建设初期，由于建设单位数量多、结构复杂（见图2.5），曾一度造成建设中出现缺乏统一规范管理、占地分散、城市调度和规划十分混乱的局面，此时亟待出台一个总体城市规划

图 2.5　中华人民共和国成立初期中央在京国家单位分布图

资料来源：董光器 编著：《古都北京五十年演变录》，东南大学出版社2006年版。

方案对城市建设进行统一指导。1953年的北京城市规划与建设正是在上述背景下如火如荼地展开起来的。

1953年的《改建与扩建北京市规划草案》在开篇即对此次改建和扩建北京城的原因加以说明：古都北京"它一方面集中地反映了伟大中华民族在过去历史时代的成就和中国劳动人民的智慧，具有雄伟的气魄和紧凑、整齐、对称、中轴线明显等优点，但另一方面，也反映了封建时代低下的生产力和封建的社会制度的局限性"；"广大劳动人民被迫挤在低洼、狭窄、极不卫生的区域，被龙须沟那样的许多臭沟、垃圾堆所包围。全城满布着小胡同和狭窄的道路……深刻地反映了旧社会的阶级矛盾与阶级压迫的实质"。

2.2.1.2 城市定位

北平和平解放后，即开始履行中华人民共和国政治中心这一首都职能。1949年1月1日，北平市军事管制委员会和北平市人民政府成立。为了更好地履行首都职能，宣传党的方针政策，北平市政府即刻接管了报社、广播电台等新闻机构。又以此为基础，新建了很多电话局，并修通电信线路，逐步与解放区的一些重要城市取得了电信联系，使北平迅速成为党的信息中心，保障了中共中央、解放军总部对各解放区的指挥联络。与此同时，各民主党派的负责人和各界民主人士的代表、社会各界代表陆续集中到北平，全国性的组织也开始建立，并分别召开工作会议，这表明北平已经成为全国的政治中心。1949年9月21日至30日，中国人民政治协商会议第一届全体会议召开，这标志着中国进入了人民民主的新时代。会议决定将北平更名为北京，并将中华人民共和国的首都设在这里。

1949年3月，党的七届二中全会在西柏坡召开。会议指出，为了实现党的工作重心的转变，党必须用极大的努力去学会管理城市和建设城市，管理和建设城市的中心任务是恢复和发展城市中的生产事业。只有将城市的生产及工作恢复和发展起来了，把消费城市变成生产城市了，人民政权才能巩固起来。据此，1949年3月17日《人民日报》发表了《把消费城市变成生产城市》的社论。

中华人民共和国成立之初，北京提出要为大规模生产创造条件，变消费城市为生产城市，建立大规模工业基地，体现了其同时要实现经济中心职能的发展目标。然而，此时的北京，经济发展落后、市民生活困难、基础设施破败、环境卫生脏乱、城市秩序混乱，建设难度很大。根据《北京志·计划志》

的数据,至1949年底,全市常住人口203.1万人,其中非农业人口164.9万人;工农业总产值3.8亿元(按1980年不变价格计算),其中工业产值1.7亿元,地方财政收入仅0.2亿元,社会商品零售总额2.8亿元,房屋建筑竣工面积2.6万平方米,城市人均居住面积4.75平方米。为了尽快改善经济落后的局面,1949年4月16日,中共北平市委在《关于北平市目前中心工作的决定》中提出:"恢复改造与发展生产乃是北平党政军民目前的中心任务,其他一切工作都应该围绕这一中心任务来进行,并服从于这一任务。"这就是说,生产是压倒一切的中心。从此,北京与中国其他地方一样,进入了以加快工业化进程为主流的现代化建设中。

在此基础上,1953年规划草案的第二条规定了北京的城市性质,即"北京是我国政治、经济和文化的中心,特别要把它建设成为我国强大的工业基地和技术科学的中心",并指出"在制定首都发展的计划时,必须首先考虑发展工业的计划,并从城市建设方面给工业的建设提供各项便利条件"。这一城市性质的定位明确了当时北京发展的方向是建立大工业城市,在城市建设中充分强调利用基础、合理保留、大胆改造。与之相关联,在规划草案中还规定了首都建设的总方针是"为生产服务,为中央服务,归根到底是为劳动人民服务",即"从城市建设各方面促进和保证首都劳动人民劳动生产效率和工作效率的提高,根据生产力发展的水平,用最大努力为工厂、机关、学校和居民提供生产、工作、学习、生活、休息的良好条件,以逐步满足首都劳动人民不断增长的物质和文化需要"。

2.2.2.1.3 同首都职能相关的城市设施建设与发展

1953年规划草案的颁布为北京城市建设提供了重要的专业依据和制度保障,它与中央提出的第一个五年计划相辅相成,有利于促进北京市与首都职能相关的城市设施的建设与发展。图2.6为这一时期北京市规划草图总图。

1953年规划草案颁布后的"一五"建设期间,北京在与首都政治职能相关的城市设施建设中,将天安门广场改建为国家的政治性集会场所,将党中央和中央人民政府设在中南海,并以此为中心,分散布置全国人大常委会、司法部、最高人民法院、燃料工业部、纺织工业部、供销合作总社、内贸部机关、公安部、北京饭店、"四部一会"、使馆区等行政、外事和军事机构,形成"一个中心、多点分散"的格局。

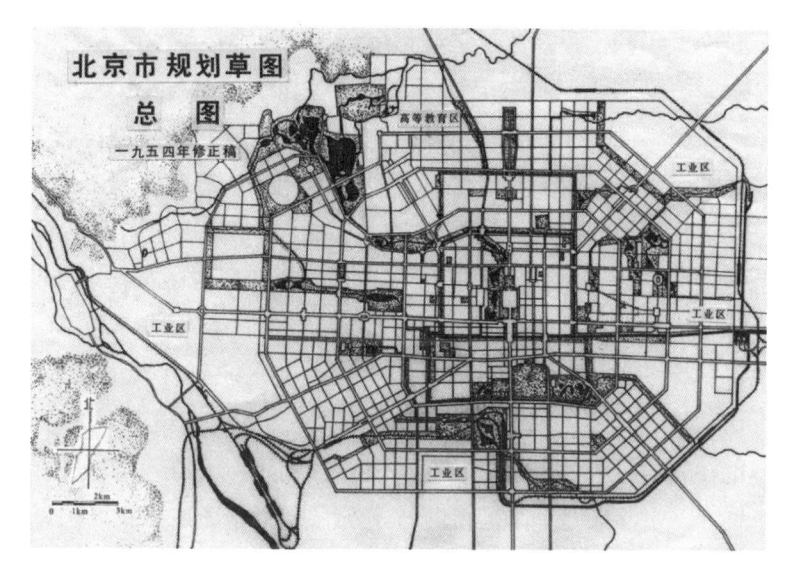

图 2.6　北京市规划草图总图（1954 年修正稿）

资料来源：李浩：《首都北京第一版城市总体规划的历史考察：1953年〈改建与扩建北京市规划草案〉评述》，载《城市规划学刊》2021年第4期。

在"一五"期间，北京与首都经济职能相关的城市设施建设包括工业、商业以及公共设施建设等。其中，以工业建设发展最为迅猛，在此期间北京新建了50多个工厂，大多分布于东北郊工业区和东郊工业区，分别在东北郊、东郊、南郊形成了酒仙桥电子工业区、纺织工业区、易燃易爆工业区和北京市第一个大型冷藏库。同时，北京还建设了一批商业设施，除百货大楼新建于旧城王府井外，另有八个大型综合商场和一批中小型商场在甘家口、翠微路、木樨园、酒仙桥、暂安处（五道口）、六铺炕以及西郊、东郊等四郊新发展区建立。此外，为满足国内外交往的需要，新侨饭店、西苑饭店、北京饭店、国际饭店等规模较大的饭店也在五年内完成了新建和扩建。

考虑到首都的文化中心和科学技术中心职能，"一五"期间，北京市的文教区和科研基地初步建成。这一时期，位于北京市西北部文教区的高等院校数量直线上升，清华大学、北京大学也在原址上进行了大规模的扩建，并在临近的北太平庄至五道口地区新建了矿业、钢铁、石油、地质、航空、农机、林业、医学类之八大学院，自此北京市的文教区建设已初具规模。同时，中关村兴建了地球物理、高能物理、化工冶金、钢铁工业等领域的研究所，科研基地建设初具规模。到1957年9月，北京市各类高校数量已达31所，有在校学生近8万人，位居全国之首。

这一时期，水利工程任务也是北京市政基础设施建设的重点。"一五"期间，官厅水库、第四水厂、永定河引水工程完工，开始建设第三水厂，并相应铺设了531公里的自来水管。同时，建设了包括污水干管铺设的下水道干线工程，并陆续建成了前三门北岸、东西护城河和通惠河北岸等截流干管工程，还疏浚了莲花河、凉水河等市区主要排水河道，完成了东南郊灌渠工程。此外，包括电力基础设施和交通基础设施在内，各类城市基础设施的建设取得了长足的进步。

2.2.1.4 财政支持

"一五"期间，北京作为首都的城市建设在国家建设中居于重要地位，国家投资也在建设过程中发挥了重要作用。据统计，"一五"期间北京全市基本建设投资34.6亿元，占同期全国基本建设投资总额的6.3%。其中：中央投资28亿元，约占全市总投资的81%；地方投资6.6亿元，约占19%。

2.2.1.5 存在的问题

这一时期，北京的城市规划编制和管理工作都还处于起步阶段，尽管取得了许多成就，但也存在很多问题，如规划体系不完善、规划管理不规范、设计力量不足等，而当时的工程设计和管理体系尚不成熟，也对规划编制和管理工作造成了困难。从规划编制上看，当时的规划工作刚起步，城市总体规划尚未完善，总体规划层面的专项规划均为空白，分区规划与详细规划尚未展开，城市的基础测绘等也处于起步阶段，重点建设地区的详细规划未根据建设需要单独编制。从规划管理来看，计划经济条件下新建项目的选址任务繁重，规划管理经验不成熟，缺乏建设工程审批所依据的各层次规划，项目审批程序还不完善，相关法律法规不完备，技术标准不完全，各项管理制度尚处于初创阶段。

除此之外，由于行政区划调整，人口增长过快，尽管北京市新建房屋建筑面积在1953年到1957年有快速增加，但居民的居住条件并没有得到改善，甚至有部分下降，如主要居住水平从1949年的4.75平方米／人，下降到了1953年的3.76平方米／人，进而又下降到了1957年的3.70平方米／人。

2.2.2 1958年的北京城市规划

2.2.2.1 规划背景

20世纪50年代北京城市总体规划的制定是一个持续的过程。继1953年规划草案上报中央后，北京市委不断深化总体规划。1956年下半年《北京城市建设总体规划初步方案》编制完成；1958年8月，根据"大跃进"的新形势又对该方案进行了修改并再次上报中央书记处,得到原则上的同意,但未正式批复。当然,此后北京的城市建设主要还是依据1958年的规划方案执行的,直至1967年1月国家建委下令暂停执行该方案。

2.2.2.2 城市定位

1958年的规划初步方案基本延续了1953年规划草案对首都城市性质的定位,即"北京是我国的政治中心和文化教育中心,我们还要迅速地把它建设成一个现代化的工业基地和科学技术的中心,使它站在我国技术革命和文化革命的最前线"。总体而言就是要坚持走工业化道路,并提出加快旧城改造。

与1953年的规划草案相比,1958年的规划初步方案进一步规定北京市应主要发展冶金、机械电机制造、有机合成化学、煤炭等工业,发展技术复杂、采用最新技术的重型机械、电机工业和精密机械工业,以及仪器仪表、电子工业和高级合金工业。同时,要积极发展纺织工业、日用品工业和特种手工艺。

2.2.2.3 城市规模

1958年的规划初步方案着眼于北京城市发展的远景,确定了1 000万城市人口的规模,计划在16 800平方公里的市域范围内,由市区和卫星城镇构建而成"子母城"格局,在市区内部形成"分散集团式"布局,这奠定了北京接下来近半个世纪城市发展的框架和基础(见图2.7)。

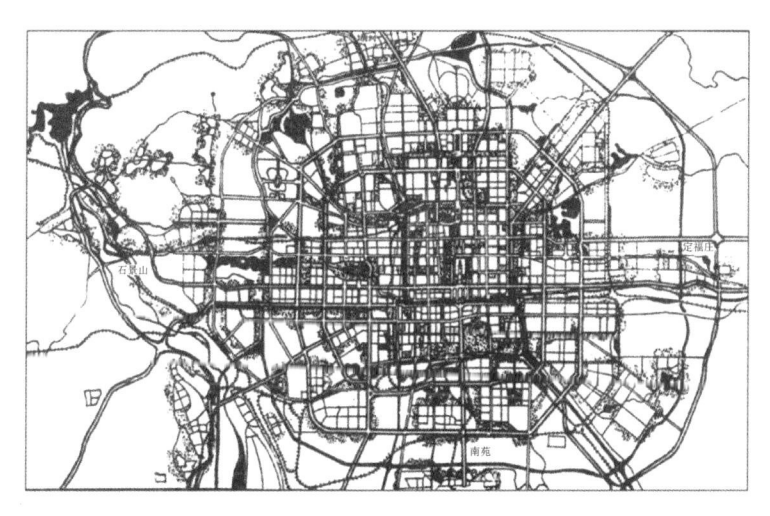

图 2.7 1958年北京城市建设总体规划

资料来源:北京规划建设杂志社编辑部:《长安街及其延长线:一幅63公里江山图,是为共和国发展复兴的宏伟画卷》,载《北京规划建设》2019年第5期。

2.2.2.4 首都职能设施建设与发展

国庆工程和天安门广场扩建。1958年9月5日，时任北京市委书记、北京市副市长万里在市政府会议上，就国庆十周年的筹备传达了中央的通知，要求在国庆十周年之前建好包括人民大会堂在内的十大建筑，这也是"国庆十大工程"提法的由来。1959年2月，最终确定为首都国庆十大工程的十大建筑是：人民大会堂、中国革命历史博物馆[①]、中国人民革命军事博物馆、全国农业展览馆、民族文化宫、北京工人体育场、北京火车站、民族饭店、华侨大厦、钓鱼台国宾馆（见图2.8）。国庆十大工程极大地改善了首都的形象，其建成集中体现了首都政治中心、文化中心的职能，使北京成为我国公共设施最发达的城市，首都北京的城市形象也因之发生了巨大的变化。

中国革命历史博物馆	中国人民革命军事博物馆	全国农业展览馆	人民大会堂	迎宾馆（钓鱼台国宾馆）
民族文化宫	北京火车站	民族饭店	华侨大厦（现已拆除）	北京工人体育场

图2.8 国庆十大工程

资料来源：《百年瞬间——1959年首都十大建筑》（https://www.12371.cn/2021/04/03/VIDE1617412080720584.shtml）。

此外，天安门广场和长安街也进行了大规模扩建（见图2.9）。根据党中央审定批准的天安门广场规划方案，广场从11公顷扩大到40公顷，东西长500米，南北长860米，成为全国也是当时世界上最大的广场。扩建后的天安门广场气势宏伟，体现了社会主义首都中心广场的新面貌，成为我们国家和民族的象征。

使馆区等外事设施建设也有新的发展。依照周恩来总理对外事建筑规划建设的指示精神，北京于1955年和1961年相继开始建设建国门外使馆区和三里屯使馆区。

---

① 即中国革命博物馆与中国历史博物馆，该二馆位于天安门广场东侧，在同一建筑内。

图 2.9 天安门广场地区改建规划

资料来源：李浩：《首都北京第一版城市总体规划的历史考察：1953年〈改建与扩建北京市规划草案〉评述》，载《城市规划学刊》2021年第4期。

1957年，建国门外日坛使馆区建成了首批使馆馆舍。1958年，在首批使馆馆舍南侧，即秀水北街和秀水南街之间，建成了第二批使馆馆舍。1960年、1961年和1965年，又分别在日坛路东侧、日坛公园北侧建成了波兰、捷克斯洛伐克和朝鲜驻华大使馆。1957年，位于建国门外大街及其北面秀水南街之间的北京第一批外交官公寓——齐家园外交公寓开始兴建；20世纪60年代中期，北京开始兴建第二批外交官公寓——三里屯外交公寓群。

1960年1月，外交部提出在近郊规划建设新的使馆区。经中央及北京市有关部门认真研究，决定在东直门外三里屯建设第二使馆区——三里屯使馆区。到1963年，三里屯东三街至东四街共建成9个国家的驻华使馆。1965年，在上述使馆以北，即东直门外大街两侧，又建成了15个国家的大使馆及驻华机构。1968年，位于北京工人体育场路北侧，即东三环北路西侧的三里屯使馆大楼建成。该楼是北京首座集中式公寓型使馆建筑，主要出租给规模较小的外国驻华使馆或驻华机构作为办公用房；同时配套外交官公寓，为大使以外的其他外交官员和工作人员提供住所。

2.2.2.5 存在的问题

1958年至1960年，是北京城市建设的重要阶段。天安门广场的改扩建工程以及国庆十大建筑竣工；门类齐全的工业基地在城市工业的发展下初步形成；东西长安街打通，集中供热供气系统等一批市政骨干工程完成；郊区水利建设快速发展，怀柔、密云两座水库和十三陵等一批中小型水库相继建成，一系列农田水利工程也陆续完工。

然而，从1958年到1966年5月，处于中国政治、经济形势多变的时期。"大跃进"、人民公社运动以及"三年困难时期"等对北京的城市规划和建设产生了重大影响。

"大跃进"前后，中国经济社会发展跌宕起伏。1959年至1961年，我国国民经济由于发展不平衡而经历了暂时的困难。这一时期，基本建设投资波动较大，工业特别是重工业虽有所发展，但农业受到较大影响，第三产业则严重萎缩。1961年至1965年，国内外局势动荡，中国又经历了自然灾害、中苏分歧公开化等困难时期。

在这样的背景下，北京也难以例外。"大跃进"开始后，北京的工农业生产和城市建设曾一度呈现"大干快上"的局面。然而此后，在反复压缩基建战线的情况下，北京的城市建设除了京密引水等少数大工程完工外，基本没有开展其他重大工程建设，而仅进行了一些小修小补，以配合建设发展。接下来的"文革"期间，北京的城市建设总体规划更是一度被下令暂停，这也使得北京的城市建设遭受了1949年以来最严重的挫折和损失。

2.3 1973—1992年的北京城市规划：北京作为首都定位的不断调整深化

2.3.1 1973年形成的北京城市规划

1973年的北京市城市总体规划，是在深入分析当时城市发展状况和存在问题的基础上制定的。在该总体规划提出前，相关部门实事求是地核定了当年的城市人口数量和用地规模的大小，提出在解决好城市规模过大、工业过于集中、住宅生活服务设施和城市基础设施欠账过多等问题的同时，要把对"三废问题"和环境建设的重视程度提到一个新的高度，这些都为北京市在十年后重新对城市发展方向作出新的规划奠定了良好的基础。此外，该总体规划是一个暂时性的、带有过渡性质的方案，也是北京城市发展从20世纪50年代的"大城市主义"和"大工业城市"向20世纪80年代的"逐步控制城市规模，注重建设经济中心"转型的过渡。

2.3.1.1 规划背景

"文革"开始后，北京的城市规划受到了批判，这对北京城市建设的进一步发展造成了严重影响。生活服务设施的滞后、商业和住宅供给的不足，市政基础设施的不完善，导致北京的城市建设在多方面出现了严重的供需矛盾。如北京旧城区的排水系统仍在使用明清时期修建的沟渠，这些沟渠多处已经坍塌，排水能力严重不足，每遇雨季，路面上到处都是积水，平时宽阔整洁的马路一时间变成了河流。与此同时，城市供水不足的问题也日益严重，1972年的情况更加严峻，低压供水的情况相当普遍，严重影响了人们的生活。

1973年10月8日，北京市规划局提出了城市总体规划方案，并草拟《关于北京城市建设总体规划中几个问题的请示报告》上报市委，图2.10为1973年的北京市区总体规划图。1975年邓小平主持中央工作以后，国务院于6月11日在国发〔1975〕85号文件中对北京市的这一报告作了批复，原则上同意这个报告，指出"北京是我国的首都，一定要建设好。应该结合我国在本世纪内发展国民经济两步设想的宏伟目标，把北京逐步建成一个新型的现代化的社会主义城市"。并指示："首都建设应由北京市委实行一元化领导，在建设中要严格控制城市发展规模，并注意处理好'骨头'和'肉'的关系。"国务院同意在"五五"计划期内，每年在国家计划内给北京市安排专款1.2亿元和

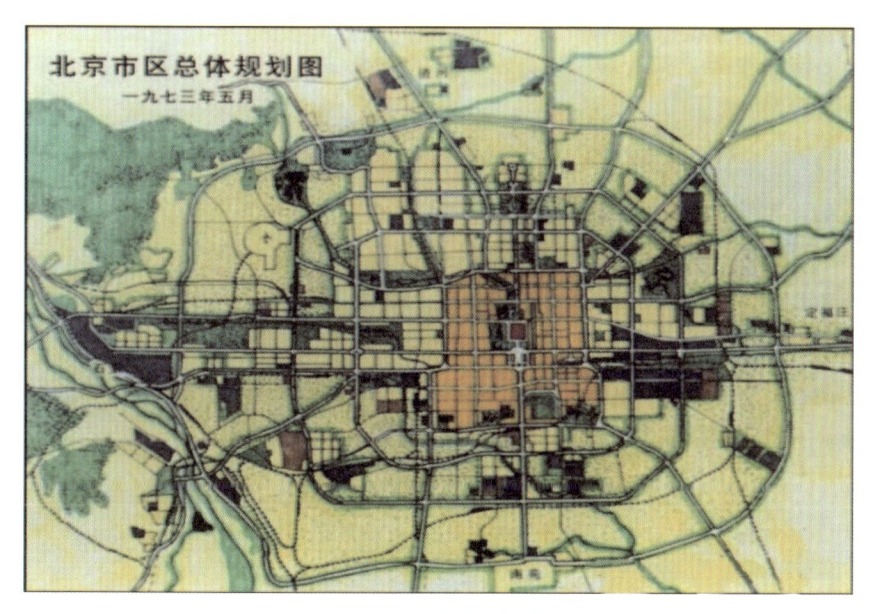

图2.10　1973年北京市区总体规划

资料来源：《京西钢铁巨人——百年首钢的传奇历程（1919—2010）》（https://baijiahao.baidu.com/s?id=1708582563282369833&wfr=spider&for=pc）。

相应的材料设备,用于改善市政公用设施,同时要求有关各方认真执行勤俭建国的方针。此外要求,在发展建筑材料和施工机械化方面,北京要走在全国前面,所需投资、材料、设备,由国家计委、国家建委给予必要帮助,并纳入国家计划。

国务院的这个批复,从各个方面为北京的城市建设提供了极大的支持,使得北京的城市建设有了新的起色。然而,当时正值"四人帮"猖狂时期,整个国民经济都处于极度困难的境地,在这种情况下,国务院关于北京城市建设批复中的许多方针政策都难以得到真正落实。

2.3.1.2 城市定位

1973年的北京城市规划总体上延续了20世纪50年代城市规划确定的城市性质,确定首都城市发展的目标为:"更好地为无产阶级政治服务,为党中央服务,为工农业生产服务,为劳动人民服务,多快好省地把北京建成一个具有现代工业、现代农业、现代科学文化和现代城市设施的清洁的社会主义首都,为逐步消灭城乡差别、功能差别、体力劳动和脑力劳动的差别创造条件。"

与以往规划不同的是,1973年的北京城市规划首次将建设"清洁"的社会主义首都作为北京的城市发展目标,这也标志着环境保护在北京的城市发展过程中开始受到重视。这一转变起源于1971年的全国计划会议,时任国务院总理周恩来在这次会议上提出,抓工业既要看到成绩,也要看到"三害"(废水、废气、废渣);要除掉"三害",搞综合利用,变害为利。1972年,北京市成立"三废治理办公室",暂挂靠在北京市城市规划管理局。此后,环境保护的思想贯穿北京的历次城市规划方案。

2.3.1.3 城市规模

1973年的总体规划建议积极控制人口规模,确定到1980年把城市人口控制在370万~380万人。相比此前的几次规划,该规划方案中的短期人口规模目标有了较大幅度的降低。

该总体规划提出,由于现在的城市规模过大,工业过度集中,出现了生产和生活用水紧张、环境污染严重、各类用地紧张的问题。基于此,新建的工厂和事业单位,原则上应放在远郊地区,那些污染大的工厂原则上不落户北京。在城市布局上,该总体规划继续沿用20世纪50年代确定的城市布局形式,计划根据工业的调整和发展,在距离市区30公里~50公里的范围内,按照"大分散、小集中"的指导原则,在现有城镇的基础上再逐步建设3万~

10万人的小城镇。

2.3.1.4 同首都职能相关的建筑、设施建设与发展

考虑到北京的城市定位之一是国际交往中心，是中国面向世界的窗口。1973年的总体规划强调加快改建旧城重点地区，并逐步建设商业服务中心和住宅等。

旧城重点地区的改建主要分为以下几个方面。首先，结合中央的重点工程继续推进长安街的改建任务；结合商业服务业建设，改造扩建北京站周边地区。其次，二环路的建设可以依托地铁的建设进行；除此之外，要进一步加快前三门南侧地铁直通线建设，可在沿街的空地上建设新的住宅或商业区。最后，金鱼池、法华寺、黑窑厂、东花市、东直门外关厢等积水严重且破旧危险的地区应该得到更广泛的关注，积极认真地改建该区域。

在住宅和商业服务设施建设方面，由于1949年以来的重点是基础工业的发展，并投入大量资源进行生产设施建设，造成商业服务业网点、卫生设施等数量不足，分布也很不合理。基于此，总体规划提出，在交通位置适中的地方，如东郊朝阳门外、西郊阜成门外等交通便利的地方，可以建设一些大中型的商业街或商场，以便在节假日吸引更多人流，从而缓解王府井、西单、前门等地区节假日的拥挤状况。在工业区和县城等地，增加一定数量的住宅，同时在周边配备学校、文体卫生和商业娱乐等设施。

2.3.1.5 存在的问题

第一，市政基础设施存在投资短缺问题。"文革"时期，首都北京的城市交通堵塞、事故多发等现象越来越严重。在城市水资源方面更是存在严重问题：一方面城市供水严重短缺；另一方面市区内的主要排水河道，包括凉水河、通惠河、清河等多年来却疏于管理，没有及时治理，导致通水能力极低，每当遇到暴雨便会洪水漫溢。同时，污水处理设施也不够完善，排污管道数量不足，大量污水往往就地排入明沟，形成了十几条新的"龙须沟"。此外还存在工厂停产、农田遭受自然灾害、公共交通停驶等问题，城市煤气热力供应也很紧张，部分地区甚至已经停止供气。上述这些问题亟待解决，据测算国家为此需要投资约6亿元。然而，在层层下达的各单位基建投资中却只有房屋建筑和设备投资的费用，并没有市政公用设施建设的费用。进行市政公用设施建设，势必需要北京市全力配合，而北京市的财力却十分有限。长期以来，北京在市政建设方面的投资比例只占其整个基本建设投资比例的很小一部分，"一五"期间为7%，后来则下降到3%左右，城市运行面临极大的

困难。

第二，新建生产用房与住宅生活设施的配套比例失调。在新建房屋中，提供的职工宿舍和生活服务设施数量不足，而且所占比重持续下降。"一五"期间，新建工作用房、职工宿舍与生活服务设施用房的比例为 1∶1.13，在此后的十几年间则逐步下降到 1∶0.8 左右，说明该项建设已经跟不上各项事业发展和人口增长的需要。

2.3.2　1982年的北京城市规划

1982年的城市总体规划对北京的首都城市性质进行了重大调整，舍弃了其作为经济中心的发展定位，延续了同心圆模式的城市布局，市区建设迎来了新的高峰。遗憾的是，这一时期建设远郊卫星城的计划未能如期实现。

2.3.2.1　规划背景

改革开放以后，伴随着对外开放范围的扩大，经济体制改革的深入，我国的经济实力和国际地位日益提升，经济社会发展进入了持续且快速的发展轨道。伴随经济社会的迅速发展，城市的地位得到大幅度的提升，北京作为首都的职能也日益强化。在这一历史性变革时期，北京的城市发展面临着一系列新的挑战：北京未来的发展方向在哪里？城市规模是否应该继续扩大，如何扩大？该提供什么样的设施让北京更加现代化？

中华人民共和国成立后，在计划经济体制下，北京的城市建设主要服务于发展生产，尤其服务于发展大工业，为在北京的中央各单位服务，却在一定程度上忽视了居民住宅以及各项生活服务设施的建设。城市人口日益膨胀而基础设施严重落后，这一矛盾亟待解决。可以说，针对这些问题所作出的正确决策，为未来北京的城市建设指明了发展方向，各方就此达成了一致意见，这也成为编制1982年城市总体规划的指导思想。

1982年版的《北京城市建设总体规划方案》包括一个文本和一个图集，以及21项专题规划说明。这是北京的城市总体规划中第一次编制了完整的专题规划，标志着北京市的城市规划进入了更加全面系统的发展阶段。值得注意的是，在21项专题规划中，有14项是基础设施专题规划。该总体规划方案见图2.11。

2.3.2.2　城市定位

1980年，中央听取了北京城市建设工作的汇报，对北京的发展问题进行了研究，并就首都建设的方针作出重要指示并明确指出：①首都是全国的政

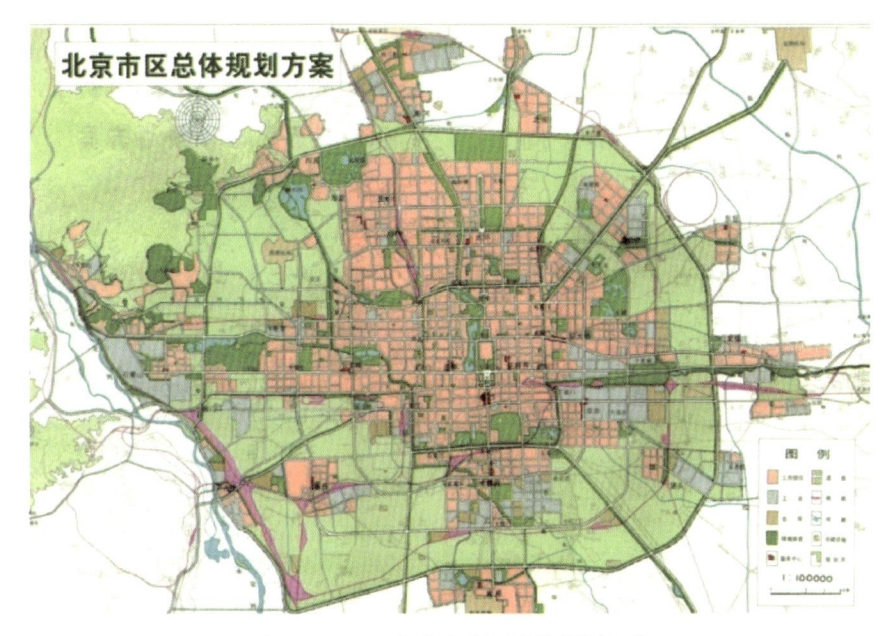

图 2.11　1982 年北京市区总体规划方案

资料来源：《京西钢铁巨人——百年首钢的传奇历程（1919—2010）》（https://baijiahao.baidu.com/s?id=1708582563282369833&wfr=spider&for=pc）。

治中心，不一定要成为经济中心；②首都是中国对国外的橱窗，全世界主要就是通过北京看中国。这样一来，北京的重工业发展就受到了明确的限制。北京市委吸收了中央对首都建设的指示和建议，在此基础之上编制完善《北京城市建设总体规划方案》，即 1982 年版规划方案。1983 年 7 月 14 日，该方案得到了中共中央、国务院的正式批复。

1982 年版规划方案设定了"首善之区"这一城市建设目标：要把北京建成全国乃至全世界社会秩序、社会治安、社会风气和道德风尚最好的城市；建成全国环境最清洁、最卫生、最优美的第一流城市和世界上比较好的城市；建成全国科学、文化、技术最发达的城市之一；同时还要做到经济不断繁荣、人民生活方便、安定。

与以往历次总体规划相比较，1982 年版规划的突出特点是明确了北京的城市性质是"全国的政治中心和文化中心"，不再提"经济中心"和"现代化工业基地"。

该规划阐明了首都定位三个方面的内涵。

第一，作为政治中心和国际交往中心，是中国对外的橱窗。因此，规划延续20世纪50年代的传统,提出了"三个服务"的要求,即"首都的建设,要保证党中央、国务院领导全国工作和开展国际交往的需要;要满足各省、市、自治区来京工作的需要;要为首都人民的工作和生活创造方便的条件"。

第二,北京自古以来就是文化中心,今后应该成为全国科学技术、文化教育最发达、道德风尚最好的城市。"首都的科学技术、文化教育事业,主要应安排那些能反映我国现代化建设的事业,要肩负起为全国各地培养、输送各种人才的任务,还要为广泛开展科普活动和科技、文化交流,为发展全民教育,发展卫生、体育事业创造条件。"

第三,北京的经济事业要继续发展。今后工业发展要适应和服从城市性质的要求。主要走"内涵"发展的道路,向高、精、尖方向发展。不再发展占地多、耗能高、耗水大、运输量大、污染严重的工厂。同时强调对经济事业的理解,不能只局限于工业,应该包括交通运输、建筑、旅游、内外贸易、各项公用事业、服务行业等,要充分考虑首都特点,调整结构,扬长避短,发挥优势,不断提高经济效益,争取一个较高的发展速度。

规划提出,北京的商业、服务业要大力发展,繁荣市场,方便群众。既要有品种齐全的一般商品和服务设施,又要有高档商品及高水平的服务设施,满足首都的特殊需要。北京的建筑业和各项公用事业要加快步伐,坚决把城市基础设施建设放在各项建设的先行地位,调整各类房屋建设的比例关系,合理安排城市布局,为首都人民提供良好的工作和居住、生活条件。

2.3.2.3 城市规模

1982年的《北京城市建设总体规划方案》提出,到2000年全市常住人口控制在1 000万人左右,其中常住城市人口控制在650万人左右,而市区常住人口控制在400万人左右。市区城市建设用地规模控制在440平方公里左右。

2.3.2.4 同首都职能相关的建筑、设施建设与发展

中央办公建筑和设施的新建扩建增多。20世纪80年代,中央办公建筑和设施的建设迎来一个新的高峰。在为一些新设立的中央机构建设新办公楼的同时,也对一些原来的办公设施进行了改扩建。这一时期,中央办公设施建设的数量增加,建筑标准也有了大幅度的提高。

外事建筑和设施的建设规模大增。20世纪80—90年代初,外事建筑和设施的建设再一次如火如荼地开展起来。在原有的建国门日坛南部继续建设第一使馆区,在三里屯建设第二使馆区,在亮马河北岸则开始第三使馆区的

建设。到1984年，建国门外使馆区已建成31处馆舍，总建筑面积8万多平方米；三里屯使馆区建成63处馆舍，建筑面积12万平方米。这两个使馆区在经过30多年的建设后，规划用地已基本建满。1982年修编本次城市总体规划时，外交部提出，到2000年北京还需要再建30个使馆，新建500套外交公寓，总建筑面积约14万平方米。根据合理布局、紧凑发展的指导原则，新的使馆区（占地面积25公顷）选择在东直门外亮马河北岸建设，这使新的使馆区与三里屯使馆区的距离只有一河之隔。

大型金融、商务建筑和设施的建设提高了首都城市的服务能力。20世纪80年代初，随着"对外开放，对内搞活经济"政策的贯彻，城市的商贸功能空前发展。老的商业建筑、设施开始进行大规模改造，一批新的金融建筑和设施建成，如位于建国门外的中国国际信托投资公司（国际大厦），位于阜成门东南的中国银行金融大楼，位于翠微路的中国工商银行总行办公楼，位于复兴路的中国建设银行办公楼。与此同时，在东二环到东北三环之间，一批商务酒店和涉外旅游饭店相继建成。此外，在北京的其他繁华地区，也分散建设了一些商务建筑、设施和涉外酒店。

2.3.2.5 存在的问题

从1983年起约10年间，北京建成了约9 000万平方米的各类建筑，其中住宅约5 000万平方米。除此之外，还新增了商贸、办公、旅游饭店、体育场馆以及科技、教育、文化、卫生等一大批公共建筑和各类城市基础设施，这些建设不仅增强了首都的政治、文化中心功能，美化了首都城市面貌，而且在促进北京经济发展、提高人民生活水平等方面发挥了重要作用。

1982年的《北京城市建设总体规划方案》有力地推动了改革开放后北京的城市建设，但在规划应用执行过程当中，也产生了一些问题。

第一，城市规模很快被突破。该规划方案在编制时对北京人口规模和用地规模的预计过于保守，还停留在计划经济时代以行政手段来控制人口和用地的管理方式上。由于旧城人口疏散没有实现，新增人口又超过了预计数量，从而对城市人口增长特别是迁移增长和外来人口增长缺乏有效的控制手段，造成城市人口的全面突破。到1986年时，全市总人口已突破1 000万人，比规划年限提早了将近15年；到1988年，北京市区的城市人口已达520万人。此外，随着改革开放的深入，北京的流动人口逐渐增多，1986年末的流动人口数量已达115万人。

第二，卫星城镇的"大发展"没有实现。该规划方案提出"旧城逐步改造，近郊调整配套，远郊积极发展"的建设方针，有计划地在远郊发展卫星城镇。在卫星城的建设中，郊区确有一定的发展，但远远没有做到"大发展"。郊区发展没有达到预期，主要原因有二：一是市区的产业集聚过程还在进行，城市功能处于成长中，因此土地的投放、住宅和基础设施的投资重点仍在市区，而市区规划的规模不易于控制。而且，由于当时商品经济刚刚兴起，土地级差地租的效应还远远没有显现，外迁的市场机制也未形成。二是交通规划的水平与城市战略布局不符，尤其是城市客运交通工具落后，轨道交通技术发展不足，这些都严重制约着卫星城布局的实现。

2.4 1993—2016年的北京城市规划：首都定位的进一步精确

2.4.1 1993年批复的北京城市规划

2.4.1.1 规划背景

进入20世纪90年代，国内外形势发生了新的变化。1992年1月至2月，邓小平视察了武昌、深圳、珠海、上海等地之后，发表了著名的南方谈话。南方谈话彻底结束了计划经济体制与市场经济体制之间的激烈争论，从而掀起了我国深化改革开放、加快发展的历史新征程。

随着改革开放的深化，面对首都经济高速发展的态势，改革开放初期确定的城市总体规划已经明显不能适应大发展对城市建设的新需求。一是原来规划中的市区容量不足，迫切需要开辟新的空间以保证发展需要。当时，北京市的人口规模已经突破千万，流动人口也已超过百万；大部分人口和产业集中在市区，而市区的综合承载能力已接近饱和，环境质量也已受到较大影响。二是城市功能严重不适应改革开放的要求。1990年亚运会后，首都北京作为国家政治、文化中心和国际交往中心的职能日益强化，现代经济活动以强烈的聚集态势对传统城市功能提出挑战，亟待建设新的功能区，为发展商业服务以及金融、保险、信息、咨询等第三产业提供载体。三是城市基础设施已不适应首都城市发展的需要。随着首都城市规模的扩大和经济社会的发展，北京对交通、通信、能源、水源等基础设施提出了更高的要求，现有设施已然落后。四是郊区的发展有待规范。随着郊区经济特别是工业的发展，市区工业的外迁迫切需要通过规划协调各方面的关系，解决城乡之间以及经济发展与城市基础设施和环境建设之间的矛盾，把郊区建设引上健康发展的轨道。

在上述背景下，《北京城市总体规划（1991年至2010年）》明确此次规划修订的重点是：调整城市规模，开拓新的发展空间；优化城市布局，建立完善的城镇体系；保护历史文化名城，打造首都新貌；完善市域规划，促进城乡协调发展；改善城市环境，完善绿化系统；提高城市基础设施的现代化水平。

该规划的编制是在中央各有关部门与北京市各部门的通力合作之下，经过了两年多时间的不懈努力，在24个专题组共提出70多份专题研究报告的基础上，于1992年12月由北京市城市规划设计研究院综合完成，并由国务院于1993年10月6日批复同意正式实施的。该规划期限为20年，在一定程度上考虑到了21世纪中叶的北京市发展需要。图2.12是这一时期的北京市区总体规划图。

图2.12　《北京城市总体规划（1991年至2010年）》中的北京市区总体规划

资料来源：《京西钢铁巨人——百年首钢的传奇历程（1919—2010）》（https://baijiahao.baidu.com/s?id=1708582563282369833&wfr=spider&for=pc）。

2.4.1.2　城市定位

《北京城市总体规划（1991年至2010年）》在总则部分明确了城市发展

的基本目标：进一步加强和完善全国政治中心和文化中心的功能，建设全方位对外开放的国际城市，使首都北京成为文化教育和科学技术最发达、道德风尚和民主法制建设最好的城市；建立以高新技术为先导，第三产业发达，产业结构合理，高效益、高素质的适合首都特点的经济形态。到2010年，北京的社会发展和经济、科技的综合实力，达到并在某些方面超过中等发达国家首都城市水平，人口、产业和城镇体系布局基本得到合理调整，城市设施现代化水平有很大提高，城市环境清洁优美，历史传统风貌得到进一步保护和发扬，为在21世纪中叶把北京建设成为具有第一流水平的现代化国际城市奠定基础。

该版规划同时规定了北京的城市性质，在1982年规划方案确定国家的政治中心、文化中心的基础上，增加了"世界著名的古都"和"现代国际城市"的重要阐述。

政治中心功能的内涵是延续的。《北京城市总体规划（1991年至2010年）》明确提出："北京的建设，要保证党中央、国务院在进一步改革开放的形势下，领导全国工作和开展国际交往的需要，要为首都人民的工作和生活创造方便的条件。"为了完善、满足国家政治中心的功能，该规划专门制定了中央国家机关建设规划和外交使馆、公寓建设规划。

作为文化中心，《北京城市总体规划（1991年至2010年）》提出了更加深入明确的建设要求：要充分利用北京深厚的文化基础，进一步发展文化教育和科技事业，加强民主法制建设和精神文明建设，走在全国的前列。北京是国家级历史文化名城，北京的建设要反映中华民族历史文化、革命传统和社会主义中国首都的独特风貌。进一步发挥首都的科技和教育优势，使其科学技术水平在全国保持领先地位，一些科技领域接近或达到国际先进水平。充分发挥首都作为全国高等教育基地的作用，加快地方高等院校调整与建设的步伐，为全国培养、输送高级人才。进一步发展首都的文化、体育事业，繁荣社会主义文艺，弘扬民族优秀文化，扩大国际文化交流，积极发展广播、电视、新闻、出版事业。在首都市区的重要地段，逐步建设国家大剧院、国家艺术宫、青少年宫及各类博物馆等国家级和市级大型文化设施，为开展国际、国内各类文化活动，充分展示我国和世界优秀文化成果提供场所，增强其作为全国文化中心的功能。在区、县和街道、镇（乡），要普及和完善文化馆、图书馆、科技馆、影剧院等文化设施以及各种游乐设施，开展多层次、多形式的群众性文化活动，搞好精神文明建设。继续完善大中型体育设施网络，新建一批体育馆，努力发展基层体育场所，广泛开展群众体育活动。

此外，该规划还重点强调了北京的经济功能。规划提出，北京作为首都，要积极为全国的经济建设服务，同时要大力发展适合首都特点的经济，并对经济发展提出了更高的质的要求。即，北京的经济发展，要加快改革，扩大开放，面向全国，走向世界，不断推向新水平。力争在20年内，国民生产总值翻两番以上。建立社会主义市场经济体制和运行机制，形成多层次、全方位对外开放格局和适应国际经济运行的能力，为建设具有现代化水平的、运转灵活的市场体系提供发展空间。

《北京城市总体规划（1991年至2010年）》在编制时，已经认识到首都北京作为全国的政治中心对经济发展所能提供的优越条件。首先，北京作为全国政治中心，必然具有国际交往、宏观经济管理和信息集散等中心的功能；其次，北京作为全国的文化中心，人才荟萃，知识密集，科技发达，信息灵通……这些使北京的经济发展处于得天独厚的地位，特别是为发展高新技术产业，以及内外贸易、金融、保险、信息、咨询、旅游等服务首都、面向全国和世界的第三产业提供了良好的条件。所以该规划重点提出，发展高新技术产业和第三产业，通过高新技术产业开发区和现代化商务区的建设为首都经济发展提供良好的空间载体。

2.4.1.3 城市规模

据《北京城市总体规划（1991年至2010年）》预测，其后50年北京市人口将呈持续增长的趋势，2040年前后，北京常住户籍人口将达到1400万人左右的高峰，流动人口高达300万人左右。基于此，该规划中对北京市人口的控制规模为：2000年北京全市常住人口从1990年的1032万人增至1160万人左右，流动人口从127万人增至200万人左右；到2010年常住人口控制在1250万人左右，流动人口控制在250万人左右。北京全市的常住城市人口，2000年从1990年的640万人增至750万人左右，其中市区的常住城市人口从1990年的520万人增至600万人左右；2010年全市的常住城市人口控制在850万人左右，其中市区的常住城市人口控制在650万人左右（见图2.13）。

2.4.1.4 同首都职能相关的建筑、设施建设与发展

（1）中央行政机关新建扩建办公建筑与设施

《北京城市总体规划（1991年至2010年）》明确指出：北京的建设要保证党中央、国务院在进一步改革开放的形势下，领导全国工作和开展国际交

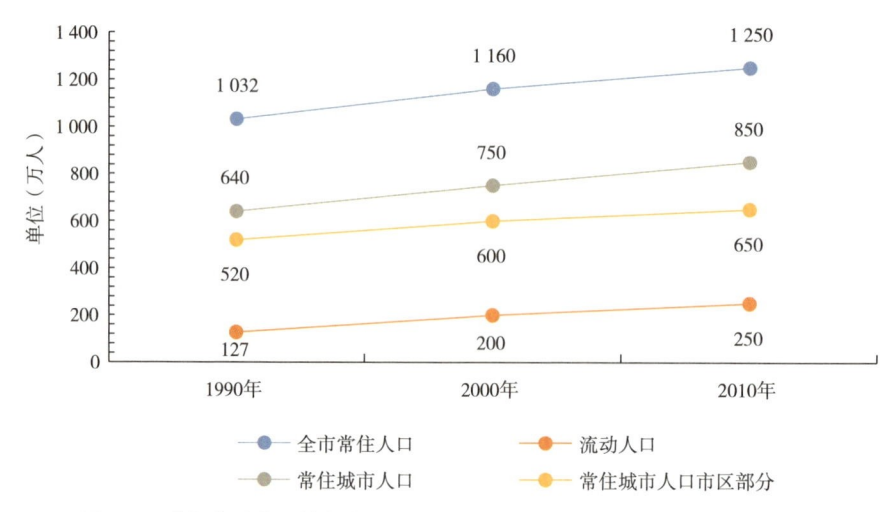

图 2.13 《北京城市总体规划（1991年至2010年）》预期的北京人口变化

往的需要，要为首都人民的工作和生活创造便利条件。继续完成天安门广场和东西长安街（复兴门至建国门）两侧的改建，主要安排国家重要行政机关和大型文化设施，适量安排商业服务机构与设施，形成庄严、美丽、现代化的中心广场和城市东西轴线。

（2）外事建筑与设施按规划进行建设

这一时期的外事建筑与设施建设以第三使馆区为主，增建了一些使馆，到2000年已建成馆舍146处。另外，对建国门外的国际俱乐部进行了扩建。该国际俱乐部于1972年建成，主要作为外宾进行文化、社交活动的场所，建筑面积12 033平方米。1990年至1997年，在该俱乐部的北侧进行了扩建，主体由饭店和写字楼两部分组成，是一座集餐饮、娱乐、住宿、商务办公于一体的大型综合建筑，总建筑面积51 401平方米。

（3）天安门广场与长安街综合整治

为庆祝中华人民共和国成立50周年，1998年10月，北京市委、市政府受国务院委托作出决定，成立长安街及其延长线整治办公室，对天安门广场、长安街及其延长线（东到大北窑，西到公主坟），进行了自1949年以来规模最大的全面整治。在该次整治中，沿线的建筑粉刷一新，天安门广场铺砌了花岗石地面，增辟了草地，这座世界最大广场的面貌焕然一新。长安街两侧人行道铺设了红色彩砖，电力电缆管线、电话线等进入地下，建筑物上的广告牌被拆除，两侧建筑恢复了本来面貌，长安街显示了庄严、美丽、现代化的面貌。

（4）在发展方面要适合首都特点的经济

《北京城市总体规划（1991年至2010年）》提出：北京作为首都，要积极为全国的经济建设服务，同时要大力发展适合首都特点的经济，并对经济发展提出更高的质的要求。1997年，北京市第八次党代会分析了北京的城市性质和功能，鲜明地提出了首都经济的概念："首都经济"是立足首都、服务全国、走向世界的经济；是充分体现北京城市的性质和功能，充分发挥首都比较优势，充分反映社会主义市场经济规律的经济；是向结构优化、布局合理、技术密集、高度开放、资源节约、环境洁净方向发展的经济；是既保持较高增长速度，又体现较好效益的经济。

2.4.1.5 存在的问题

自20世纪80年代起，首都北京的城市总体规划中就已经意识到市区规模过大的问题，然而这种趋势不仅没有得到遏制，反而愈演愈烈。在人口、经济和城市建设规模高速增长的时期，大批量的投资进一步推动了城市的不断对外扩张，自1953年版北京城市规划编制并实施以来以旧城为中心对外扩张的建设趋势依旧在延续。

2.4.2 2005年的北京城市规划

2.4.2.1 规划背景

进入21世纪，中国跨入全面建设小康社会、加快推进社会主义现代化建设的新发展阶段。

自2000年以来，我国进入了高速发展的战略机遇期。2001年7月13日，国际奥委会宣布北京获得2008年第29届夏季奥林匹克运动会的举办权。北京市委市政府提出要抓住机遇，以奥运促发展，高质量地建设城市，加快城市现代化建设步伐。2001年，中国加入世界贸易组织，这为中国经济发展带来新的机遇。北京市提出，全面深化以转变政府职能为重点的各项改革，以更积极的姿态扩大对外开放，加快发展高新技术产业和现代服务业。

2003年初，"非典"疫情自广东向全国扩散。同年4月下旬，北京成为疫情高发区。在抗击"非典"过程中，北京经受了一场严峻考验，这也对北京的城市公共卫生应急机制、城市公共避难减灾场所、城市公共信息平台建设以及建筑设计等方面，特别是对城市经济、社会和环境的协调发展提出了新的要求。

此外，《北京城市总体规划（1991年至2010年）》实施十年来，北京的经济和城市建设迅猛发展，城市功能进一步成长，人口规模大量增加，而已规划的城市空间容量却已趋于饱和。按照上述这版北京城市总体规划，到2000年预期城市人口将达到1 160万人，到2010年达到1 250万人；而事实上，到2003年北京全市的常住人口已达到1 456万人，其中城镇人口1 138万人，城市中心地区出现了交通严重拥堵、生态环境恶化、公共空间缺乏等"大城市病"。因此，适应首都城市经济社会持续快速发展的要求，从更广大的区域构建城市发展的空间格局，全面提升首都城市的功能和环境品质，成为编制新的城市总体规划的基本目标。

2.4.2.2 城市定位

2002年底，北京市规划部门借鉴英国伦敦和我国香港、广州等城市开展前瞻性战略研究的经验，委托相关研究机构开展了"北京城市空间发展战略研究"这一重大课题。该项研究成果，一是确立了首都城市发展的四大目标：国家首都，即国家政治中心、国际交往中心；世界城市，即世界级服务中心、世界级大都市地区的核心城市；文化名城，即文化、教育、科技创新中心，世界历史文化名城；宜居城市，即充分的就业机会，舒适的居住环境，创建以人为本、可持续发展的首善之区。二是确定了在继承发展城市传统中轴线和长安街沿线十字轴的基础上，强化首都北京的政治、文化与经济发展的职能。三是提出在北京外围构建"东部发展带"和"西部生态带"，构建多中心的城市空间新格局。北京市政府将这一研究成果报送建设部和国务院，得到了国务院领导的肯定，并批示据此修编北京城市总体规划。新一版正式的北京城市规划，即《北京城市总体规划（2004年—2020年）》于2005年得到批复，规划提出了"两轴－两带－多中心"的空间布局模式（见图2.14）。

与中华人民共和国成立以来的历次城市总体规划相比较，2005年版规划的突破主要体现在以下几个方面。

首先，提出了建设"宜居城市"的发展目标。自《北京城市总体规划（1991年至2010年）》起，首都北京的城市定位是全国的政治中心、文化中心，是世界著名古都和现代国际城市。本次规划在此基础上提出了"国家首都、国际城市、文化名城、宜居城市"的发展定位和目标。这是继1973年北京城市总体规划提出建设"清洁"的首都，1982年提出建设"首善之区"以来，第一次提出建设"宜居城市"的目标。对此，国务院在批复中要求将北京建设成为全国宜居城市的典范。北京市规划部门对"宜居城市"的解释是："一是坚持以经济建设为中心，具有充分的就业和创业机会；二是要重视生态环境保护与建设，具有的良好人居环境；三是要配置完善的、多样的、人性

图 2.14　"两轴－两带－多中心"的空间布局模式

资料来源：《北京为什么要建设城市副中心？》（https://baijiahao.baidu.com/s?id=1711589018643232106&wfr=spider&for=pc）。

化的公共服务设施和文化设施，具有较高的生活质量；四是要建设便捷的交通市政基础设施，具有高效的城市支撑系统；五是要构建综合的防灾减灾体系，具有安全的生产生活条件。"本次规划在生态环境保护与建设，土地资源节约与集约利用，城市开发强度及公共环境建设，公共交通体系等基础设施建设，以及教育、文化等公共设施保障，抗震避难场所等安全设施建设方面，比较全面地落实了宜居城市的目标。

其次，在规划目标上明确提出强化首都职能。本次规划对中央党政军首脑机关的办公建筑与设施布局，以及未来的用地需求和布局进行了专题研究。规划提出，"为保障党中央、国务院领导全国工作和开展国际交往的需要，强化首都职能，调整优化中央行政办公用地布局，预留中央行政办公用地，优化中心城涉外设施和用地的配置，提高国际化程度"。本次规划第一次比较全面地明确了首都北京的主要职能："中央党政军领导机关所在地；邦交国家使馆所在地，国际组织驻华机构主要所在地，国家最高层次对外交往活动的主要发生地；国家主要文化、新闻、出版、影视等机构所在地，国家大型文化和体育活动举办地，国家级高等院校及科研院所聚集地；国家经济决策、管理，国家市场准入和监管机构，国家级国有企业总部，国家主要金融、保险机构和相关社会团体等机构所在地，高新技术创新、研发与生产基地；国际著名旅游地、古都文化旅游地，国际旅游门户与服务基地；重要的洲际航空门户和国际航空枢纽，国家铁路、公路枢纽。"

2.4.2.3 城市规模

本次规划提出，要积极引导人口的合理分布，通过疏散中心城的产业和人口，大力推进城市化进程，促进人口向新城和小城镇集聚。规划到2020年，北京市总人口规模规划控制在1 800万人左右，年均增长率控制在1.4%以内。其中，户籍人口1 350万人左右，居住半年以上外来人口450万人左右。北京市城镇人口规模规划控制在1 600万人左右，占全市人口的比例为90%左右。中心城人口规划控制在850万人以内，新城人口约570万人，小城镇及城镇组团人口约180万人。

2.4.2.4 同首都职能相关的建筑、设施建设与发展

2008年夏季奥运会的筹办与城市总体规划的修编是21世纪前几年我国首都北京的重大事件。北京于2001年7月获得2008年夏季奥运会的主办权，奥运场馆及其相关设施的规划设计由此启动。北京城市总体规划修编自2002年底开始，于2005年1月获得国务院批复，而奥运工程进入全面建设阶段也始于2005年。因此，将奥运工程建设与城市规划的制定和实施相互融合、相互促进，成为这一特定历史时期贯穿城市发展建设的主线。

提出中心城调整优化的规划原则。本次规划将《北京城市总体规划（1991年至2010年）》中所提的"市区"更名为"中心城"，与"新城"对应。中心城是集中体现首都北京之政治、文化中心功能和重要经济功能的地区，也是集中体现其历史文化传统与现代国际城市形象的重要地区。中心城的建设目标包括进一步完善首都职能，加强培育与大国首都相适应的国际交往职能。具体包括：①弘扬城市文化，协调推进历史文化传统保护与现代化建设。②提升城市的核心经济功能，优化产业结构与布局，增强城市综合竞争力。③实施六个调整：疏解人口；疏解工业；调整仓储物流设施；调整迁出部分行政办公、教育、科研、医疗等设施；调整改造与城市整体发展不协调的地区，整治"城中村"；调整威胁城市公共安全的设施布局，搬迁整治危险源。④实施六个优化：优化行政办公用地布局，创造高效政务活动环境；优化文化产业发展环境，增强文化中心功能；优化城市职能中心功能，大力发展现代服务业；优化涉外设施和用地的配置，提高国际化程度；优化空间结构，创造安全的人居环境；优化交通及市政基础设施，提高城市运行效率。

提出构建以公共交通为主导的综合交通体系。北京的交通发展目标是：

与国家首都和现代国际城市功能相匹配,建设可持续发展、以人为本和动态满足交通需求的,以公共交通为主导的高标准、现代化综合交通体系。到2020年,交通结构趋于合理,公共交通成为主导客运方式,出行的选择性增强,出行效率提高,交通拥堵状况得到缓解和改善,交通发展步入良性循环。

2.4.2.5 存在的问题

《北京城市总体规划(2004年—2020年)》实施以来,取得了一系列成就,首都经济社会发展和城乡面貌发生了巨大变化。北京已经步入现代化国际大都市行列。

然而,多年的快速发展也使北京积累了一些深层次的矛盾和问题,人口、资源、环境压力日趋严峻,如人口无序过快增长,中心城区功能过度聚集,城市空间"摊大饼"蔓延方式没有发生根本的改变,水资源、大气、生态环境容量等压力越来越大,城市患上了相当程度的"城市病",等等。

首先,区域协同发展相对滞后。本次规划实施以来,北京积极发挥首都城市的辐射带动作用,推进与天津、河北多领域的全面合作并取得了初步成效。但是,京津冀地区一体化发展仍相对滞后。京津两地与周边发展联系薄弱,城镇体系发展不均衡,北京、天津聚集了人才、资本等主要的生产要素,与其他城市之间的差距逐渐拉大,区域水资源和生态环境协同保护也亟待有效机制加以保障。

其次,多项指标提前突破。提前达到城市总体规划所设定的指标目标,这一方面体现了北京蒸蒸日上的发展趋势;但另一方面,某些指标目标的提前达到也反映了北京在快速发展的过程中人口、资源、环境之间的矛盾愈发尖锐,迫切需要强化底线约束。以城市常住人口为例,2009年北京全市常住人口规模已达到1 860万人,突破了本次规划中预计2020年人口规模为1 800万人的目标值;到2015年,这 数据已经达到了2 170.5万人。

最后,缺乏落实宏观目标指标的路径。本次规划的编制与实施,反映了北京城市规划的宏观目标和指标尚缺乏与之相一致的行动来落实。一方面,总体规划所设定的宏观目标常常缺乏具体的实现标志,因而在传导至各级各类规划的具体指标时,容易积累偏差。另一方面,各自为政的实施路径,造成规划的整体性与实施的分散性之间的矛盾,无形中削弱了城市规划对经济社会发展的综合协调能力及其参与城市治理的能力。

2.5 2017年至今的北京城市规划：非首都功能的疏解

2.5.1 2017年的北京城市规划

2.5.1.1 规划背景

2014年2月和2017年2月，习近平总书记两次视察北京并发表重要讲话，为新时期首都发展指明了方向。为深入贯彻落实习近平总书记视察北京重要讲话精神和治国理政新理念新思想新战略，紧紧扣住迈向"两个一百年"奋斗目标和中华民族伟大复兴的时代使命，围绕"建设一个什么样的首都，怎样建设首都"这一重大问题，谋划首都未来可持续发展的新蓝图，北京市于2017年编制了《北京城市总体规划（2016年—2035年）》。

2.5.1.2 城市定位

本次规划中北京的城市战略定位是全国政治中心、文化中心、国际交往中心、科技创新中心。新版城市规划更深刻地把握了"都"与"城"、"舍"与"得"、疏解与提升、"一核"与"两翼"的关系，以首善标准，注重提升首都功能，明确了首都发展要义，即坚持和强化首都核心功能，调整和弱化不适宜首都的功能。图2.15为本次北京市域空间结构规划图。

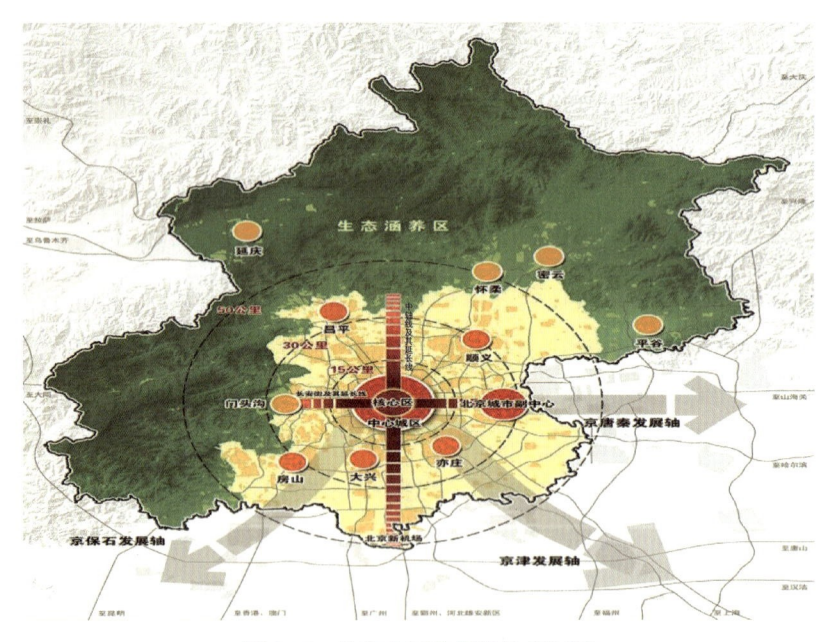

图2.15 北京市域空间结构规划图

资料来源：北京市域空间结构规划图（http://ghzrzyw.beijing.gov.cn/zhengwuxinxi/zxzt/bjcsztgh20162035/202001/t20200102_1554624.html）。

本次规划提出："北京的一切工作必须坚持全国政治中心、文化中心、国际交往中心、科技创新中心的城市战略定位，履行为中央党政军领导机关工作服务，为国家国际交往服务，为科技和教育发展服务，为改善人民群众生活服务的基本职责。落实城市战略定位，必须有所为有所不为，着力提升首都功能，有效疏解非首都功能，做到服务保障能力同城市战略定位相适应，人口资源环境同城市战略定位相协调，城市布局同城市战略定位相一致。"

同时，本次规划详细解释了北京"四个中心"战略定位的内涵。

政治中心建设方面，要为中央党政军领导机关提供优质服务，全力维护首都政治安全，保障国家政务活动安全、高效、有序运行。严格规划高度管控，治理安全隐患，以更大范围的空间布局支撑国家政务活动。

文化中心建设方面，要充分利用北京文脉底蕴深厚和文化资源集聚的优势，发挥首都凝聚荟萃、辐射带动、创新引领、传播交流和服务保障功能，把北京建设成为社会主义物质文明与精神文明协调发展，传统文化与现代文明交相辉映，历史文脉与时尚创意相得益彰，具有高度包容性和亲和力，充满人文关怀、人文风采和文化魅力的中国特色社会主义先进文化之都。

国际交往中心建设方面，要着眼于承担重大外交外事活动的重要舞台，服务国家开放大局，持续优化为国际交往服务的软硬件环境，不断拓展对外开放的广度和深度，积极培育国际合作竞争新优势，发挥向世界展示我国改革开放和现代化建设成就的首要窗口作用，努力打造国际交往活跃、国际化服务完善、国际影响力凸显的重大国际活动聚集之都。

科技创新中心建设方面，要充分发挥丰富的科技资源优势，不断提高自主创新能力，在基础研究和战略高技术领域抢占全球科技制高点，加快建设具有全球影响力的全国科技创新中心，努力打造世界高端企业总部聚集之都、世界高端人才聚集之都。

与历版规划相比，2017版规划延续了北京"非经济中心"的城市定位，同时对其国际交往中心和科技创新中心的内涵作了进一步明确，对城市建设提出了更高的要求。

2.5.1.3 城市规模

本次规划秉承"一切从实际出发，贯通历史现状未来，统筹人口资源环境，让历史文化和自然生态永续利用"的思想，按照以水定人的要求，根据可供水资源量和人均水资源量，确定北京市常住人口规模到2020年控制在2 300万人以内，2020年以后长期稳定在这一水平。

2.5.1.4 同首都职能相关的建筑、设施建设与发展

核心区优化布局，为中央政务创造条件，疏解市级行政单位。本次规划提出："为中央和国家机关优化布局提供条件。有序推动核心区内市级党政机关和市属行政事业单位疏解，并带动其他非首都功能疏解。结合功能重组与传统平房区保护更新，完善工作生活配套设施，提高中央党政军领导机关服务保障水平。"据2018年11月30日报道，北京市扶贫支援办、市直机关工委、市保密局、团市委等部门已迁入北京城市副中心行政办公区办公。这标志着城市副中心行政办公区的启用。2019年1月11日，北京市级行政中心正式迁入北京城市副中心。2019年1月12日，中共北京市委城市副中心工作委员会、北京城市副中心管理委员会在通州区委区政府新址正式揭牌成立。

腾退被占用重要文物，增加国事活动场所。本次规划提出："推动被占用文物的腾退和功能疏解，结合历史经典建筑及园林绿地腾退、修缮和综合整治，为国事外交活动提供更多具有优美环境和文化品位的场所。"截至目前，这一部分工作仍在规划当中。2021年1月，北京市人大常委会发布的《关于〈北京城市总体规划（2016年—2035年）〉实施情况的报告》指出："对于历史文化街区平房腾退和修缮、老旧小区改造、老工业厂区和老旧楼宇更新等类型更新，由于所在区位和问题重点不同，需要有针对性地探索分区域、分类型的差异化政策，打通推动存量功能转换提升在制度政策、标准规范、审批流程上的瓶颈堵点，加强存量更新利用和利益分配机制的整体性制度重构。"

高水平规划建设北京城市副中心，打造国际一流的和谐宜居之都示范区。本次规划提出："北京城市副中心为北京新两翼中的一翼。应当坚持世界眼光、国际标准、中国特色、高点定位，以创造历史、追求艺术的精神，以最先进的理念、最高的标准、最好的质量推进北京城市副中心规划建设。"截至目前，随着环球度假区基本建成，博物馆、图书馆、剧院"三大建筑"雏形初显，运河商务区高楼林立……北京城市副中心的城市框架正从规划蓝图一点点变成现实画卷。"十四五"期间，北京城市副中心每年保持千亿元以上投资强度，保障城市框架基本成型。图2.16为北京城市副中心与中心城区、东部地区关系示意。

2.5.1.5 非首都功能的疏解

与以往历次规划相比，本次北京城市规划全篇多次强调对北京"非首都功能"的疏解，并将其作为治理北京"大城市病"的重要手段。

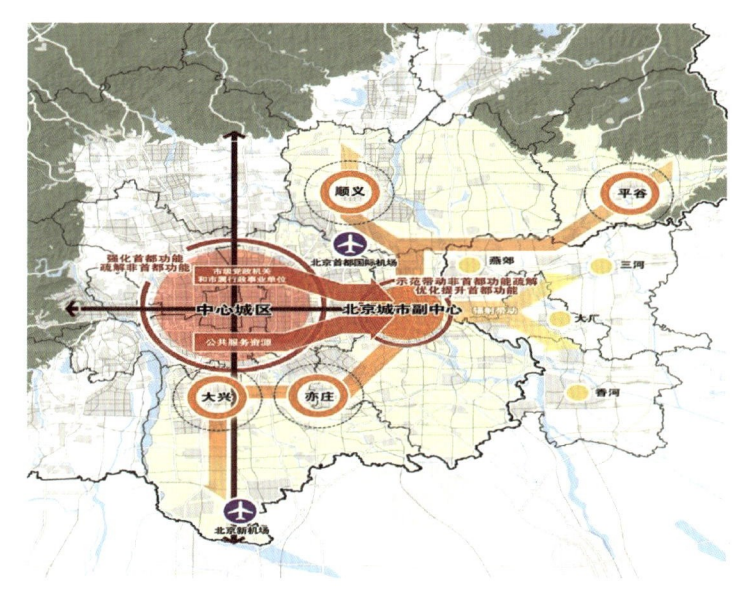

图 2.16　北京城市副中心与中心城区、东部地区关系示意

资料来源：北京城市副中心与中心城区、东部地区关系示意图（http://ghzrzyw.beijing.gov.cn/zhengwuxinxi/zxzt/bjcsztgh20162035/202001/t20200102_1554624.html）。

规划中阐述了有序疏解非首都功能的具体工作任务：疏解腾退区域性商品交易市场，关停、转移区域性批发类商品交易市场。对疏解腾退空间进行改造提升、业态转型和城市修补，补足为本地居民服务的菜市场、社区便民服务设施等；疏解大型医疗机构。严禁在核心区新设综合性医疗机构和增加床位数量。引导鼓励大型医院在外围地区建设新院区，压缩核心区内门诊量与床位数。调整优化传统商业区。优化升级王府井、西单、前门传统商业区业态，不再新增商业功能。促进其向高品质、综合化发展，突出文化特征与地方特色。加强管理，改善环境，提高公共空间品质；推动传统平房区保护更新。按照整体保护、人口减量、密度降低的要求，推进历史文化街区、风貌协调区及其他成片传统平房区的保护和有机更新。建立内外联动机制，促进人口有序疏解，改善居民工作生活条件。

此外，本次规划中还提到要"坚持疏解整治促提升，在疏解中实现更高水平发展"。具体包括：拆除违法建设；疏解一般性制造企业；疏解区域性专业市场；疏解部分公共服务功能；占道经营、无证无照经营和开墙打洞整治；城乡结合部整治改造；中心城区老旧小区综合整治；中心城区重点区域整治提升；地下空间和群租房整治；棚户区改造、直管公房及商改住清理整治。

本次规划特别提到，在产业方面，"坚决退出一般性产业，严禁再发展高端制造业的生产加工环节，重点推进基础科学、战略前沿技术和高端服务业创新发展"。

与疏解非首都功能相关的，是推动京津冀中部核心功能区的联动一体发展。本次规划的第七章重点阐述了"深入推进京津冀协同发展，建设以首都为核心的世界级城市群"的规划目标与要求，提出要"重点抓好非首都功能疏解和承接工作，推动京津保地区率先联动发展，增强辐射带动能力。推进京津双城功能一体、服务联动，引导京津走廊地带新城和重点功能区协同发展；以节点城市为支撑，形成若干职住平衡的高端功能中心、区域服务中心、专业化中心；支持建设若干定位明确、特色鲜明、规模适度、专业化发展的微中心，建设现代化新型首都圈"。

自本次规划实施以来，非首都功能的疏解已取得了显著成效，尤其是在一般性制造业方面。

2019年，天津市滨海新区加快打造承接非首都功能疏解标志区，瞄准优质资源，强化精准对接，承接非首都功能疏解项目468个、协议投资额2711.9亿元。滨海－中关村科技园新增注册企业482家，协同创新示范基地投入运营，创新创业生态系统进一步优化。2020年4月，雄安商务服务中心作为主要承接首批疏解而来的北京非首都功能单位，满足中长期进驻新区各类人才的居住、办公、商务活动等需求的重要建设项目，其地下结构全面封顶。2020年7月，北京市密云区已完成对9家一般制造业企业的退出验收工作，退出企业已全部停产，并完成生产设备拆除工作。在区域性物流基地和区域性批发市场的疏解方面，2016年5月30日，北京市西城区组织城管、公安等部门，开始拆除动物园批发市场615.64平方米用于物流的违建。2017年底，北京动物园服装批发市场正式闭市，据估计，动物园批发市场的关闭疏解了3万多从业人口。在部分教育、医疗机构方面，北京市多所高校、中小学与天津、河北等地区的相关单位开展合作，推动京津冀区域的和谐一体化发展。

3 首都财政体制的变迁与发展

3.1 计划经济时期的中央-北京-区县财政关系（1950—1979年）

3.1.1 计划经济制度下统收统支的财政体制

3.1.1.1 高度集中、统收统支（1950年）

中华人民共和国成立之初，面临两大基本任务：一是继续完成民主革命阶段遗留下来的任务，并建立新民主主义经济制度；二是迅速恢复国民经济。落实到财政领域，则体现为保证巨额军政费用的供给，稳定物价，尽快恢复国民经济以及改善人民生活。这在客观上要求中央财政统一支出，实现全国统一部署。但由于各解放区的分立和革命战争的需要，各地方实际上掌握着大部分财政经济管理权限，中央政府无论是在财政收入还是在财政权力方面都极其有限，财权事权不匹配的矛盾由此凸显出来。

为实现中央宏观调控，政务院于1950年3月先后颁布了《关于统一国家财政经济工作的决定》和《关于统一管理1950年度财政收支的决定》，开展统一全国财经工作，由分散管理转向高度集中的统一管理。其主要内容包括统一全国财政收支管理，实行"高度集中、统收统支"的财政管理体制。其基本特征是中央政府处于主导地位，由中央政府统一制定所有收支项目管理办法，一切开支标准由中央政府统一决定。地方政府组织的财政收入也要全部上缴中央财政，地方政府所需的相关支出全部由中央财政另行拨付。因此，该体制也被称为"收支两条线"。

"高度集中、统收统支"的财政管理体制保证了国家有限财力的集中使用，为供给军事经费和经济的重大恢复提供了有力的财政支持，同时也奠定了我国经济建设和财政体制的基本框架。但由于这种财政体制将主要的经济管理权力和财力集中在中央，造成地方政府收支脱节，其自主权和灵活性受到很大束缚，且资金在上拨下划的过程中也会造成种种浪费。因此，在统一财经一年之后，随着国民经济形势趋于稳定，中央重新规划了与地方的财政关系。

3.1.1.2 划分收支、分级管理（1951—1957年）

1951年全国财政经济形势开始好转，针对"高度集中、统收统支"财政管理体制带来的弊端，中央重新划分了其经济管理权限。1951年，政务院颁布了《关于1951年度财政收支系统划分的决定》和《关于划分中央与地方在财政经济工作上管理职权的决定》，将国家财政管理由高度集中改为在中央统一领导和集中管理下，实行"划分收支、分级管理"的财政管理体制。此次改革的重新分权是对经济体制改革的尝试，随后历次权力收放改革大多在此基础上展开。

1953年，我国进入第一个五年计划时期，开始进行大规模经济建设。作为计划经济体制的核心组成部分，这一时期的财税体制担负着为工业化筹集巨资和促进社会主义改造的双重任务，财政运行模式也由原来的供给型转为建设型。

新的形势下，高度集中的财政管理体制与国家建设的客观要求不相适应，且随着国家行政体制的重大变革，国家财政体制也需要相应作出调整。1953年取消大区一级财政，设立县（市）一级财政，全国重新划分为中央、省（市）和县（市）三级财政。1954年，根据周恩来在全国财经会议上明确提出的改进财政管理体制的方针和指导思想，以及邓小平提出的"财政工作六条方针"[1]，财政管理体制也相应作出调整：财政支出按照隶属关系，分别列入中央和地方预算；财政收入实行分类分成的办法，划分为固定收入、固定比例分成收入和调剂收入；地方财政年终结余留归地方，不再上缴。

应当说，1951—1957年，财政管理体制的具体内容虽有一些变化，但大体相同。总体而言，是在保证国家集中财力进行重点建设的前提下，实行"划分收支、分级管理"的财政体制。与1950年的"高度集中、统收统支"相比，

---

[1] 邓小平（时兼任中央财经委员会第一副主任和财政部长）于1954年1月作了《财政工作的六条方针》的报告，其主要内容有三条：预算归口管理、支出包干使用以及自留预备费结余不上缴。详见http://cpc.people.com.cn/GB/69112/69113/69117/5382740.html。

新体制下地方有了固定的收入来源和一定的机动财力,这对调动地方积极性有一定的激励效应。尽管仍存在集中统一多,因地制宜少的缺点,但基本适应当时的情况。

3.1.1.3 以收定支、五年不变(1958 年)

"一五"时期实行的财政管理体制使我国的财政力量更加壮大,不但保证了第一个五年计划的完成,也为实施第二个五年计划打下了良好的基础。随着经济建设规模的扩大,各部门、各地区之间的联系日益密切,侧重集中统一的财政体制与社会化大生产之间的矛盾逐渐凸显出来。此外,根据毛泽东《论十大关系》的指示精神,中央决定把一大批央企下放到地方管理,同时扩大地方财权,以便其因地制宜地安排本地各项事业发展。在此背景下,国务院于 1957 年 11 月颁布了《关于改进财政管理体制的规定》,决定自 1958 年起实行"以收定支、五年不变"的财政体制。总的精神是:明确划定地方财政的收支范围,进一步扩大地方财政的管理权限,在保证国家重点建设的前提下,增加地方的机动财力。

1958 年实行的财政体制进一步下放了财权,地方有了明确的收入来源,适当增加了地方的机动财力,使之可以统筹安排本地区的财政收支和进行长远规划;地方财政收支密切结合,从而调动了地方增产节约、积累资金和自主管理的积极性。但这一体制并没有得到很好的贯彻。经济工作中的高指标、瞎指挥和浮夸风带来了财政收入虚假;地方分得的机动财力超过原先预计,相对分散了中央的财力;地方强调自成体系,用掌握的资金盲目扩大基本建设规模,与国家建设统一布局发生矛盾……诸如此类的不良表现,使得这一体制只持续了一年。

3.1.1.4 收支下放、计划包干、地区调剂、总额分成、一年一变(1959—1970 年)

针对 1958 年财政管理体制执行中出现的问题,国务院于 1958 年 9 月颁布《关于进一步改进财政管理体制和改进银行信贷管理体制的几项规定》,决定自 1959 年起,实施"收支下放、计划包干、地区调剂、总额分成、一年一变"的办法。其基本精神是:在继续下放收支项目的同时,适当收缩一部分地方的机动财力,通过一年一变的做法,解决财政计划与国民经济计划不相衔接的问题。

与 1958 年相比,1959 年执行的财政体制把地方组织的收入和支出挂钩,国家适当集中了财力,但仍较多地强调了扩大地方的财力和财权。由于财政下放较多和财力分散，加之"大跃进"中经济工作出现失误和此后几年发生了严重自然灾害，我国国民经济遇到严重困难。因此，根据中央提出的"调整、巩固、充实、提高"八字方针，1961年1月，中央批转财政部党组《关于改进财政体制、加强财政管理的报告》，提出改进措施，强调财政管理的集中统一。1962—1964年，除了在收入划分和地方税（固定收入）上有所变动外，基本执行1961年的体制。到了1965年，随着国民经济情况的好转和其他一些变化，财政体制又作了一些小的调整：财政收入恢复"总额分成"加"小固定"的办法；财政支出列入预算基数参与收入分成，只保留临时性特大防汛、抗旱和特大救济支出作为专案拨款；地方有权调剂各项事业经费，财政只下达分类指标；地方基本建设和各种费用安排方面，中央只分配下达总数，由地方具体安排。

1966—1970年处于"文革"期间，这一时期中国经济运行极不稳定，财政管理体制变动频繁。在经济起伏波动不断的情况下，保持财政运行稳定、保障财政收支平衡成为这一时期财政的重要目标。据统计，"文革"期间我国的财政体制共有七次大的变动，反映了中央与地方在权力集中与权力下放中的博弈和调整。其中，1966—1967年我国实行的是"总额分成、一年一变"的体制。到了1968年，为了应对困难局面，改行"收支两条线"的办法。随着1969年生产好转，财政体制方面又恢复到"总额分成、一年一变"的办法。1970年，则在1969年财政体制的基础上增加了"定收定支"的方法。

总体而言，1966—1970年的财政管理体制沿袭了1959年"总额分成、一年一变"的做法。这种做法与当时的财政收支格局紧密相联，虽然相对集中了财力，但也有放权的趋势，是在"收"与"放"之间寻求平衡。

3.1.1.5 定支定收、收支包干、保证上缴、结余留用、一年一定（1971—1973年）

1970年国务院提出了《第四个五年计划纲要（草案）》，对经济体制改革提出了一个比较全面的设想。为充分调动地方的积极性，中央决定把大部分企业、事业单位下放到地方管理。这次下放的企业比1958年还要多。与此相适应，1971年3月，财政部颁布了《关于实行财政收支包干的通知》，决定实行"定收定支、收支包干、保证上缴、结余留用、一年一定"的管理体制，简称为"财政收支包干"。

经过一年的实践，"财政收支包干"虽然扩大了地方的财政收支范围，调动了地方增收节支的积极性，但是这一做法也存在一些问题：一是年初确定财政收支包干指标时，未能完全符合实际，造成有的地方超收，有的地方短收，地区之间存在机动财力"苦乐不均"的现象。二是实行绝对数包干，超收部分全部留归地方，短收的地方仍需要中央予以财政补贴，从而增加了中央财政平衡的困难。

为此，1971年底财政部颁布《关于实行财政收支包干的通知》，规定：自1972年起，地方超收一亿元以下的，全部留归地方；超收一亿元以上的部分，上交中央50%。地方上缴的超收，主要用于地区之间的调剂，以利于实现全国财政收支的综合平衡。1973年，全国大部分地区沿袭了这一体制。

3.1.1.6 收入按固定比例留成，超收另定分成比例，支出按指标包干（1974—1975年）

"文革"发生以来，我国国民经济损失严重，许多地区生产下降，财政收入难以完成，更没有超收可言。这就使得"财政收支包干"的体制很难有效推行。针对当时财政经济不稳定的状况，中央提出了"收入按固定比例留成，超收另定分成比例，支出按指标包干"的办法，先于1973年在华北、东北及江苏省试行，后于1974年、1975年起在全国推行。

在当时财政收入不稳定的情况下，上述办法保证了地方必不可少的支出；但由于收支不挂钩，地方一级财政的权责关系不匹配，不利于调动地方增收节支和平衡预算的积极性。因而，它只能是经济发展不正常、地方财政收入极不稳定时所采用的一种临时性、过渡性的措施。

3.1.1.7 定收定支、收支挂钩、总额分成、一年一变（1976—1979年）

为解决固定比例留成体制存在的问题，财政体制应时而变，再次实行"定收定支、收支挂钩、总额分成、一年一变"的体制。与1959—1970年不同的是，此次财政体制改革扩大了地方财政的收支范围，增加了地方财政的管理权限；保留了地方实行固定比例留成的既得利益，使地方有了一定的机动财力；改变了过去超收部分按总额分成加比例分成的办法，规定超收分成比例为30%或70%，即地方总额分成比例在30%以下的，超收部分按30%分成；总额分成比例在70%以上的或受补助的地区，超收部分按70%分成。

"收支挂钩、总额分成"的财政体制把地方财政的权力和责任结合起来，体现了中央和地方共同平衡预算的精神。但是也存在如下问题：总额分成比例一年一变，容易产生年初争指标现象，而且预算不容易较快确定下来，影响预算的执行；机动财力同地方收入任务是否完成没有关系，影响地方增产增收积极性；等等。

为了解决上述问题,1978年,我国在继续实行原有"收支挂钩、总额分成"办法的基础上,又在部分省(自治区、直辖市)试行"增收分成、收支挂钩"的措施。这种财政体制虽然使地方财政权责结合,调动了地方增产增收的积极性,但只适用于经济发展比较正常、财政收入稳定增加的情况。1979年,由于国民经济调整,国家采取了一系列重大经济措施,不少省(自治区、直辖市)财政收入没有增加或很少增长。在此情况下,全面推行增收分成的办法难以实施。因此,经全国财政会议商议,决定除江苏省仍实行"固定比例包干"的办法,广西、宁夏、内蒙古、新疆、西藏、青海、云南七省(自治区)仍实行民族自治地方的财政体制外,其余21省(自治区、直辖市)改为"收支挂钩、超收分成"的办法。当然,这种做法也是适应当时经济发展形势的一种临时性措施。

3.1.2 北京市统收统支财政制度路径选择

3.1.2.1　1949—1979年北京市一般公共预算收入

（1）总体情况

从一般公共预算收入规模来看,1949—1979年,北京市的一般公共预算收入规模呈先增加后缩小,接着又增加最后又缩小的趋势。其中,1949—1959年的一般公共预算收入规模呈增加趋势,由0.24亿元增加至15.38亿元（其间1953年的一般公共预算收入为3.66亿元）;1959—1967年整体呈缩小趋势,由15.38亿元减少至9.90亿元（其间于1965年有短暂增加,为10.98亿元）;1967—1978年的一般公共预算收入呈增加趋势,由9.90亿元增加至50.46亿元;1979年的一般公共预算收入减少至47.75亿元。从一般公共预算收入增速来看,1949—1979年,北京市的一般公共预算收入增速呈大幅波动变化趋势。其中,1950—1955年一般公共预算收入增速呈大幅下降趋势,由175%大幅降低至2.01%,下降幅度非常大;1955—1959年一般公共预算收入增速由2.01%提高至34.09%,增幅较大;1959—1961年一般公共预算收入增速呈下降趋势,由34.09%降低至-34.65%,下降幅度非常大;1961—1963年一般公共预算收入增速呈提高趋势,由-34.65%增加至11.22%,提高幅度非常大;1963—1967年一般公共预算收入增速呈下降趋势,由11.22%降低至-18.11%;1967—1969年一般公共预算收入增速呈大幅提高趋势,由-18.11%增加至58.14%;1969—1973年一般公共预算收入增速呈下降趋势,由58.14%降低至-2.06%;1973—1978年一般公共预算收入增速呈提高趋势,由-2.06%增加至17.98%;1979年同比增长-5.37%。

具体见图 3.1。

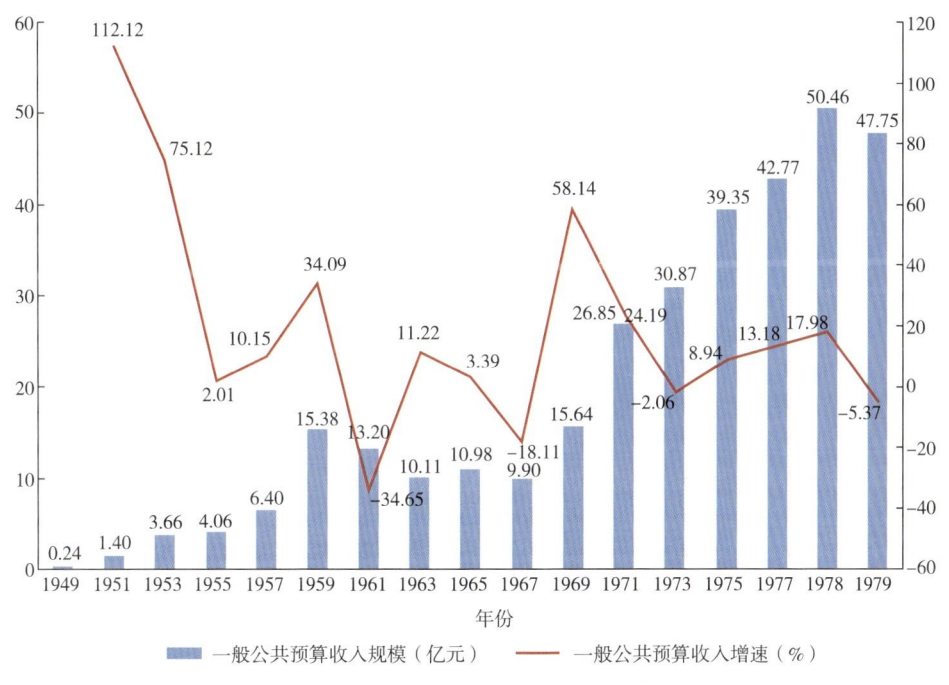

图 3.1 北京市 1949—1979 年一般公共预算收入变化趋势

（2）收入结构

从税收收入规模来看，1949—1979 年北京市的税收收入规模总体呈先增加后缩小最后又增加的趋势。其中，1949—1959 年的税收收入规模总体呈增加趋势，由 0.22 亿元增加至 6.07 亿元（其间于 1953—1955 年曾有短暂减少）；1959—1967 年税收收入规模总体呈缩小趋势，从 6.07 亿元减少至 5.18 亿元（其间于 1963—1965 年曾有短暂增加，但增加幅度较小）；1967—1979 年税收收入规模呈增加趋势，从 5.18 亿元增加至 19.41 亿元，其间 1978 年税收收入为 18.25 亿元。从税收收入增速来看，1949—1979 年北京市的税收收入增速呈波动变化趋势。其中，1951—1955 年税收收入增速呈下降趋势，由 1.07% 降低至 –0.04%；1955—1957 年增速虽有提高但幅度较小，1959 年同比上升 0.13%；1959—1961 年增速呈下降趋势，由 0.13% 降低至 –0.28%；1961—1963 年和 1967—1969 年增速均呈提高趋势，但幅度较小，此外 1963—1967 年增速由 0.14% 减少至 –0.11%；1973—1979 年税收收入增速基本持平，其间曾于 1978 年同比提高 0.13%（见图 3.2）。

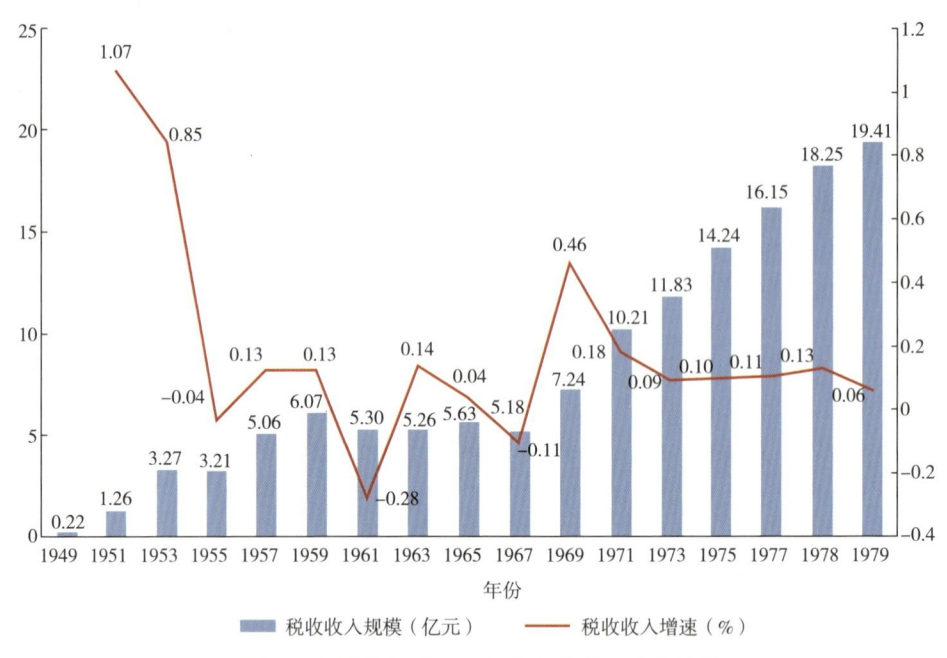

图 3.2 北京市 1949—1979 年税收收入变化趋势

从非税收入规模来看，1949—1979 年北京市的非税收入规模总体呈先增加后缩小，接着又增加最后又缩小的趋势。其中，1949—1959 年的全市非税收入呈增加趋势，由 0.02 亿元增加至 9.31 亿元；1959—1967 年的非税收入总体呈缩小趋势，由 9.31 亿元减少至 4.72 亿元（其间于 1963—1965 年曾有短暂增加）；1967—1978 年的非税收入规模呈增加趋势，由 4.72 亿元增加至 32.21 亿元；1979 年非税收入规模为 28.34 亿元。从非税收入增速来看，1949—1979 年北京市的非税收入增速呈波动变化趋势，其中 1951—1953 年非税收入增速由 1.80% 降低至 0.22%，虽有下降但幅度较小；1953—1955 年、1957—1959 年、1961—1963 年、1967—1969 年和 1973—1978 年的非税收入增速均呈增加趋势，但增加幅度均较小；1955—1957 年、1959—1961 年、1963—1967 年、1969—1973 年和 1978—1979 年非税收入增速均呈下降趋势，下降幅度也都较小（见图 3.3）。

3.1.2.2　1949—1979 年北京市一般公共预算支出

（1）总体情况

从总体趋势来看，1949—1979 年北京市一般公共预算支出规模绝对额总体呈大幅增加趋势，但在某些年份增速为负值。1949 年，全市一般公共预算

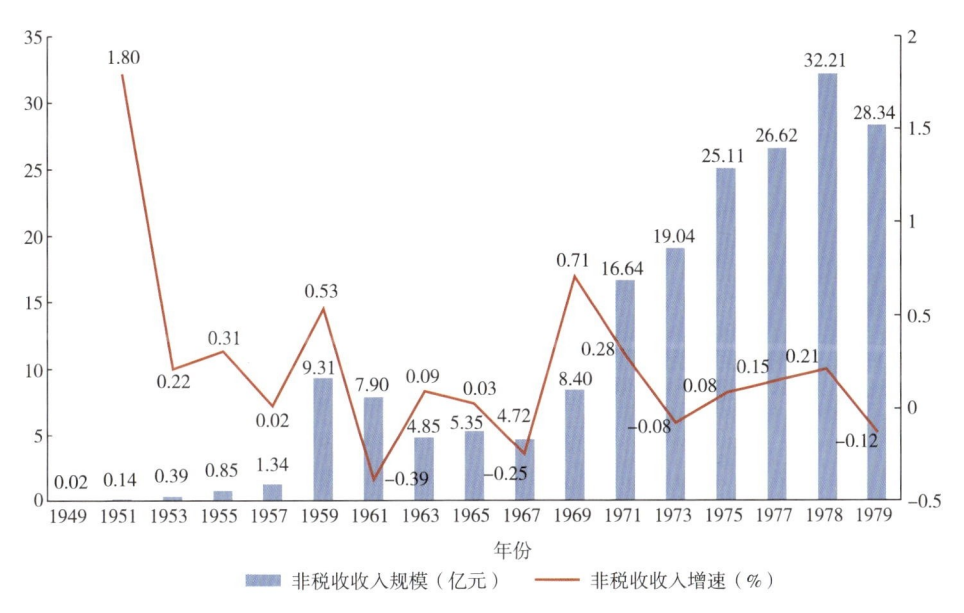

图 3.3　北京市 1949—1979 年非税收入变化趋势

支出为 0.22 亿元，1950 年增加到 0.46 亿元，增速高达 109.09%。1957 年，全市一般公共预算支出为 2.22 亿元，同比下降 22.65%，1958 年，全市一般公共预算支出激增至 7.37 亿元，同比增长 231.98%，达到这一期间增速的最大值。1959—1962 年，全市一般公共预算支出减少至 2.55 亿元。1963—1966 年，一般公共预算支出规模增加到 5.26 亿元。1967 年、1968 年的增速则为负值。此后，全市一般公共预算支出总体呈增加趋势，仅在 1971 年、1977 年、1979 年出现了小幅下降，其中 1979 年一般公共预算支出规模为 20.06 亿元，同比下降 1.57%（见图 3.4）。

（2）主要支出构成

第一，基本建设支出。1951—1977 年北京市基本建设支出规模绝对额波动变化较为明显，总体呈大幅增加趋势。其中，1951 年全市基本建设支出为 0.26 亿元，规模绝对额很小。此后基本建设支出总体逐年增加，到 1956 年基本建设支出为 1.6 亿元，1957 年支出规模曾一度缩小，至 1958 年基本建设支出规模又激增至 5.84 亿元，同比增长 466.99%。在随后两年中，全市基本建设支出规模稍有缩减，并于 1961 年大幅减少至 0.96 亿元，同比下降 80.99%。1962—1968 年，全市基本建设支出先增加后回落，其中 1969 年的基本建设支出大幅增加至 1.59 亿元，同比增长 261.36%。此后，除 1971 年、1972 年出现小幅下降以外，基本建设支出持续增长，至 1977 年全市基本建设支出规模绝对额达到 7.31 亿元（见图 3.5）。

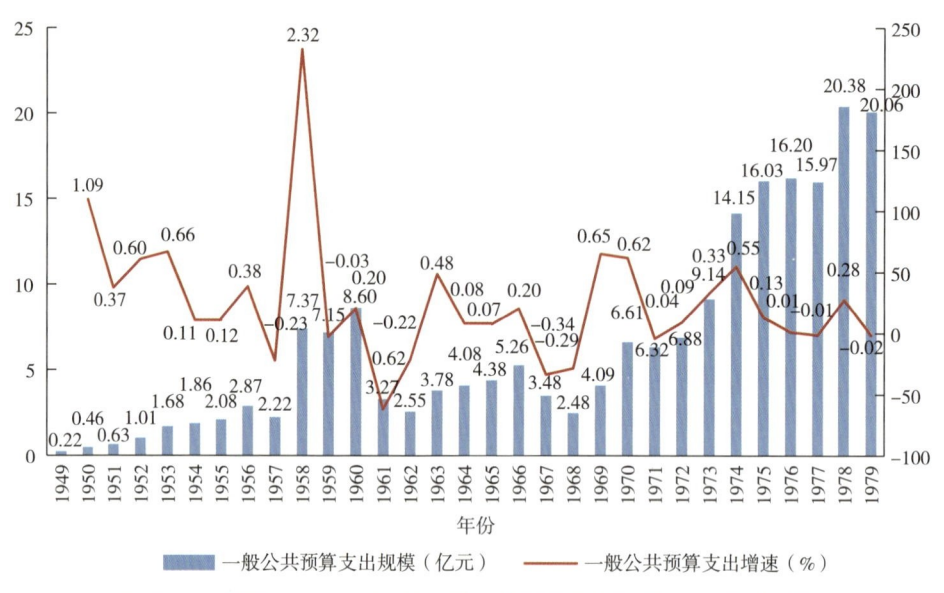

图 3.4　北京市 1949—1979 年一般公共预算支出规模及增速变化趋势

图 3.5　北京市 1951—1977 年基本建设支出规模及增速变化趋势

第二，农业生产和农业事业费。1953—1979 年，北京市的农业生产和农业事业费规模绝对额总体呈先增加、后减少、再大幅增加的趋势。1953 年，全市农业生产和农业事业费为 0.01 亿元；从 1955 年开始，农业生产和农业事业费持续大幅增长，其中 1958 年、1959 年的增速均达到 100%；至 1961 年，全市农业生产和农业事业费增至 0.35 亿元，同比增长 75%。1962—1967 年，北京市的农业生产和农业事业费规模呈缩减趋势，除 1966 年的增速为 7.69% 以外，其余年份增速均为负值；至 1967 年，全市农业生产和农业事业费规模缩减至 0.08 亿元，同比下降 42.86%。1968 年开始，全市农业生产和农业事业费持续上升，除 1971 年、1977 年出现下降以外，其余年份均保持增长，但增速呈现下降趋势。到 1979 年，全市农业生产和农业事业费增加至 0.86 亿元，同比增长 2.38%（见图 3.6）。

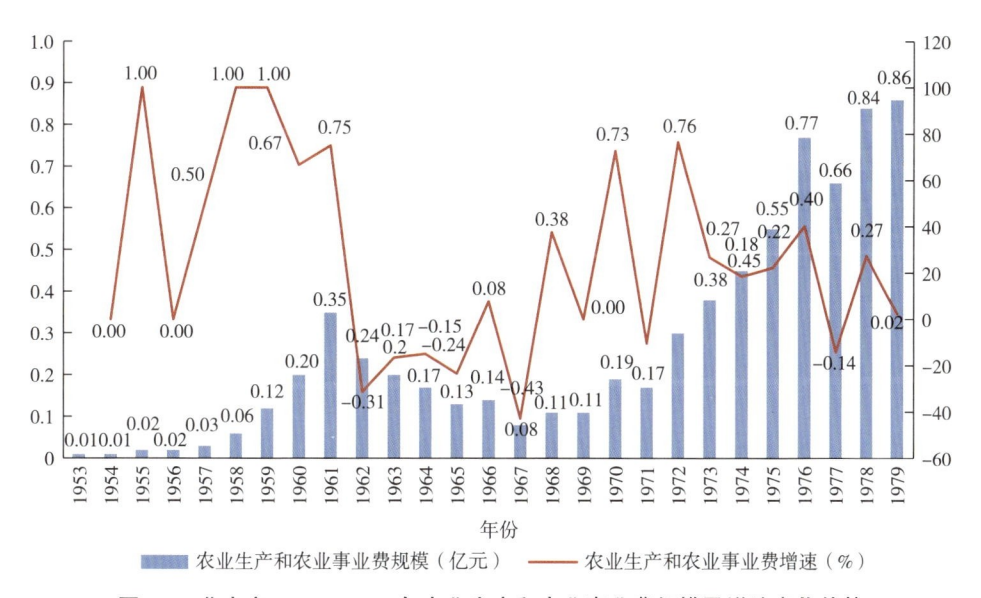

图 3.6　北京市 1953—1979 年农业生产和农业事业费规模及增速变化趋势

第三，文教科卫事业费。1949 至 1979 年，北京市的文教科卫事业费规模绝对额总体呈大幅增加趋势，增速则呈下降趋势。1949 年，全市文教科卫事业费为 0.07 亿元，1950 年增至 0.11 亿元，同比增至 57.14%。1952 年，全市文教科卫事业费增速达到峰值，同比增长 81.25%。1955—1960 年，全市文教科卫事业费规模绝对额逐年增加，达到 1.06 亿元。1961 年，全市文教科卫事业费为 0.84 亿元，同比下降 20.75%。1962—1964 年，全市文教科卫事业费增加至 1.15 亿元，增速为 22.34%。1966 年、1968 年全市文教科卫事业费规模分别比上年有所缩减，同比分别下降 3.31%、9.32%。1969 年以后，全市文教科卫事业费再次逐年增长，但增速逐渐放缓；至 1978 年，全市文教科卫事业费为 2.43 亿元，同比增长 4.74%。1979 年，北京市的文教科卫事业费增加

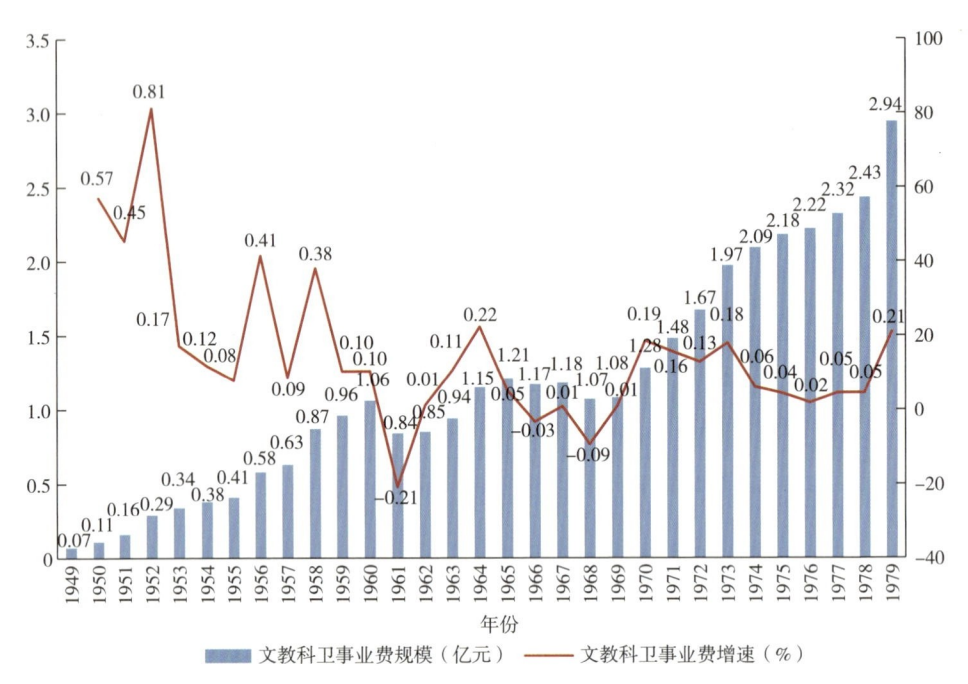

至2.94亿元，增速也迅速提高到20.99%（见图3.7）。

图3.7　北京市1949—1979年文教科卫事业费规模及增速变化趋势

第四，行政管理费。1949—1979年，北京市的行政管理费规模绝对额总体呈现先增加、后小幅缩减、再增加的趋势。1949年，全市行政管理费规模为0.11亿元，并于1950—1956年逐年增长。1957年、1958年，全市行政管理费同比降低，增速分别为-2.86%、-5.88%。1959年，全市行政管理费的增速又回升到50%。1961—1970年，全市行政管理费除1963年、1964年同比增加外，其余年份的增速均为负值，行政管理费规模也缩减至0.3亿元。此后，行政管理费规模绝对额又逐年增长。1971年，全市行政管理费规模为0.42亿元，同比增长40%。1972年起，全市行政管理费增速再次逐渐下降，1978年、1979年的行政管理费增速则有所回升。1979年，全市行政管理费规模为0.87亿元，同比增长17.57%（见图3.8）。

3.1.2.3　1949—1979年北京市一般公共预算收支平衡

1949—1979年北京市一般公共预算赤字规模整体为负，最小值是1949年的-0.02亿元，最大值是1978年的-30.1亿元，差距为30.08亿元。从整体趋势上看，波动较大，但大致呈降低趋势。同样，1949—1979年北京市一般公共预算赤字率也整体为负，最小值是1949年的-0.7%，最大值是1972年的

−36.7%，最小值与最大值相差 36 个百分点。从整体趋势上看，阶段性波动明显。1972 年北京市一般公共预算赤字率增加幅度最大，赤字规模为 24.6 亿元，赤字率为 36.7%，较上一年升高了 3.1 个百分点（见图 3.9）。

图 3.8 北京市 1949—1979 年行政管理费规模及增速变化趋势

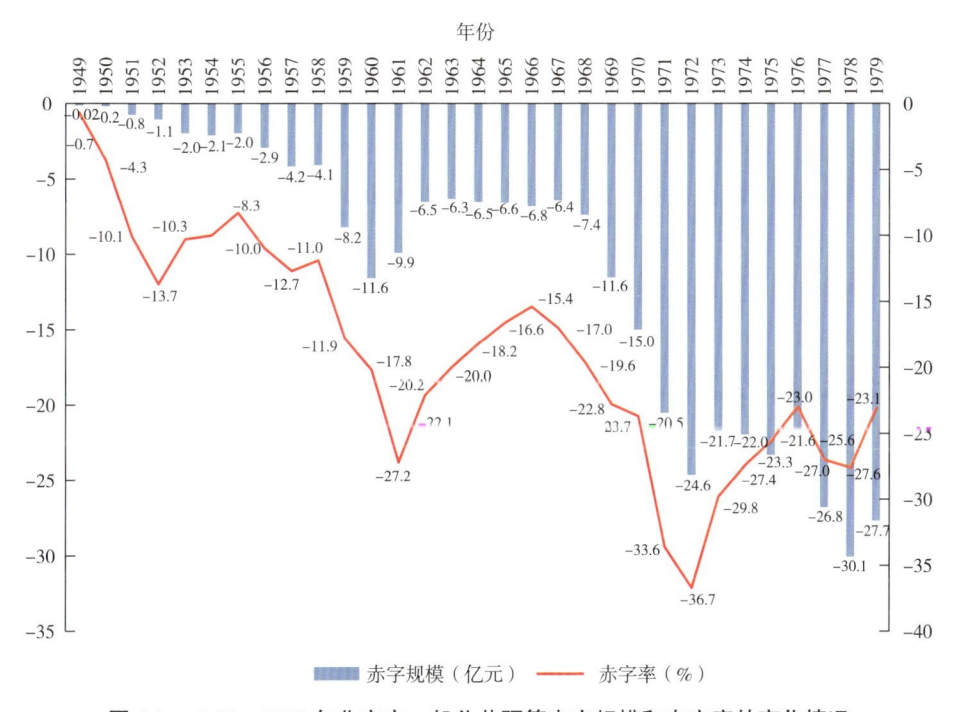

图 3.9 1949—1979 年北京市一般公共预算赤字规模和赤字率的变化情况

3.1.3 小结

在计划经济体制下，国家既是资源配置和社会分配的主导力量，又是经济系统实现综合平衡的主导力量。国家财政不仅要负担巨额基本建设拨款，无偿为国有企业拨付流动资金，而且几乎包揽了各项社会事业以及社会保障制度的支出。这种"大而宽"的支出格局要求国家尽可能地掌握和汲取社会资源，以满足实现工业化目标所需的巨额资源。因此，在这一时期建立高度集中的财政管理体制是历史与现实的必然选择。其间，虽然也进行了向地方分权的尝试，但总体看来，都还是在保证工业化发展、注重基本建设投资规模的前提下展开的。从体制上讲，计划经济时期的财政管理体制调整基本是在行政性分权的范围内进行的，没有触及"二元"格局的改变，仍然呈现高度集中的特征。

在高度集中的财政体制的配合下，这一时期我国社会主义经济建设和社会发展取得了巨大成就：建立了比较完整的国民经济体系，尤其是工业体系，把我国从一个贫穷落后的农业国，变成了初具规模、走上工业化道路的新兴社会主义国家，经济社会全面发展。当然，高度集中的财政体制在取得巨大成绩的同时，也暴露出一些弊端。一方面，这种高度集中的财税管理体制无法适应各地的差异化现状，也不利于调动地方政府的积极性。另一方面，中央与地方之间信息不对称、监管难度大等问题也越来越突出。因此，我国的财政管理体制需要进行新的探索，这也成为20世纪70年代以来包括财税体制在内的我国经济体制变革的起点，亦是我们今天建设公共财政的制度背景。

具体到北京市的财政状况而言，1949—1979年北京市的财政总体处于盈余状态，且财政收入和财政支出的变动趋势基本一致。除1960—1962年财政收入和财政支出出现短暂下降外，随后六年均保持平稳，其余年份则总体呈上升趋势。并且，自1968年之后北京市的财政收入呈较大幅度的增加，财政收支盈余逐渐增大。

3.2 转型时期的中央－北京－区县财政关系（1980—1993年）

3.2.1 新旧体制交替下放权让利的财政体制改革

3.2.1.1 划分收支、分级包干（1980—1985年）

20世纪70年代末，我国启动了一系列改革措施，本不宽裕的财政收支平衡状况也继续面临严峻局面。为释放过大的财政压力，中央引入新的财政管理体制，调整中央与地方财政关系。1980年2月，国务院颁布了《关于实行

"划分收支、分级包干"财政管理体制的暂行规定》，决定从 1980 年起，除北京、天津和上海三个直辖市继续实行"收支挂钩、总额分成、一年一定"模式，江苏省继续试行固定比例包干体制，广东、福建两省实行特殊体制，对民族自治区给予体制上的照顾外，其他地区均统一实行"划分收支、分级包干"的财政管理体制，并根据各地的具体情况，采取多种运行模式。该规定的基本原则是：在巩固中央统一领导和统一计划，确保中央必不可少的开支的前提下，明确各级财政的权责，作到权责结合，各行其职，各负其责，充分发挥中央和地方两个积极性，共同承担平衡国家财政收支的责任。

实行"划分收支、分级包干"是我国财政管理体制的重大改革。其首要意义在于打破了 1949 年后三十余年"一灶吃饭"的传统格局，初步形成了中央、地方各有收入和各负其责的格局，体现了转型时期我国渐进式改革的思路以及中央对经济多元化、地区差异性等因素的考量。

"划分收支、分级包干"的财政体制明确了各级地方政府的收支范围、权限以及相应的责任，有利于地方政府根据实际情况统筹安排财力，更好地促进本地经济发展。但同时也造成国家财力分散，中央财政收支难以平衡，地方政府重复建设等问题。针对此项改革后所暴露的问题，加之形势变化的需要，中央对包干体制进行了调整。1982 年，国务院下发《关于改进"划分收支、分级包干"财政管理体制的通知》（国发〔1982〕141 号），决定自 1983 年起，除广东、福建两省外，其他各省、自治区和直辖市一律实行收入按固定比例总额分成的包干办法。

3.2.1.2 划分税种、核定收支、分级包干（1985—1988 年）

随着 1983 年和 1985 年"利改税"两步走的完成，国家财政收入由利税并重转向以税为主，财政分配基础发生了变化，这进一步推进了中央与地方财政关系的调整。根据新形势，1985 年 3 月国务院发布了《关于实行"划分税种、核定收支、分级包干"的财政管理体制的规定的通知》，决定自 1985 年起，除广东、福建两省继续实行"财政大包干体制"外，其余各省、自治区和直辖市均实施"划分税种、核定收支、分级包干"管理体制。其基本原则是：在总结现行财政管理体制经验的基础上，存利去弊，扬长避短，继续坚持"统一领导，分级管理"的原则，进一步明确各级财政的权力和责任，做到权责结合，充分发挥中央和地方两个积极性。

在实际执行过程中，由于当时税制改革尚未到位，并不具备全面推广"划分税种"的条件，于是中央又于 1985—1986 年对财政体制采取了变通措施，实施"总额分成"的过渡方法。

1985年的财政体制体现了"分灶吃饭"的优势,进一步明确了各级财政的权力和责任,既给地方以更多财政权力,又保证了中央财政收入的持续、同步增长,同时为进一步推进我国财税体制改革指明了方向。

3.2.1.3 财政包干(1988—1993年)

1985年实行的财政管理体制在运行中遇到了一些问题:中央经过几年下放财权,中央财政收入占全国财政收入的比例逐年下降,所负担的支出却有增无减,导致中央财政运转困难;有些经济发展较快的地区认为上缴财政比例过高,影响地方积极性;与此同时,一些地区财政收入下降,收支矛盾突出。

针对上述问题,1988年7月国务院发布了《关于地方实行财政包干办法的决定》,从1988年开始,全国各省、自治区、直辖市和计划单列市,除广州、西安两市财政关系仍分别与广东、陕西两省联系外,其余37个地区分别实行不同形式的包干办法,包括收入递增包干、总额分成、总额分成加增长分成、上解额递增包干、定额上解、定额补助等。

该体制原定实施至1990年,但由于后续新体制的构建需要一个过程,因此1991—1993年除个别地区试点分税包干、分税制外,其他地区继续实行上述体制。

3.2.2 北京市包干制财政制度路径选择

3.2.2.1 路径演进梳理

(1)中央与北京

第一,"收支挂钩、总额分成、一年一定"(1980年)。1980年2月,国务院颁布了《关于实行"划分收支、分级包干"财政管理体制的暂行规定》,决定从1980年起,北京、天津和上海三个直辖市继续实行"总额分成、一年一定"的模式。

第二,"划分税种、核定收支、分级包干"(1985年)。1985年3月,国务院发布了《关于实行"划分税种、核定收支、分级包干"的财政管理体制的规定的通知》,决定自1985年起,北京市实施"划分税种、核定收支、分级包干"的管理体制。

第三,"收入递增包干"(1988年)。如前所述,1988年7月,国务院发布了《关于地方实行财政包干办法的决定》。其中,北京市试行"收入递增包干"的办法。该办法以1987年决算收入和地方应得的支出财力为基数,参照各地近几年的收入增长情况,确定地方收入递增率(环比)和留成、上解比例。在递增率以内的收入，按确定的留成、上解比例，实行中央与地方分成；超过递增率的收入，全部留给地方；收入达不到递增率，影响上解中央的部分，由地方以自有财力补足。北京市的收入递增率和地方留成比例分别为4%和50%。

（2）北京与区县

第一，"定收定支、收支挂钩、增收分成、结余留用"（1980年）。1980年之前，北京市近郊区财政管理实行的是"统收统支，收支两条线"的办法，区级收入全部上缴，支出由市里下达；区不是一级财政，除了市里分配一笔预备费外，基本上没有什么财权。这种"收支两条线"的办法，造成收支不挂钩，权责不结合，不利于发挥区里增收节支的积极性，客观上影响了生产和事业的发展，因此有必要加以改革。此外，全市远郊的十个区县，虽然从1973年以来实行了"固定比例留成、超收分成"的财政管理办法，但几年来由于各区县的生产和事业发展以及财政收入情况已有较大变化，原来的留成比例已经不适应新的情况。同时，由于收支不挂钩，县里的机动财力基本上是"旱涝保收"，不能体现权责结合，因此也需要加以改革。

在此背景下，1980年北京市人民政府批转市财税局《关于改革区、县财政管理体制的报告》，决定对北京市各区县普遍实行"定收定支、收支挂钩、增收分成、结余留用"的财政管理办法，于1980年试行一年，待今后随整个经济和财政体制的彻底改革，逐步加以完善。

此次财政体制改革本着发挥两个积极性、适当下放财权，扩大区县机动财力的精神，一方面扩大了各区县的财权，另一方面也增加了各区县的责任，使之在财政管理上有权有责，权责结合。

第二，"定收、定支、定上交（或补助）、超收留用"（1983年）。为使区一级政府的行政管理权限和财政管理权限统一起来，改变"统收统支"的状况，以利于各项事业的发展和工作的顺利进行，1983年北京市人民政府发布《关于改革城近郊区财政管理体制的试行规定》，决定自1983年1月1日起，对城近郊十个区试行"定收、定支、定上交（或补助）、超收留用"的财政管理体制，要求各区加强财政管理，努力增收节支，切实促进生产发展；根据市核定的收支基数和区的机动财力，结合本区实际情况统筹安排，坚持当年收支平衡。

第三，"划分税种、核定收支、分级包干"（1986年）。1983年实行的"定收、定支、定上交（或补助）、超收留用"的财政管理体制收到了很好的效果，打破了"统收统支"的局面，扩大了区县的财权，区县财政收入大幅度增长，支出规模不断扩大，机动财力逐年增加，促进了经济建设和各项事业的发展。第二步"利改税"改革后，情况发生了很大变化，原体制中的若干规定需要作相应的改进。自1985年起，中央已对北京市实行了"划分税种、核定收支、分级包干"的财政管理体制。为使北京市对区县的财政管理体制与中央对北京市的财政管理体制相适应，进一步明确市一级与区县一级财政管理的权限和责任，充分调动区县增收节支的积极性，发挥区县政府统筹规划国民经济和社会发展的作用，根据国务院《关于实行"划分税种、核定收支、分级包干"财政管理体制的通知》精神，北京市政府决定，从1986年起，对全市19个区县实行"划分税种、核定收支、分级包干"的财政管理体制。

由于该财政管理体制对调动各区县政府当家理财、增收节支起了很大积极作用，使各区县财力逐年增加，支持了改革和治理整顿的顺利进行，促进了城乡经济建设和各项事业的发展，改善了人民生活。为保持政策的连续性和稳定性，1990年北京市人民政府发布关于"八五"期间继续实行财政包干管理体制的通知，决定在"八五"期间继续对各区县实行"划分税种、核定收支、分级包干"的财政管理体制。

1993年，为加快改革开放步伐，支持各区县经济和各项建设事业的加速发展，北京市人民政府发布《关于完善区、县财政体制适当提高区、县财政共享收入分成比例的通知》，决定在市财政比较困难的情况下，继续给各区县下放一部分财权，适当提高区县共享收入的分成比例，核定的区县共享收入留成比例及上解市比例由市财政局另行下达。新调整的区县共享收入分成比例从1993年1月1日起实行，5年不变。

3.2.2.2 北京市财政收支状况

（1）1980—1993年北京市一般公共预算收入

第一，总体情况。从一般公共预算收入的规模来看，1980—1993年，全市一般公共预算收入规模绝对额呈先下降后上升趋势，其中1980—1983年的一般公共预算收入呈下降趋势，具体从1980年的51.29亿元下降至1983年的39.84亿元，下降幅度较大；1983—1993年全市一般公共预算收入规模绝对额呈上升趋势，从1983年的39.84亿元增加至1993年的84.10亿元，增长幅度显著。从一般公共预算收入的增速来看，1980—1993年，全市一般公共预算收入增速总体呈先大幅下降后大幅上升，然后又大幅下降最后总体平稳的趋势，其中1980年的增速为7.41%，1981年为–4.23%，下降幅度较大；1982年的增速为–3.81%，相比上一年下降幅度较小；1983年的增速为–15.68%，下降幅度较大；1984年的增速为14.51%，增长显著；1984—1986年，增速由14.51%上升至15.06%，虽有上升但幅度较小；1987年增速为5.44%，增速下降9.62个百分点；1988年增速为7.06%；1989—1991年，增速由4.32%下降至4.07%，虽有下降但幅度较小；1991—1993年，增速由1991年的4.07%，上升至1993年的4.80%（见图3.10）。

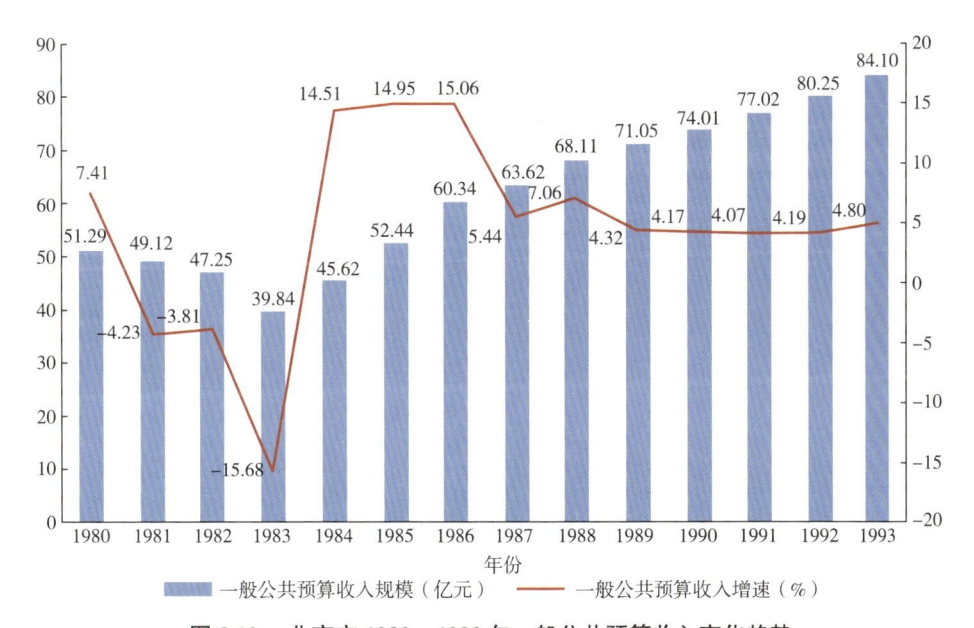

图3.10　北京市1980—1993年一般公共预算收入变化趋势

第二，收入结构。1980—1993年北京全市税收收入规模绝对额总体呈上升趋势，由1980年的21.22亿元上升至1993年的136.77亿元。税收收入增速则呈波动变化趋势，其中1980—1983年变化较平稳，增速分别为0.09%、0.06%、0.09%以及0.08%；1983—1985年增速呈上升趋势，由0.08%上升至0.41%，提高显著；1985—1987年的增速由0.41%下降至0.11%，增速有较大回落；1987—1988年的增速由0.11%上升至0.22%，虽有上升但幅度较小；1988—1990年增速呈下降趋势，由0.22%下降至0.06%，虽有下降但幅度也较小；1990—1993年增速呈上升趋势，由0.06%上升至0.31%，提高明显（见图3.11）。

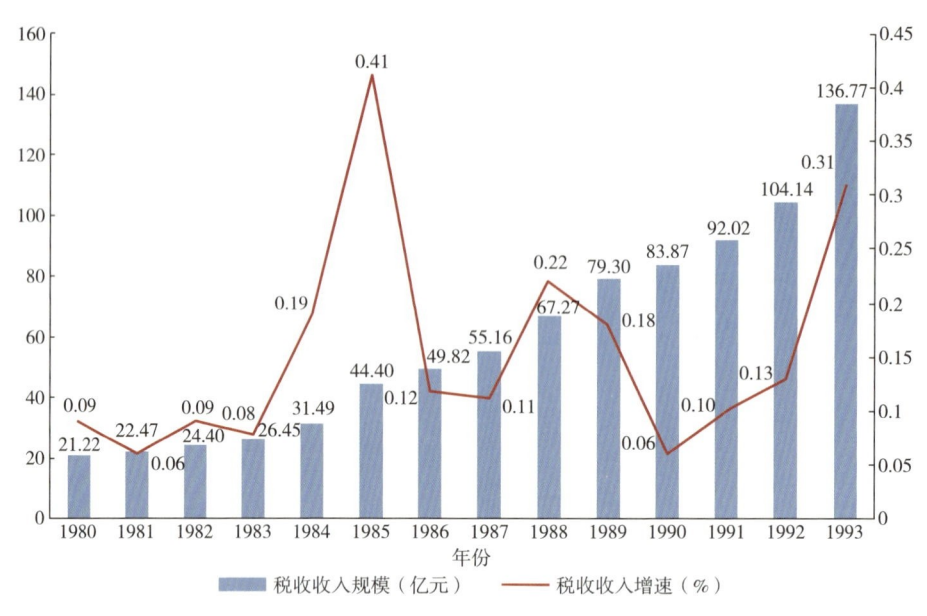

图 3.11　北京市 1980—1993 年税收收入变化趋势

1980—1993年，北京全市非税收入呈先下降后短暂上升，接着又下降然后又短暂上升，最后快速下降趋势。从规模来看，1980—1983年全市非税收入规模呈下降趋势，由30.07亿元下降至13.39亿元；1983—1984年非税收入由13.39亿元上升至14.13亿元；1984—1985年非税收入由14.13亿元下降至8.04亿元；1985—1986年非税收入由8.04亿元上升至10.52亿元；1986—1993年非税收入呈下降趋势，由10.52亿元下降至 –52.67亿元，且1989—1993年全市非税收入规模均为负。从增速来看，1980—1988年非税收入增速呈波动变化趋势，其中1980年同比上升0.06%，1983年同比下降0.41%，1986年同比上升0.31%；1988—1989年全市非税收入增速大幅下降，由 –0.90%下降至 –10.82%；1989—1990年增速大幅上升，由 –10.82%上升至0.20%；1990—1993年增速呈波动变化趋势，其中，1991年同比上升0.52%，1992年同比上升0.59%，虽有上升但幅度较小；1993年同比上升1.20%（见图3.12）。

（2）1980—1993年北京市一般公共预算支出

第一，总体情况。1980—1993年，北京全市一般公共预算支出规模持续增长，增速先大幅上升后下降。1980年、1981年一般公共预算支出分别为14.87亿元、14.85亿元，增速均为负值，同比分别下降25.87%、0.13%。此

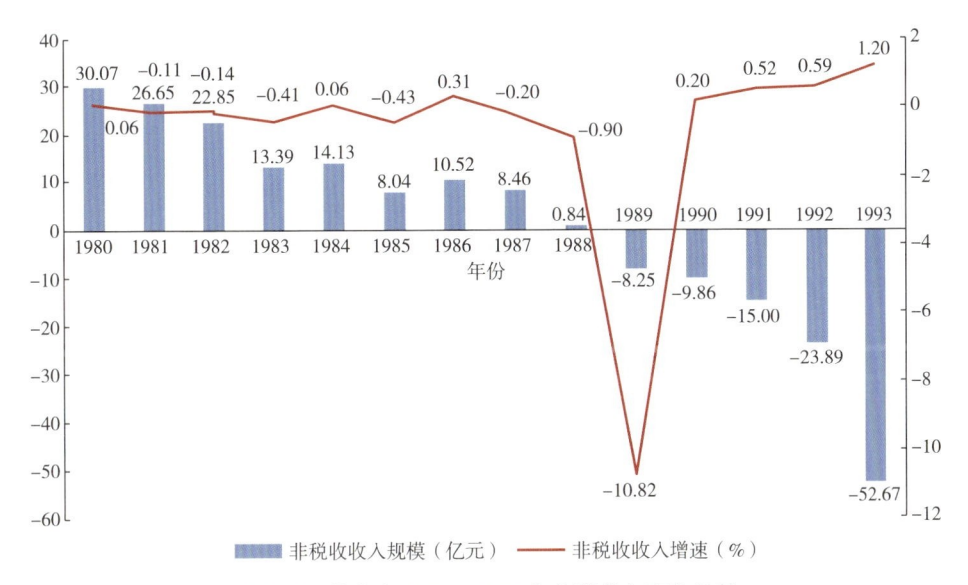

图 3.12　北京市 1980—1993 年非税收入变化趋势

后，全市一般公共预算支出规模逐年增加，增速均为正值。1984 年，全市一般公共预算支出为 27.15 亿元，增速上升到最大值 38.45%。1988 年，全市一般公共预算支出增速下降到 6.56%，随后两年增速略有回升，1991 年又下降至 2.19%。1992 年、1993 年全市一般公共预算支出分别为 71.74 亿元、80.99 亿元，增速也逐年升高，分别为 5.53%、12.89%（见图 3.13）。

图 3.13　北京市 1980—1993 年一般公共预算支出规模及增速变化趋势

第二，主要支出构成。一是农业生产和农业事业费。1980—1993 年，北京全市农业生产和农业事业费规模绝对额呈大幅上升趋势。其中，1980 年、

1981年的农业生产和农业事业费分别为0.75亿元、0.71亿元,同比分别下降12.79%、5.33%。从1982年开始,全市农业生产和农业事业费持续增长,增速出现明显波动,其中1984年、1988年农业生产和农业事业费的增速较高,分别为34.94%、50.79%。1989年以后,农业生产和农业事业费增速逐渐放缓;至1993年,全市农业生产和农业事业费为4.33亿元,同比增长8.79%(见图3.14)。

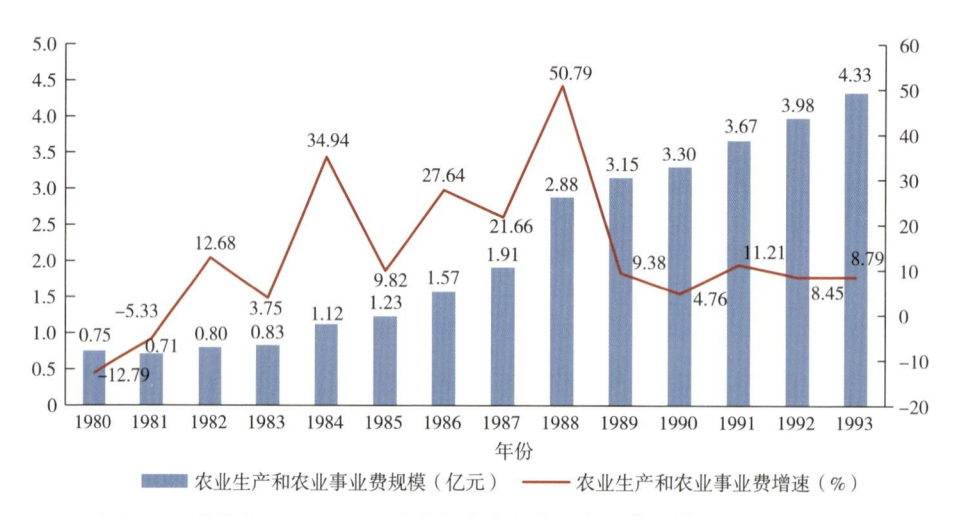

图3.14 北京市1980—1993年农业生产和农业事业费规模及增速变化趋势

二是文教科卫事业费。1980—1993年,全市文教科卫事业费规模绝对额持续增长,增速出现明显波动。1980年,文教科卫事业费为3.22亿元,同比增长9.52%。1981—1985年,文教科卫事业费规模绝对额及增速逐年增长;至1985年,全市文教科卫事业费为6.84亿元,同比增长23.69%。此后增速下降,到1987年全市文教科卫事业费增速降至12.32%,次年增速又迅速回升。1991年,全市文教科卫事业费为17.68亿元,增速大幅降低至5.11%,后又回升。到1993年,全市文教科卫事业费增长至24.08亿元,同比增长22.11%(见图3.15)。

三是行政管理费。1980—1993年,北京全市行政管理费规模绝对额总体呈上升趋势,增速经历波动后基本回到开始的水平。1980年,全市行政管理费为0.98亿元,同比增长12.64%。1984年,行政管理费增加到1.89亿元,同比增长36.96%。1985年、1987年、1988年全市行政管理费降低,同比分别下降15.87%、11.11%、34.09%。自1989年起,行政管理费规模绝对额及增速持续增长，到 1993 年全市行政管理费增至 1.93 亿元，同比增长 14.88%（见图 3.16）。

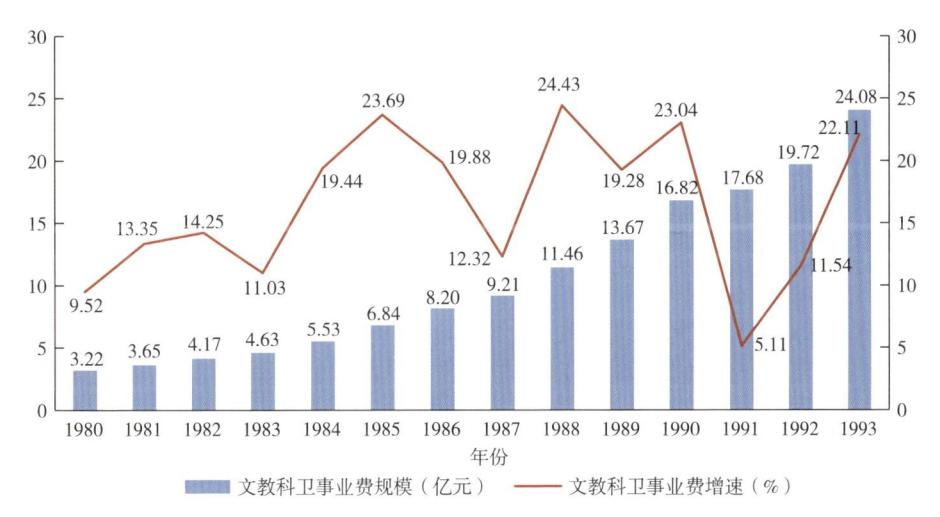

图 3.15 北京市 1980—1993 年文教科卫事业费规模及增速变化趋势

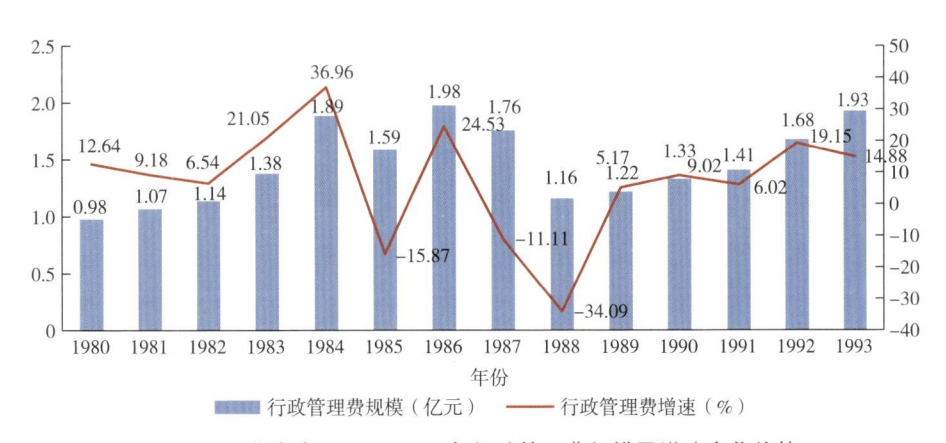

图 3.16 北京市 1980—1993 年行政管理费规模及增速变化趋势

第三，1980—1993 年北京市一般公共预算收支平衡。从整体趋势上看，1980—1993 年北京市一般公共预算赤字规模是呈上升趋势的，虽然部分年份有下降，但整体是上升的。1980 年北京市的赤字规模最大，为 36.4 亿元，1993 年的赤字规模最小，为 3.1 亿元，相差 33.3 亿元。从整体趋势上看，1980—1993 年北京市一般公共预算赤字率呈现明显上升趋势。从 1980 年的 −26.2% 上升到 1993 年的 −0.3%，总共增加了 25.9 个百分点（见图 3.17）。

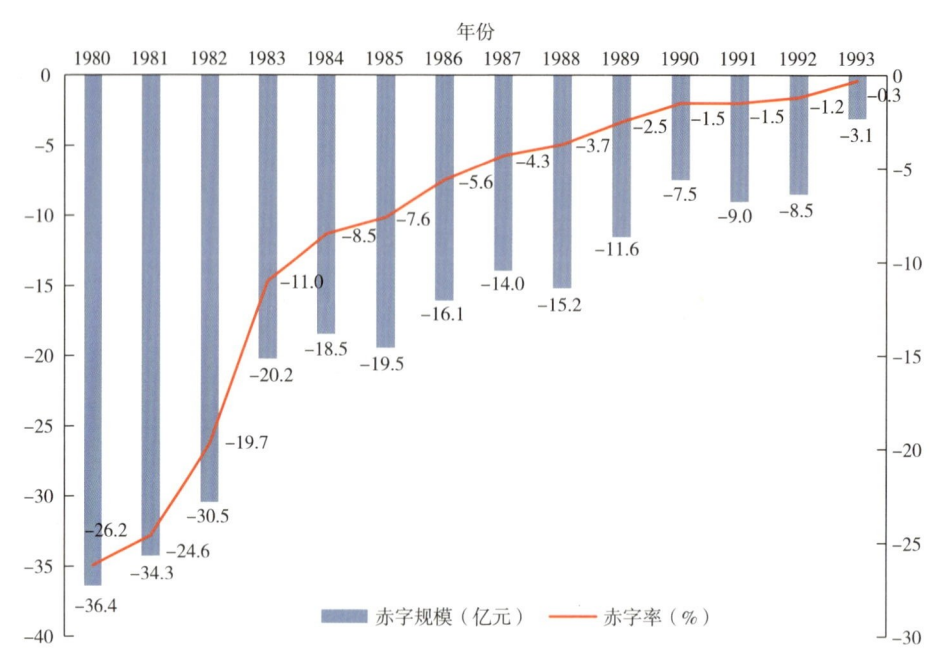

图 3.17　1980—1993 年北京市一般公共预算赤字规模和赤字率的变化情况

3.2.3　小结

1980—1993 年，计划经济体制的特征逐步褪去，市场经济体制正在建立。这一时期我国的财政体制处于探寻摆脱旧体制束缚、寻找新体制空间之中。新旧体制交替下，我国的财政体制经历了一个由高度集中到逐步放开再到相对分散的历程。其间，我国实行的财政包干制，即"分灶吃饭"模式，实质就是中央财政向地方财政放权，这奠定了中央和地方财力对比关系的基础，使地方财政收支规模扩大有了基本的体制保障。尽管"分灶吃饭"模式取得了不少成效，但仍未解决计划经济体制下的固有症结。同时，该模式也带来了新的问题和矛盾，主要体现为：弱化了税收调节功能，影响统一市场的形成和产业结构优化；造成国家财力偏于分散，制约了财政收入的合理增长，特别是因中央财政收入比重不断下降而弱化了中央政府的宏观调控能力；财政分配体制类型过多，不够规范。总体而言，现行财政体制已经不能适应社会主义市场经济发展的要求，必须尽快改革。

具体到北京市的财政情况来看，1980—1993 年的北京全市财政收入，除 1980—1983 年出现过短暂下降外，其余年份均呈上升趋势。其间，全市一般公共预算支出也始终呈现上升态势。此外，在财政包干制时期，北京市的财政收支始终保持结余，但呈逐年缩减趋势。

3.3 发展社会主义市场经济中的中央－北京－区县财政关系（1994年以后）

3.3.1 分税制财政体制改革的演进与特征分析

3.3.1.1 从"行政性分权"到"经济性分权"（1994—2012年）

（1）中央与地方收入划分的调整

1994年，我国开始了分税制改革。此项改革中的一个重要原则是"根据事权与财权相结合的原则"，先分事权再分税。分税制是建立在市场经济环境下政府的职能定位以及相应的收支权之上的，政府收入规模的划分取决于政府事权范围的界定，维护国家权益、涉及全国性资源配置、实施宏观调控所需的税种划归中央，中央收入占全国财政收入的大头。

1994年开始的分税制改革沿着两条主线对收入进行调整。一是明确收入方面政府与市场之间的关系，确立更加符合现代国家需要的政府收入体系。这标志着我国的"分权"模式从之前按照行政隶属关系向企业征税、组织财政收入的"行政性分权"，过渡到与市场经济融合度更高的"经济性分权"；所有企业在税法面前是平等的，应该缴什么税就按规定缴相应税，这为激发微观企业的动力创造了公平的竞争环境，从而有利于发展长期稳定的收入体系。二是规范收入在中央和地方以及地方和地方之间的分配关系，划清其收入边界。其内容包括明确中央与地方之间的支出责任和收入划分，保障中央财政收入占财政收入的比重，减少中央与地方在"行政性分权"阶段中存在的利益纠纷问题，加强中央的宏观调控能力，调动中央和地方的积极性，平衡地区之间的财力差异，等等。

分税制改革的具体做法和经过包括：

2001年1月1日起开征车辆购置税，纳入中央税收收入。

2002年1月1日，实施所得税收入分享改革，所得税收入不再按隶属关系和税目划分，把企业所得税和个人所得税变成为共享税。

2005—2013年，陆续取消牧业税、农业税、屠宰税、筵席税、城市房地产税、固定资产投资方向调节税等，减少了地方税收收入的规模。

2006年和2007年，分别开征烟叶税、车船税，其属于地方税收收入。烟叶税的前身是农业特产税中的烟叶税目，车船税则是由车船使用牌照税和车船使用税合并而形成的。

（2）地方各级财政管理体制的改进

1994年实行分税制改革后，一定程度上解决了中央与地方收入分配的问题，同时按照"统一领导，分级管理"的原则，根据实际情况，改进了地方各级财政管理体制。

第一，为了加强区域经济实力，协调城乡发展，各地积极推进"省直管县"改革。"省直管县"的含义是省级财政直接管理市级、县级财政，地方政府间收入、事权的划分、对县级政府的转移支付，以及财政资金拨款、调用等都是省直接与县对接。首先，我国的五级行政管理体制造成管理层级过多，事权层层下放，但相应的财权并没有增加，最后导致县级政府发展缺乏活力。省管县的财政体制减少了管理层次，将市与县放在同等的财政地位上，缩减管理的中间环节，降低行政成本，规范省以下政府的财政关系。其次，在"省直管县"的体制下，省级政府可以从整体布局，集中资源和资金并将之用到最需要的地方，减少不必要的资源浪费以及恶性竞争，提高资金的支出效率；同时可进一步关注农村的发展，加大对其基础设施的投入，解决城乡发展不平衡的问题，促进城乡统筹发展。

第二，精简我国财政体制，推进"乡财县管"的实践改革。实施"乡财县管"的目的是加强县级政府对乡镇财政的管理，其主要内容是乡镇政府在财政管理中的法律主体地位保持不变，具体表现为其对财政资金的所有权和使用权、所承担的债务债权，以及事权范围内的财务审批权等不变；县级政府对乡镇财政进行管理和监督，采取"预算共编、账户统设、收入统管、支出统设"的财政管理方式。乡镇政府则根据县级政府的指导编制预算，向县级财政部门报备，经审核批准后实施；取消乡镇政府的总预算会计和在金融机构的账户，由县级政府开设相关账户并统一管理；乡镇政府预算内外的收入全部纳入县级财政管理，属于乡镇政府集中采购的支出由县级政府将资金直接拨付给供应商；县级政府对乡镇行政事业单位的收费票据进行管理，以票管收，同时建立县级和乡镇政府的网络联系，实现财政联网，提高管理效率。

（3）转移支付的探索

1994年的分税制改革，舍弃财政包干制度下中央与地方政府"讨价还价"的支付模式，确定了中央与地方的收入范围划分，形成符合社会主义市场经济的财政分配框架。改革需要解决地方财政支出的缺口问题，具体方法是建立完善由一般转移支付和专项转移支付构成的转移支付制度。

第一，保障纵向财力均衡的转移支付制度。在1994—1999年这段时间，转移支付制度改革的目标是确保中央和地方处于收入与支出相匹配的状态，确立了中央和地方各级政府之间以税收返还和过渡期转移支付为主的转移支付制度。过渡期的转移支付，本质上是一般性转移支付，是指在不减少地方政府既得利益的基础上，每年从中央政府的增量收入中划拨一部分资金用于财政困难的地区。这期间财政部每年都会通过《过渡期转移支付办法》规范资金的分配使用，但缺乏对专项转移支付的清晰定位。

第二，均衡东、中、西部地区横向财力的转移支付制度。2000年之后，为了改变地区间财力差距过大的局面，逐步建立了向中西部转移支付的长效稳定机制。专项转移支付更多用于解决不同地区财力不平衡的问题，这一时期专项转移支付的增长幅度最大，也相应作了正式规定。

第三，重视基本公共服务均等化的转移支付制度。党的十七大明确指出我国转变政府职能的改革目标，并以推动实现基本公共服务均等化作为政府的主要职能，为此我国提高了一般转移支付的规模和比例。通过一般转移支付方式，地方政府更有自主性，能更好发挥因地制宜的作用，促进公共服务均等化。与此同时，更加注重资金效率，我国于2011年建立激励约束机制，重点监控均衡性转移支付。

3.3.1.2 从"分税分征"到"分税合征"（2012年至今）

（1）新时代财政管理体制的基本特征

第一，适应社会主义现代化建设。新时代财政管理体制体现社会主义市场经济体制的本质属性，激发中央与地方的积极性，清楚划分中央和地方的事权与支出责任，健全省以下财政体制并保障基层公共服务的能力，实现权责明晰、财力均衡、区域协调。为了实现税收公平，完善税收制度，提高直接税比重。

第二，法治化的程度更深。法治化水平是体现国家治理水平和治理能力现代化的重要内容，财政管理体制的变革是法治化的变革。具体包括：有效约束政府公权力，全面落实预算法，加强预算的法治约束；落实税收法定主义，引导政府性基金以及行政事业收费立法；等等。

第三，加强创新，依托专业化的治理技术。转向精细化的国家治理方式，形成专门的财政治理技术。深化预算管理制度改革，实现预算管理的全面透明公平、规范科学以及有效约束。引入绩效理念和方法，提高财政资金的使用效率，提升相关政策的实施效果。将计算机、数字技术等应用于财政管理，创新国库管理制度。除了人大等外部监督外，政府各部门间的相互监督也进一步促进了国家治理体系的完善和治理能力的提高。

（2）党的十八届三中全会以来的事权划分改革

党的十八届三中全会明确指出要建立现代财政制度，立足"发挥中央与地方积极性"的改革目标，对事权的划分提出了新的要求。2016年国务院印发《关于推进中央与地方财政事权和支出责任划分改革的指导意见》，总结了党的十八届三中、四中、五中全会提出的事权与支出责任相适应的制度以及2014—2016年预算报告中关于事权划分的改革内容。相比之前依据行政隶属关系划分事权的原则，该指导意见根据受益原则、兼顾职能和效率原则、权责利相统一原则、激励地方政府积极性原则、支出责任与财政事权相适应原则指导事权的划分。该指导意见规定，中央的财政事权为国防、外交、国家安全、出入境管理、国防公路、国界河湖治理、全国性重大传染病防治、全国性大通道、全国性战略性自然资源使用和保护等基本公共服务；地方的财政事权为社会治安、市政交通、农村公路、城乡社区事务等受益范围地域性强、信息较为复杂且主要与当地居民密切相关的基本公共服务；中央与地方共同的财政事权确定为义务教育、高等教育、科技研发、公共文化、基本养老保险、基本医疗和公共卫生、城乡居民基本医疗保险、就业、粮食安全、跨省（自治区、直辖市）重大基础设施项目建设和环境保护与治理等基本公共服务。

该指导意见明确了改革的时间安排，2016年对重点领域率先进行改革，同时着手省以下相关领域财政事权和支出责任划分的改革；2017—2018年改革取得突破，并最终于2019—2020年制定中央与地方财政事权和支出责任划分的清晰框架。

（3）地方债管理机制的建立与完善

2012—2013年，我国的地方债属于自发代还机制，原则上由财政部负责还本付息，即地方债受国家的保障。

2014年，我国颁布了新的预算法，其中明确规定了地方政府应该怎样发债，从举债主体、资金用途、举债方式以及法律责任等方面进行了限制和规范；允许地方政府通过地方债形式进行融资，从自发代还改为自发自还的机制。此外，该法规定，地方政府要将一定存量的债务纳入预算管理，理清地方债与地方财政预算长期存在的归属问题。与此同时，央行、财政部等为地方政府有序发行地方债推出了过渡措施，以利于地方政府融资。在2016年11月14日发布的《国务院办公厅关于印发地方政府性债务风险应急处置预案的通知》中，针对地方政府性债务风险从总体上安排了相应的应急处置措施，进一步划清了地方政府的债务体系。

（4）转移支付的调整

为进一步规范中央对地方的专项转移支付，我国于 2015 年将绩效管理引入专项转移支付制度中，设定绩效管理目标，并对相关规定进行了具体说明。随后印发的《中央对地方专项转移支付管理办法》，第一次针对专项转移支付进行了严格、规范、详细的说明，提出专项资金的申请、使用要有法律依据；专项项目要有与之相应的资金管理方法，并首次提出建立专项资金退出机制。同年起，在中央和地方预算中逐步加入转移支付，不仅编制中央对地方税收返还和转移支付预算表，而且以此为基础形成中央对地方的分地区预算汇总表，从而明确中央对各个省的一般转移支付、专项转移支付和税收返还资金总额并将之纳入当地预算。此外，增加中央对地方转移支付的透明度，加强转移支付资金的监督，以规范我国的转移支付制度。

3.3.2 北京市分税制财政制度的路径选择

3.3.2.1 路径演进梳理

"十一五"时期，北京市进一步完善市与区县分税制财政管理体制。主要通过协调区县发展，利用补助弥补落后地区的公共事业，提高财政保障能力；公共财政向基层延伸，保证乡镇和村级组织正常运转，促进城乡经济社会协调发展；加大转移支付力度支持区县发展，完善奖励机制，加强乡街财政财务管理。总体来说，北京市在"十一五"期间的财政路径集中于提高财力与事权匹配度，依靠财力转移增强区县的统筹能力，落实区县功能定位，推动基本公共服务均等化。

"十二五"时期，北京市的财政制度向更加有利于转变经济发展方式的目标进行改革，包括理顺市和区县政府间的财政分配关系，完善转移支付制度，健全区县奖励和激励机制等。北京市"十二五"期间的财政制度路径选择为：加强财源建设，针对产业发展优化财政收入结构；整合功能区资源，支持各功能区差异化、特色化发展；注重财政运行的效能提升，推进财政科学精细化管理。

随着"十二五"财税体制改革的全面展开，北京市在"十三五"时期更加注重发挥财政的基础和重要支柱作用，积极推进供给侧结构性改革；贯彻京津冀协同发展战略，利用财政政策积极疏解非首都功能；遵循法治原则，厘清政府和市场职能边界，强化各级政府支出责任。

3.3.2.2 中央-北京-区县事权与支出责任划分

1994 年,北京市对全市 18 个区县实行分税制财政管理体制,地方税收收入中的契税、资源税、城建税完全归市级政府所有,其他税收则由市级和区级政府共享。1999 年,北京市加强街道财政管理体制建设,规定街道管辖区域内进入区金库的各项财政收入用于街道管辖区域内开展城市管理工作、行政事业性工作,以及优抚社救和社会保障支出等。明确划转区县社会保障事项资金后的支出责任,在社会保障和就业、医疗卫生等方面区分区县财政部门职责。将城市管理中心下移,细化市与区县政府事权的划分,之前由市级政府负责的区县的农业、教育、社会保障等方面以及市政管理方面的财权下移;以各区县财力状况为基础,补足基本需求不足的区县财力。2016 年印发的《北京市全面推开营改增试点后调整市与区增值税收入划分过渡方案》对增值税收入进行了调整,市级分享地方级增值税的 50%,各区按税收缴纳地分享地方级增值税的 50%;中央上划收入返还本市后,其中属于区级部分的,由市财政通过体制返还方式给各区,确保各区既有财力不变。2018 年开征环境保护税,市级分享环境保护税收入的 50%,各区按照税收缴纳地分享环境保护税收入的 50%,2020 年该比例调整为 3∶7。

3.3.2.3 中央-北京-区县转移支付

作为分税制改革中体现公平的手段,转移支付制度对平衡各地区财力,规范政府间利益关系起着重要作用。根据各区县收入情况、人均财力以及基本支出水平等因素,分配市级政府每年定额投入的转移支付资金。在转移支付具体调节过程中,综合考虑了交通状况、区县收入结构以及基础设施建设情况等特殊因素对远郊区县经济发展的制约,调整这些区县的财力,确保北京市所有区县整体公共服务水平的提高。

2016 年发布的《北京市人民政府关于改革和完善市对区转移支付制度的实施意见》明确规定:属于市级事权的,由市级全额承担支出责任;属于市与区共同事权的,由市与区共同分担支出责任,市级分担部分通过专项转移支付委托各区实施;属于区级事权的,由各区承担支出责任,市级主要通过一般性转移支付给予支持。为了实现特定的政策目标,专项转移支付用于支持一些引导类或应急类事务。分类转移支付应用于促进京津冀协同发展以及疏解北京非首都功能等方面;针对生态保护,通过纵向的市对区生态质量考核奖惩机制和横向的各区间生态补偿机制,确定保护环境的受益方以及污染环境的补偿方。

3.3.2.4 北京市财政收支状况

（1）1994年至今北京市一般公共预算收入

第一，总体情况。1994—2012年，全市一般公共预算收入规模绝对额总体呈增长趋势，从1994年的99.85亿元增加至2012年的3 314.93亿元，增长幅度较大。一般公共预算收入增速呈波动变化的趋势，其中1994年为18.73%，1995年同比下降至15.43%，有所回落；1995—1997年的增速呈上升趋势，由1995年的15.43%提高至1997年的39.11%，增长显著；1998年增速为9.31%，大幅回落；1998—2001年增速呈明显上升趋势，由1998年的9.31%提高至2001年的31.64%，增长显著；2001—2003年增速呈下降趋势，由2001年的31.64%下降至2003年的10.96%，增速下降幅度较大；2004年，增速提高至25.64%；2004—2006年增速由25.64%下降至21.53%，有所回落；2007—2009年增速由33.61%下降至10.31%，明显回落；2009—2011年增速由10.31%提高至27.71%，增幅扩大17.40%，2012年增速为10.27%，比上年下降17.44个百分点（见图3.18）。

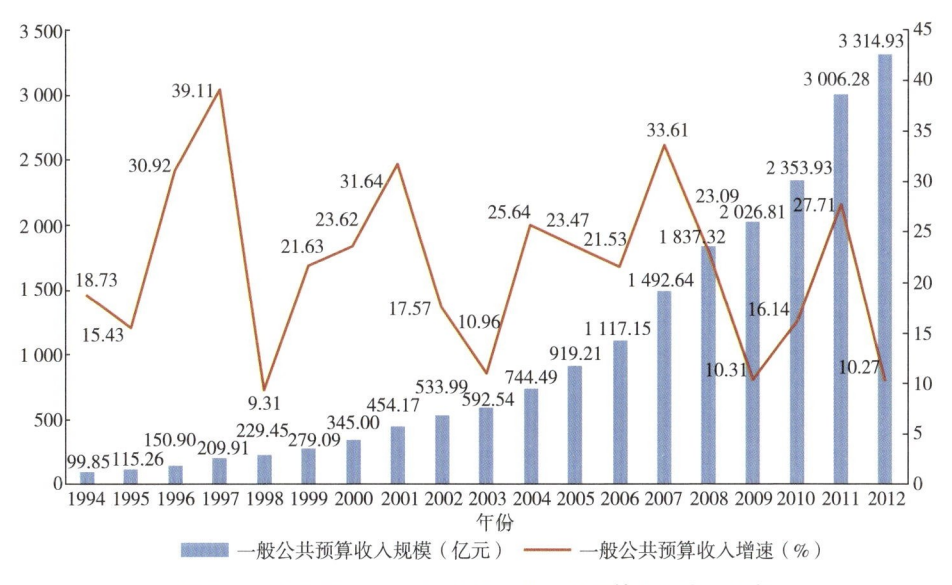

图3.18　北京市1994—2012年一般公共预算收入变化趋势

2013—2020年北京市一般公共预算收入规模绝对额呈先上升后下降趋势。其中，2013—2019年一般公共预算收入规模绝对额呈上升趋势，由3 661.11亿元增加至5 817.10亿元；受新冠肺炎疫情影响，一般公共预算收入规模的绝对额由2019年的5 817.10亿元减少至2020年的5 483.90亿元。一般公共预算收入增速总体呈先上升后下降趋势,其中2013年为10.44%,2014年为10.00%,有较小回落;2015年为17.30%,增长幅度较大;2015—2020年增速呈下降趋势,由17.30%下降至-5.73%,下降幅度较大(见图3.19)。

图3.19 北京市2013—2020年一般公共预算收入变化趋势

北京市2000—2012年市级人均一般公共预算收入呈先上升后短暂下降最后上升的趋势,其中2000—2007年市级人均一般公共预算收入由1 288.50元增加至5 375.06元,2008年则减少至4 784.30元;2008—2012年市级人均一般公共预算收入呈上升趋势,由4 784.30元增加至8 683.83元。

2000—2012年北京市级人均一般公共预算收入增速呈波动变化趋势。其中:2001—2003年、2004—2005年、2007—2008年、2009—2010年呈下降趋势,但降幅较小;2003—2004年、2005—2007年、2008—2009年、2010—2012年呈上升趋势,上升幅度也较小;2008年同比下降0.11%(见图3.20)。

北京市2013—2020年市级人均一般公共预算收入呈先上升后下降趋势。其中:2013—2018年市级人均一般公共预算收入呈上升趋势,从9 323.29元增加至15 347.17元;2018—2020年市级人均一般公共预算收入呈下降趋势,由15 347.17元减少至13 815.77元。

北京市2013—2020年市级人均一般公共预算收入增速呈先上升后下降趋势,其中:2013—2015年市级人均一般公共预算收入增速呈上升趋势,由0.07%提高至0.20%,但增幅较小;2015—2020年市级人均一般公共预算收入增速由 0.20% 降至 –0.09%，降幅也较小；2018 年增速为 0.07%（见图 3.21）。

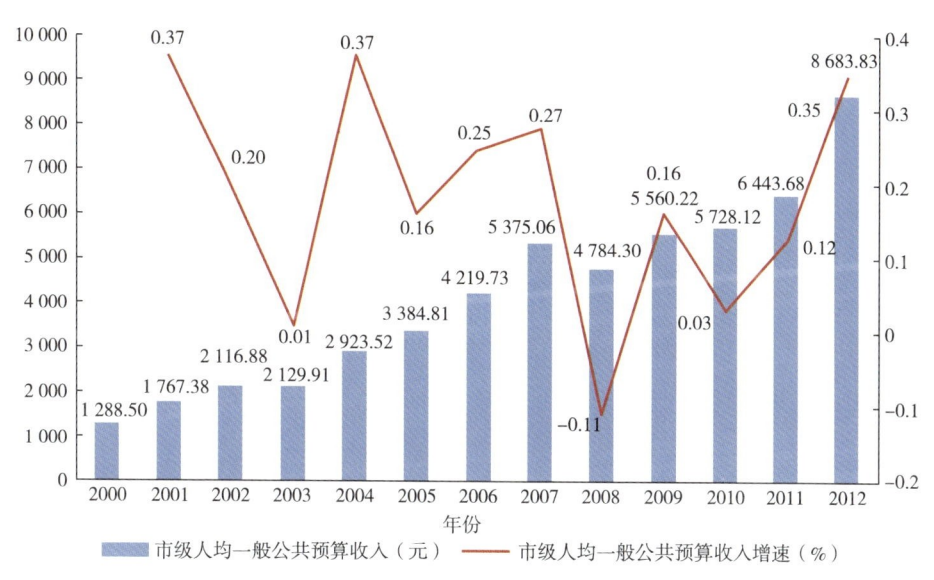

图 3.20　北京市 2000—2012 年市级人均一般公共预算收入变化趋势

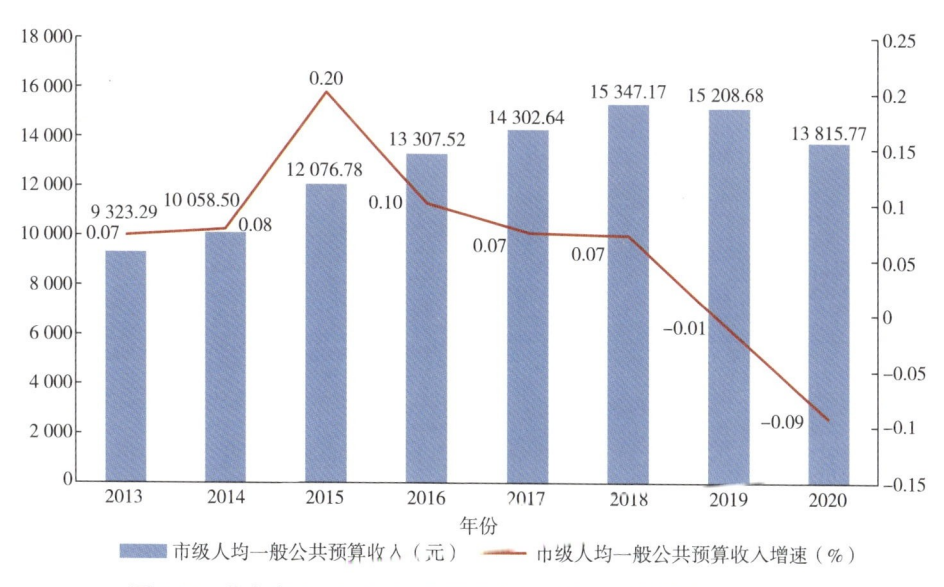

图 3.21　北京市 2013—2020 年市级人均一般公共预算收入变化趋势

第二，收入结构。1994—2012 年北京市税收收入规模绝对额总体呈上升趋势，从 1994 年的 107.48 亿元增加至 2012 年的 3 124.75 亿元，增长 3 017.27 亿元；其中，1997 年税收收入绝对额为 235.82 亿元，2003 年为

588.96亿元，2008年为1 775.58亿元。1994—2012年北京市的税收收入增速呈波动变化趋势，1994—1996年的增速由-0.21%提高至0.38%，增幅较大；1996—1998年增速呈下降趋势，由0.38%降低至0.15%，增速虽有下降但降幅较小；1998—2001年增速呈上升趋势，由0.15%提高至0.27%，增速虽有上升但幅度也较小；2001—2003年增速由0.27%降低至0.09%，增速回落0.18个百分点；2003—2004年增速由0.09%上升至0.23%；2005和2006年的增速相等，均为0.22%；2006—2007年，增速呈上升趋势；2007—2009年增速由0.33%降低至0.08%，增速虽有下降但降幅较小；2009—2011年增速呈上升趋势，由0.08%提高至0.27%，增速提高0.19个百分点；2011—2012年增速由0.27%下降至0.09%，增速虽有下降但降幅较小（见图3.22）。

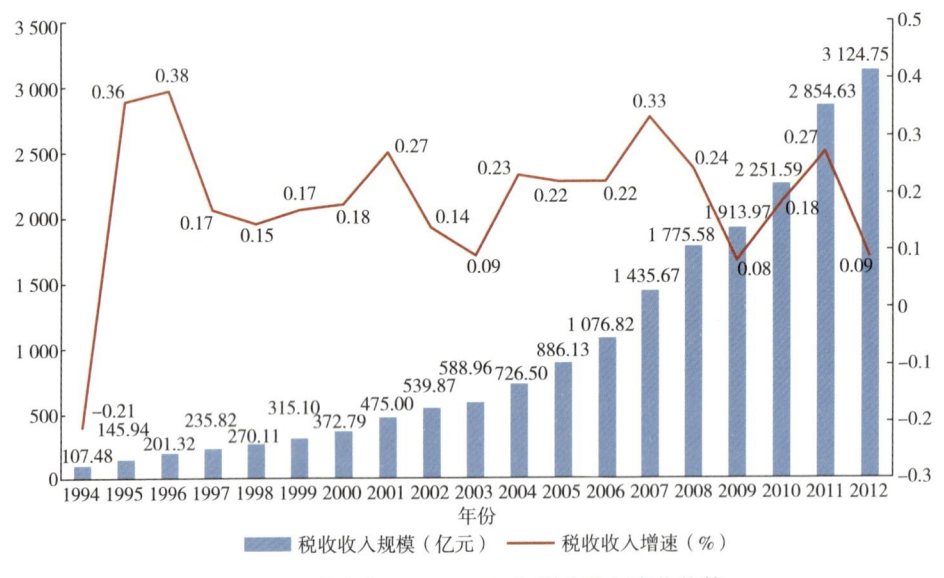

图3.22　北京市1994—2012年税收收入变化趋势

2013—2020年北京市税收收入规模绝对额呈先上升后下降趋势。其中：2013—2018年税收收入规模绝对额呈上升趋势，由3 514.52亿元增加至4 988.83亿元；2018—2020年税收规模绝对额呈下降趋势，由2018年的4 988.83亿元减少至4 643.87亿元。2013—2020年北京市税收收入增速呈先下降后上升最后下降的趋势。其中：2013—2016年的税收收入增速呈下降趋势，由0.12%降低至0.04%，增速虽有下降但降幅较小；2016—2018年的增速由 0.04% 提高至 0.07%，2018—2020 年的增速则由 0.07% 降低至 –0.04%，变化幅度均较小（见图 3.23）。

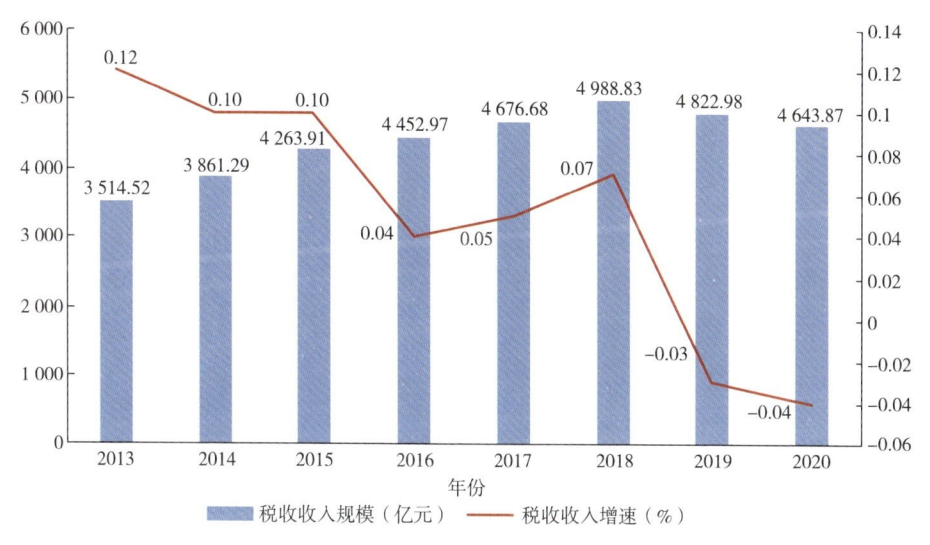

图 3.23　北京市 2013—2020 年税收收入变化趋势

1994—2002 年北京市非税收入规模均为负数，其中，1994 年全市非税收入为 –7.63 亿元，1996 年为 –50.42 亿元，1997 年为 –25.91 亿元，1998 年为 –40.66 亿元，2000 年为 –27.79 亿元，2002 年为 –5.88 亿元。2003—2012 年全市非税收入规模呈先上升后短暂下降最后快速上升趋势，其中 2003—2009 年全市非税收入快速上升，由 2003 年的 5.58 亿元增加至 2009 年的 112.84 亿元；2009—2010 年，全市非税收入由 112.84 亿元减少至 102.34 亿元；2010—2012 年，全市非税收入由 102.34 亿元快速增加至 190.18 亿元。

1994—1995 年北京市非税收入增速由 –0.86% 提高至 3.02%；1995—1997 年的增速则由 3.02% 下降至 –0.49%，增速回落 3.51 个百分点；1997—1998 年的增速由 –0.49% 提高至 0.57%；1998—2003 年的增速总体呈下降趋势，由 0.57% 降低至 1.61%；2003—2004 年的增速由 –1.61% 上升至 4.03%，增长显著；2004—2005 年的增速则由 4.03% 下降至 0.84%，增速回落 3.19 个百分点；2005—2012 年的增速呈波动变化趋势，其中，2006 年为 0.22%，2008 年为 0.08%，2010 年为 0.83%，2012 年为 0.25%，变化较平稳（见图 3.24）。

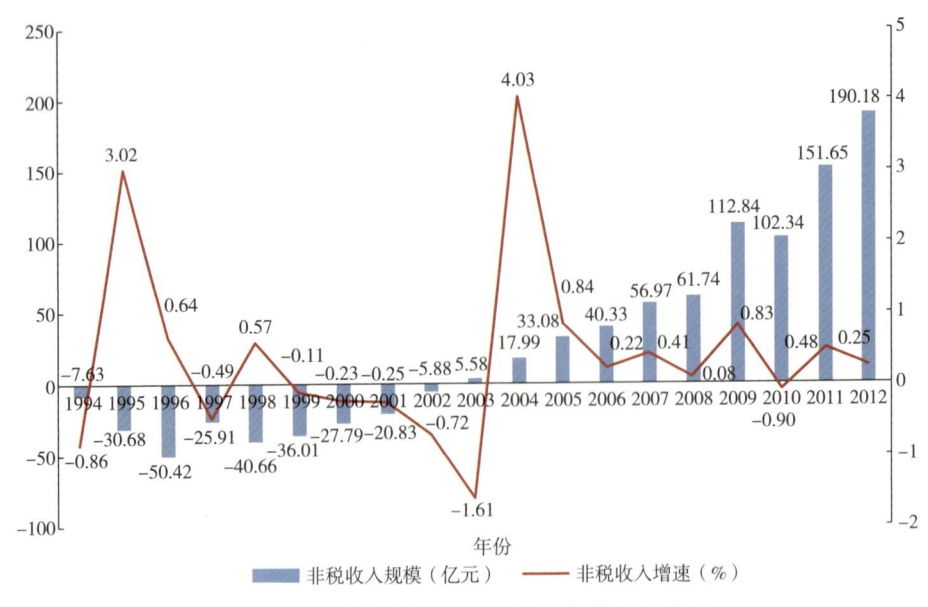

图 3.24　北京市 1994—2012 年非税收入变化趋势

2013—2020 年北京市非税收入规模呈先上升后下降趋势。其中：2013—2019 年全市非税收入呈上升趋势，由 146.59 亿元增加至 994.12 亿元；2019—2020 年全市非税收入由 994.12 亿元减少至 840.02 亿元。2013—2020 年全市非税收入增速呈先上升后下降，接着短暂上升最后下降的趋势。其中：2013—2015 年的增速由 -0.23% 提高至 1.77%，增幅较大；2015—2018 年的增速呈下降趋势，由 1.77% 下降至 0.06%，下降幅度较大；2018—2019 年增速由 0.06% 提高至 0.25%，虽有所增长但幅度较小；2019—2020 年的增速由 0.25% 下降至 -0.16%，增速回落 0.41 个百分点（见图 3.25）。

从税种结构来看，增值税、企业所得税、个人所得税是北京市的主体税种，2020 年全市上述税收收入分别为 1 653.11 亿元、1 182.50 亿元、611.91 亿元，占税收收入的比重分别为 35.60%、25.46%、13.18%（见图 3.26）。

从行业分布来看，金融业和房地产业是北京市税收收入的主要来源，2020 年其占全市税收收入比重分别为 23.36% 和 17.56%；制造业、批发和零售业次之，占税收收入比重分别为 9.92% 和 9.85%；信息传输、软件和信息技术服务业近几年上涨幅趋势明显，2020 年占税收收入比重达到 9.00%；租赁和商务服务业、科学研究和技术服务业也是目前北京市的税收主要来源行业，占税收收入比重分别为 7.55% 和 6.55%；其他行业税收贡献相对较少（见图 3.27）。

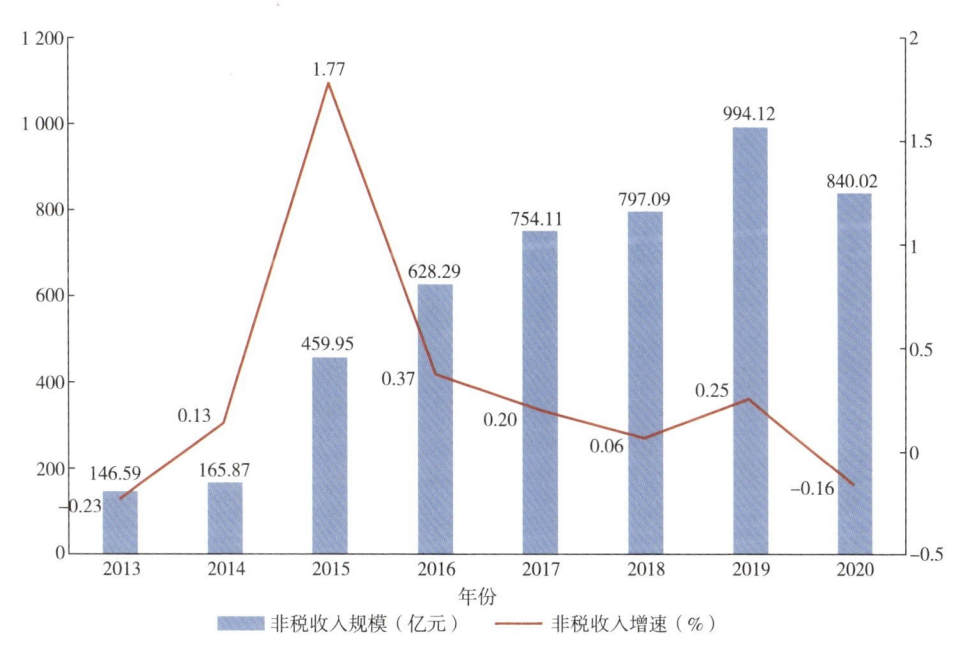

图 3.25 北京市 2013—2020 年非税收入变化趋势

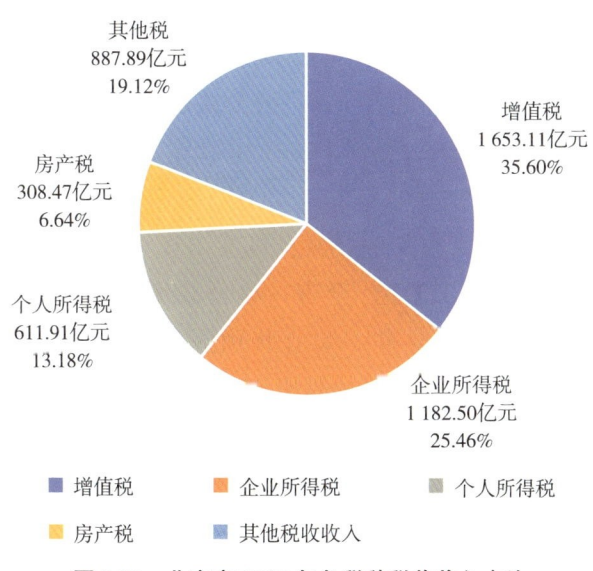

图 3.26 北京市 2020 年各税种税收收入占比

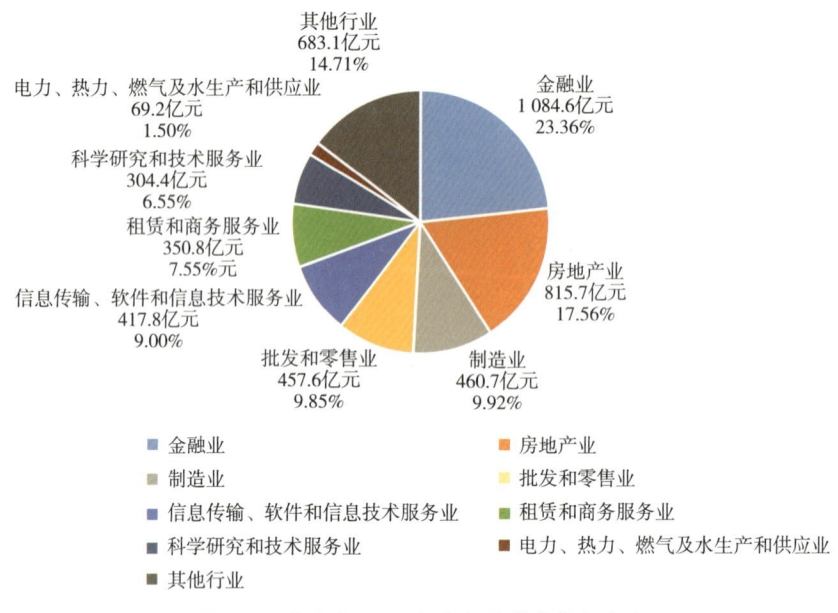

图 3.27　北京市 2020 年各行业税收收入占比

（2）1994 年至今北京市一般公共预算支出

第一，总体情况。1994—2012 年，北京市一般公共预算支出逐年增长。除 1995 年一般公共预算支出增速较高以外，其余年份增速波动不明显。1994 年，全市一般公共预算支出约 99 亿元，同比增长 21.66%；1995 年，一般公共预算支出大幅增至约 154 亿元，同比增长 56.70%；1996 年，一般公共预算支出增速回落到 21.41%。1997 年起，全市一般公共预算支出逐年增长，增速在一定区间内波动。至 2012 年，北京市一般公共预算支出增至约 3 685 亿元，同比增长 13.56%（见图 3.28）。

2013—2020 年，北京市一般公共预算支出规模总体呈上升趋势，但近两年支出增速为负值。2013 年，全市一般公共预算支出约 4 174 亿元，同比增长 13.25%；2015 年，全市一般公共预算支出约 5 738 亿元，增速为 26.81%；此后，北京市一般公共预算支出增速呈下降趋势。2019 年，全市一般公共预算支出约 7 408 亿元，同比下降 0.85%；2020 年，全市一般公共预算支出减少到约 7 116 亿元，同比下降 3.94%，降幅比上年有所扩大（见图 3.29）。

第二，主要支出构成。

2006 以前，北京市一般公共预算的主要支出结构表现为以下方面。

图 3.28 北京市 1994—2012 年一般公共预算支出规模及增速变化趋势

图 3.29 北京市 2013—2020 年一般公共预算支出规模及增速变化趋势

一是基本建设支出。2000—2006 年，北京市基本建设支出规模绝对额呈上升趋势。2000 年，全市基本建设支出约 57 亿元，2001 年大幅增加至约 93 亿元，同比增长 61.70%；2002 年，全市基本建设支出约 64 亿元，同比下降 30.82%。此后，北京市基本建设支出逐年增长，至 2006 年，全市基本建设支出约 99 亿元，同比增长 17.61%（见图 3.30）。

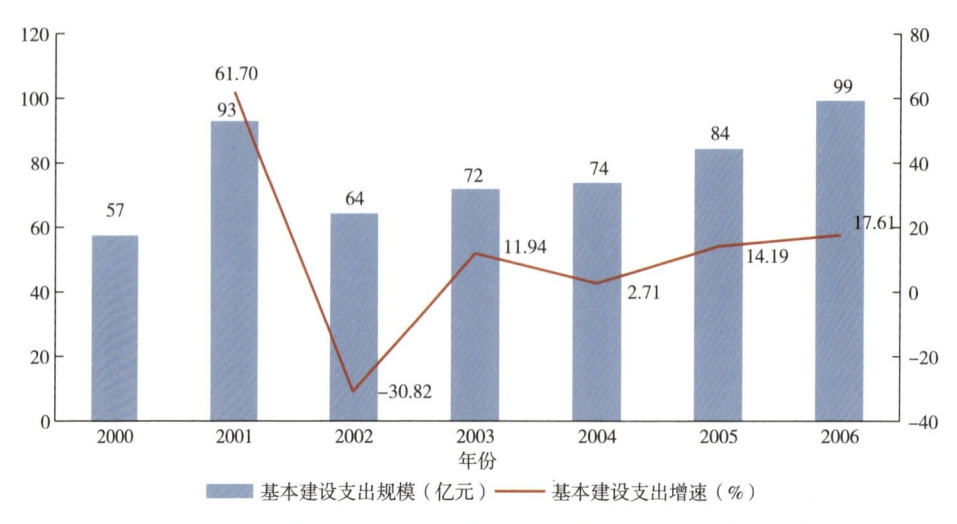

图 3.30　北京市 2000—2006 年基本建设支出规模及增速变化趋势

二是农业生产和农业事业费。1994—2006 年，北京市农业生产和农业事业费规模绝对额持续增长，增速呈现明显波动。1994 年全市农业生产和农业事业费约 5 亿元，同比增长 13.86%。1995—1997 年全市农业生产和农业事业费增速提高至 32.75%，1998 年增速迅速下降至 8.63%，1999 年增速又回升到 22.72%；此后直至 2002 年，全市农业生产和农业事业费增速未发生显著变化。2003 年，全市农业生产和农业事业费增速下降到 11.40%，次年增速回升。2006 年，全市农业生产和农业事业费增至约 61 亿元，同比增长 42.85%（见图 3.31）。

三是文教科卫事业费。1994—2006 年，北京市文教科卫事业费规模绝对额持续增长，增速出现明显波动。1994 年，全市文教科卫事业费约 30 亿元，同比增长 23.80%。1995 年全市文教科卫事业费增速提高至 36.43%，1996—1998 年增速下降至 14.04%，2000 年增速回升到 42.36%，2001 年增速又迅速下降到 3.13%。此后，文教科卫事业费增速逐渐回升，2006 年全市文教科卫事业费约 313 亿元，同比增长 23.89%（见图 3.32）。

四是行政管理费。1994—2006 年，北京市行政管理费规模绝对额持续增长，增速则呈下降趋势。1994 年，全市行政管理费约 4 亿元，同比增长 106.22%。1997 年，全市行政管理费约 11 亿元，增速大幅降至 13.84%。1998 年起，增速稍有回升，2003 年增速又下降到 11.05%。2006 年，北京市行政管理费规模绝对额达到约 84 亿元，同比增长 21.39%（见图 3.33）。

图 3.31　北京市 1994—2006 年农业生产和农业事业费规模及增速变化趋势

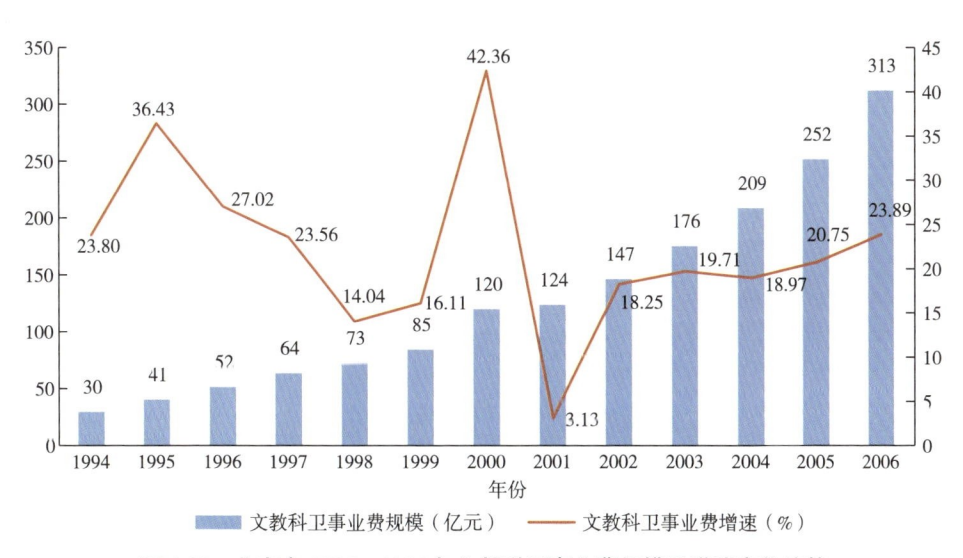

图 3.32　北京市 1994—2006 年文教科卫事业费规模及增速变化趋势

图 3.33 北京市 1994—2006 年行政管理费规模及增速变化趋势

五是社会保障补助支出。1997—2006 年，北京市社会保障补助支出规模绝对额持续增长，并呈大幅增长趋势。1997 年，全市社会保障补助支出为 0.15 亿元；1998 年，全市社会保障补助支出激增至约 2.00 亿元，增速高达 1 100.00%。1999 年，全市社会保障补助支出约为 3.00 亿元，增速下降到 76.67%。2006 年，北京市社会保障补助支出约 37.00 亿元，同比增长 49.08%（见图 3.34）。

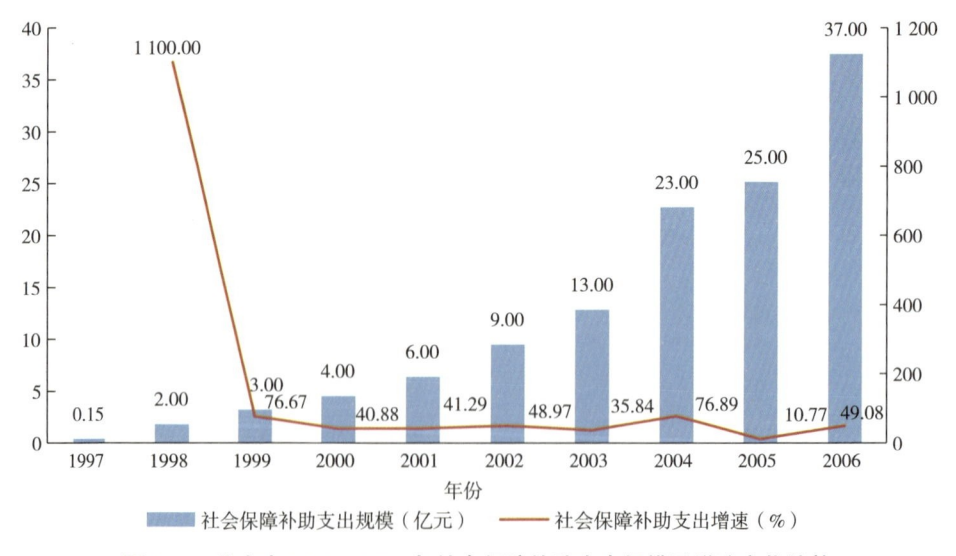

图 3.34 北京市 1997—2006 年社会保障补助支出规模及增速变化趋势

2006 年政府收支分类改革后，北京市各功能分类的支出情况如下。

从一般公共服务支出来看，2006—2020年全市一般公共服务支出规模绝对额总体呈大幅上升趋势，增速则呈先下降、后回升、再下降的明显波动，2020年一般公共服务支出持续增长。2006年，全市一般公共服务支出约160亿元，2007年约为180亿元，同比增长12.26%；2007—2013年，全市一般公共服务支出规模绝对额持续增长，增速则略有下降趋势；至2014年，全市一般公共服务支出约272亿元，增速大幅下降至-8.38%。此后，全市一般公共服务支出增速逐年上升，至2017年达到峰值，为34.32%，当年一般公共服务支出约493亿元。2018—2020年，北京市一般公共服务支出增速回落。2018年全市一般公共服务支出约512亿元，同比增长3.88%；2019年全市一般公共服务支出约499亿元，同比下降2.53%；2020年全市一般公共服务支出增加至约527亿元，增速较上年有所提高，为5.52%（见图3.35）。

图3.35　北京市2006—2020年一般公共服务支出规模及增速变化趋势

从教育支出来看，2006—2020年全市教育支出规模绝对额呈大幅上升趋势，增速则呈波动下降趋势。近年来教育支出增速逐渐放缓。2006年，北京市教育支出约209亿元，此后教育支出规模绝对额持续增长，增速则呈波动状态；2007年全市教育支出约263亿元，同比增长25.72%；2007—2012年，全市教育支出增速出现明显波动；至2013年，全市教育支出增加到约681亿元，增速则下降到8.36%；2015年，全市教育支出约856亿元，增速回升到15.31%；2016年增速又下降到3.71%；2019年则回升到10.89%；2020年，全市教育支出规模上升到约 1 138 亿元，但增速较小，仅为 0.10%（见图 3.36）。

图 3.36　北京市 2006—2020 年教育支出规模及增速变化趋势

从科学技术支出来看，2006—2020 年北京市科学技术支出规模绝对额总体呈大幅上升趋势，增速出现明显波动；近年来全市科学技术支出增速逐年降低，2020 年科学技术支出规模亦较上年为低。2006 年，全市科学技术支出约 70 亿元，此后科学技术支出规模绝对额持续增长；2007 年，全市科学技术支出约 91 亿元，同比增长 29.37%；2009 年起全市科学技术支出增速出现明显波动，由 2009 年的 12.59% 上升至 2010 年的 41.65%，后又下降至 2011 年的 2.32%。此后三年中，北京市科学技术支出增速逐年上升，至 2014 年，全市科学技术支出增加到约 283 亿元，同比增长 20.47%；2016 年，全市科学技术支出规模首次出现比上年减少的情况，约 286 亿元，同比下降 0.7%，2017 年的增速则又迅速回升到 26.59%。近几年，北京市科学技术支出增速逐年降低，其中 2020 年全市科学技术支出规模约 411 亿元，同比下降 5.18%，这是自 2016 年以来北京市科学技术支出规模第二次出现较上年减少的情况（见图 3.37）。

从文化体育与传媒支出来看，2006—2020 年北京市文化体育与传媒支出规模绝对额总体呈大幅上升趋势，其增速在 2012 年出现过一次显著上升；近年来全市文化体育与传媒支出增速则呈下降趋势，其中 2020 年全市文化体育与传媒支出规模较上年显著减少。2006 年，全市文化体育与传媒支出约 41 亿元，此后文化体育与传媒支出规模绝对额持续增长；2007 年，全市文化体育与传媒支出约 54 亿元，同比增长 32.36%；2008—2011 年，全市文化体育与传媒支出增速呈波动下降趋势；至 2012 年，全市文化体育与传媒支出规模增加到约 141 亿元，增速大幅上升至 62.48%；2013 年，全市文化体育与传媒支出增速迅速回落至 9.44%；2014—2019 年，全市文化体育与传媒支出增速呈波动状态，其中 2019 年文化体育与传媒支出规模约 279 亿元，同比增长 13.81%；2020 年，全市文化体育与传媒支出约为 225 亿元，规模较 2019 年出现显著下降，降幅为 19.45%（见图 3.38）。

图 3.37 北京市 2006—2020 年科学技术支出规模及增速变化趋势

图 3.38 北京市 2006—2020 年文化体育与传媒支出规模及增速变化趋势

从社会保障和就业支出来看，2006—2020年北京市社会保障和就业支出规模绝对额呈大幅上升趋势，2020年社会保障和就业支出规模保持增长。2006年，全市社会保障和就业支出约149亿元，此后社会保障和就业支出规模绝对额逐年增加；2007年，全市社会保障和就业支出约179亿元，同比增长20.14%；至2011年，全市社会保障和就业支出约355亿元，增速提高至28.63%；2014年全市社会保障和就业支出约509亿元，增速下降至8.50%；2015年，全市社会保障和就业支出增速大幅上升至37.62%，次年又迅速回落至2.25%。近年来，北京市社会保障和就业支出增速呈现明显波动。2019年，全市社会保障和就业支出约973亿元，同比增长16.43%；2020年，全市社会保障和就业支出规模增加到约1 056亿元，同比增长8.49%（见图3.39）。

图3.39　北京市2006—2020年社会保障和就业支出规模及增速变化趋势

从卫生健康支出来看，2006—2020年北京市卫生健康支出规模绝对额呈大幅上升趋势，2020年卫生健康支出规模保持增长。2006年，全市卫生健康支出约101亿元，此后卫生健康支出规模绝对额逐年增加；2007年，全市卫生健康支出约119亿元，同比增长17.83%；2008—2010年，全市卫生健康支出由约145亿元增加到约187亿元，增速由21.94%下降到12.12%；2011年，全市卫生健康支出增速迅速回升到20.70%，2013年的增速下降到7.84%，2014年的增速则再次上升到16.72%；2015—2017年全市卫生健康支出由约371亿元增加到约428亿元，增速则由14.96%下降到7.52%；2018年，全市卫生健康支出约 491 亿元，同比增长 14.54%，2019 年增速则回落到 9.04%；2020 年，北京市卫生健康支出增加到约 606 亿元，同比增长 13.34%（见图 3.40）。

图 3.40　北京市 2006—2020 年卫生健康支出规模及增速变化趋势

从城乡社区支出来看，2006—2020 年北京市城乡社区支出规模绝对额总体呈大幅上升趋势，2020 年城乡社区支出规模则较上年减少。2006 年，全市城乡社区支出约 153 亿元；2007 年，全市城乡社区支出约 187 亿元，同比增长 22.30%；2009 年，全市城乡社区支出约 348 亿元，增速迅速上升到 74.05%；2010 年，全市城乡社区支出减少到约 294 亿元，比去年下降 15.39%；2011—2015 年，全市城乡社区支出由约 339 亿元持续增加到约 995 亿元，增速由 15.28% 提高到 75.43%。近年来，北京市城乡社区支出增速呈下降趋势，其中 2017 年、2019 年、2020 年的增速为负值。2020 年，北京市城乡社区支出约 873 亿元，同比下降 18.77%（见图 3.41）。

从农林水支出来看，2006—2020 年北京市农林水支出规模绝对额总体呈大幅上升趋势，增速则呈先上升后下降趋势；2020 年农林水支出规模较上年减少，增速为负值。2006 年，全市农林水支出约 89 亿元；2007 年，全市农林水支出约 103 亿元，同比增长 15.67%；2008—2013 年，全市农林水支出规模绝对额持续增长，由约 122 亿元增加到约 298 亿元，增速则由 18.79% 上升到 33.65%；2014—2017 年，全市农林水支出增加到约 518 亿元，增速则出现波动下降的趋势，2017 年全市农林水支出同比上升 16.86%。2018—2020 年，北京市农林水支出增速持续下降。2020年，全市农林水支出规模为497亿元，同比下降14.99%（见图3.42）。

图3.41 北京市2006—2020年城乡社区支出规模及增速变化趋势

图3.42 北京市2006—2020年农林水支出规模及增速变化趋势

从节能环保支出来看，2006—2020年北京市节能环保支出规模绝对额总体呈大幅上升趋势；2018—2020年的支出规模则呈下降趋势，其中2020年全市节能环保支出规模较2019年下降，增速为负值。2006年，全市节能环保支出约20亿元；2007年，全市节能环保支出约29亿元，同比增长45.33%；

2008—2014 年，全市节能环保支出规模绝对额持续增长，由约 35 亿元增加到约 213 亿元，增速出现明显波动，其中 2014 年的增速为 54.42%；自 2015 年起，全市节能环保支出增速呈下降趋势，2017 年的节能环保支出增加到约 458 亿元，达到支出规模的峰值，增速为 26.16%。2018—2020 年，全市节能环保支出增速持续下降。2020 年，北京市节能环保支出规模为 209 亿元，同比下降 32.32%（见图 3.43）。

图 3.43　北京市 2006—2020 年节能环保支出规模及增速变化趋势

从交通运输支出来看，2006—2020 年北京市交通运输支出规模绝对额呈先增加后减少的趋势；2019—2020 年的支出规模呈下降趋势，2020 年的交通运输支出规模较上年减少，增速为负值。2006 年，全市交通运输支出约 7 亿元；2007 年，全市交通运输支出骤增至约 33 亿元，同比增长 369.36%，达到增速的峰值。此后，北京市的交通运输支出增速逐年下降。2010 年，全市交通运输支出约 155 亿元，同比增长 5.39%；2013 年、2014 年的交通运输支出分别约 232 亿元、215 亿元，同比分别下降 4.91%、7.44%；2015 年全市交通运输支出约 296 亿元，增速回升到 37.79%。2019—2020 年，北京市交通运输支出增速继续呈下降趋势。2019 年全市交通运输支出约 402 亿元，同比下降 13.26%；2020 年全市交通运输支出持续下降到约 322 亿元，降幅增加到 19.89%（见图 3.44）。

图 3.44　北京市 2006—2020 年交通运输支出规模及增速变化趋势

（3）1994—2020 年北京市一般公共预算收支平衡

除了 1994 年北京市的赤字规模是负值，1995—2012 年全市一般公共预算赤字规模皆为正数。赤字规模从 1994 年的 –1.3 亿元增加至 2012 年的 370.4 亿元，共增加 371.7 亿元。赤字率方面，同样是 1994 年为负值，其余年份为正值。最小值为 1994 年的 –0.1%，最大值为 2000 年的 3.0%。1995 年，全市一般公共预算赤字率增加了 2.7 个百分点，增长幅度最大；2011 年的赤字率降幅最大，下降了 1 个百分点（见图 3.45）。

从整体趋势上看，2013—2020 年北京市一般公共预算赤字规模大致呈上升趋势，但 2014 年和 2019 年的赤字规模略有下降。其中，2014 年全市一般公共预算赤字规模最小，为 497.5 亿元，2018 年的赤字规模最大，为 1 685.5 亿元，相差 1 188 亿元，差距较大。从增长趋势来看，全市一般公共预算赤字率在 2014 年略有下降，2016 年之后则保持在 4.5% 和 5.1% 之间，比较稳定。其中，2014 年全市的一般公共预算赤字率最小，为 2.2%；2018 年的赤字率最大，为 5.1%（见图 3.46）。

3.3.2.5　北京市区县财政运行情况

（1）1994—2020 年北京市区县级一般公共预算收入

2000—2012 年，北京市区级一般公共预算收入总体呈上升趋势，由 166.70 亿元增加至 1 510.43 亿元。其中，2003 年区级一般公共预算收入 282.34 亿元，2008 年区级一般公共预算收入 741.11 亿元。

3 首都财政体制的变迁与发展

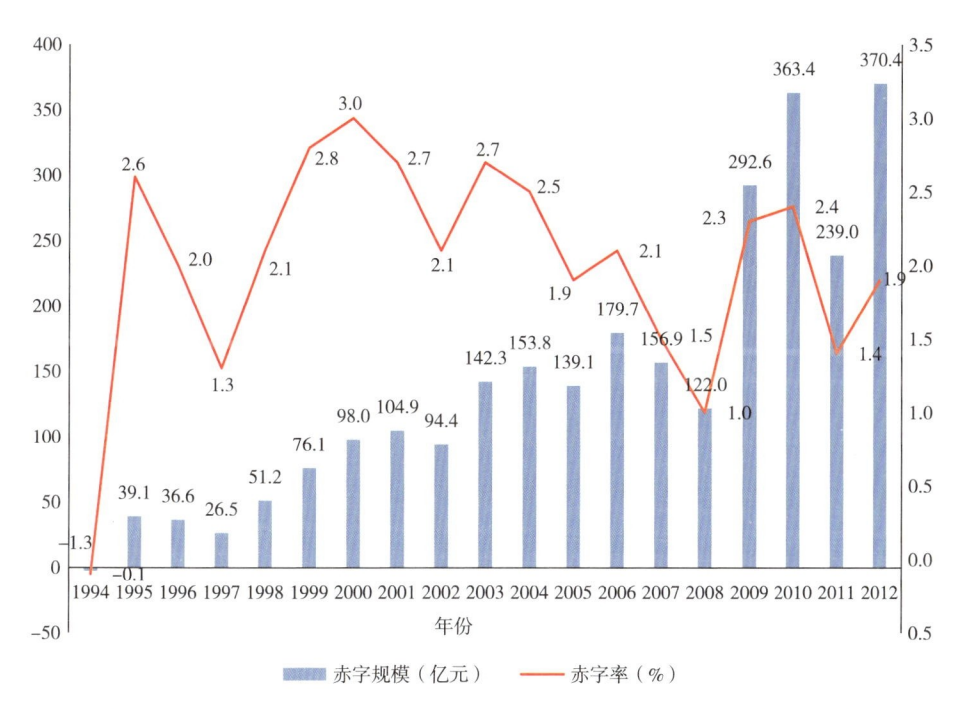

图 3.45　1994—2012 年北京市一般公共预算赤字规模和赤字率的变化情况

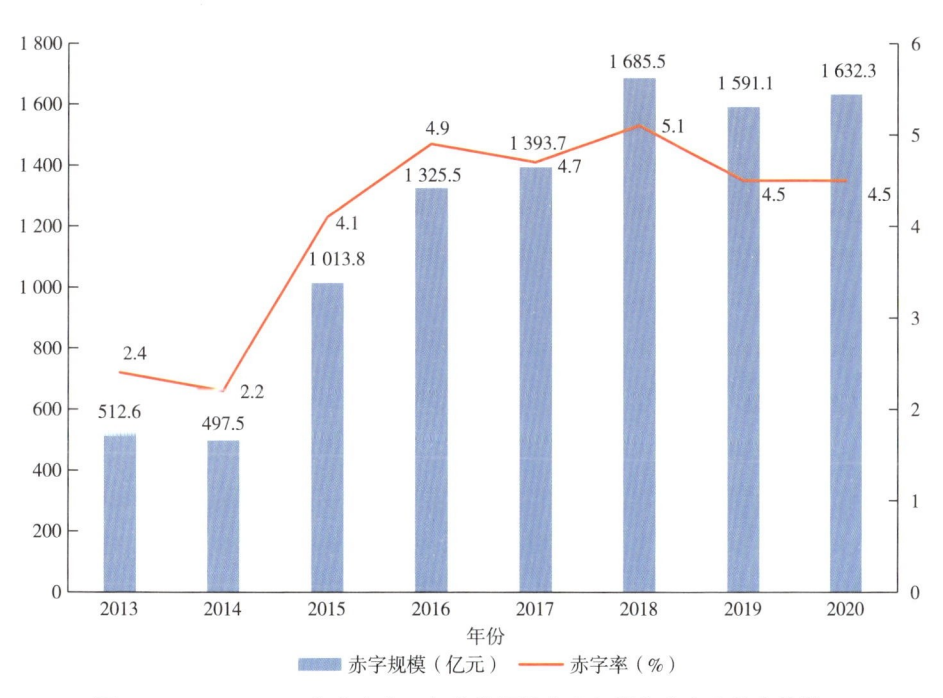

图 3.46　2013—2020 年北京市一般公共预算赤字规模和赤字率的变化情况

| 111

2000—2012 年，北京市区级一般公共预算收入增速呈波动变化趋势。其中，2001—2002 年、2003—2004 年、2005—2006 年、2007—2009 年以及 2011—2012 年区级一般公共预算收入增速呈下降趋势，但下降幅度均较小；2002—2003 年、2004—2005 年、2006—2007 年以及 2009—2011 年区级一般公共预算收入增速呈上升趋势，但上升幅度也都较小；2008 年，北京市区级一般公共预算收入增速同比上升 0.25%（见图 3.47）。

图 3.47 北京市 2000—2012 年区级一般公共预算收入变化趋势

图 3.48 为北京市 2013—2020 年区级一般公共预算收入变化趋势。

2000—2012 年，北京市区级人均一般公共预算收入总体呈上升趋势，由 1 222.50 增加至 7 268.67 元。其中，2003 年全市区级人均一般公共预算收入 1 938.62 元，2008 年为 4 184.72 元（见图 3.49）。

2013—2020 年，北京市区级人均一般公共预算收入规模呈先上升后下降趋势。其中，2013—2019 年全市区级人均一般公共预算收入呈上升趋势，由 7 905.46 元增加至 11 353.42 元，2018 年为 11 048.45 元；2019—2020 年全市区级人均一般公共预算收入呈下降趋势，由 11 353.42 元减少至 11 232.76 元。

2013—2020 年，北京市区级人均一般公共预算收入增速呈波动变化趋势。其中，2013—2014 年、2015—2016 年、2017—2020 年全市区级人均一般公共预算收入增速呈下降趋势，但下降幅度均较小；2014—2015 年、2016—2017 年全市区级人均一般公共预算收入增速呈上升趋势，但上升幅度也较小，

2018 年同比上升 0.06%（见图 3.50）。

图 3.48　北京市 2013—2020 年区级一般公共预算收入变化趋势

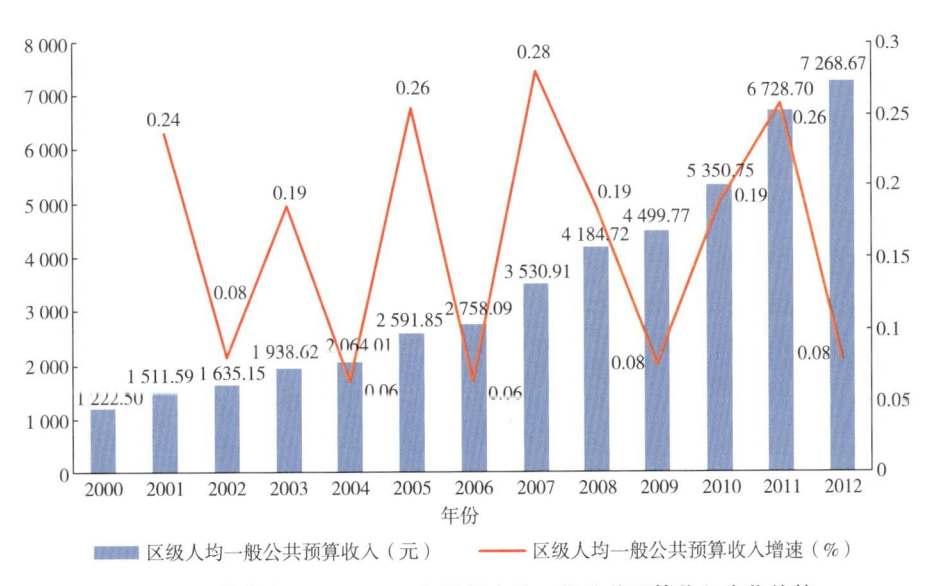

图 3.49　北京市 2000—2012 年区级人均一般公共预算收入变化趋势

| 113

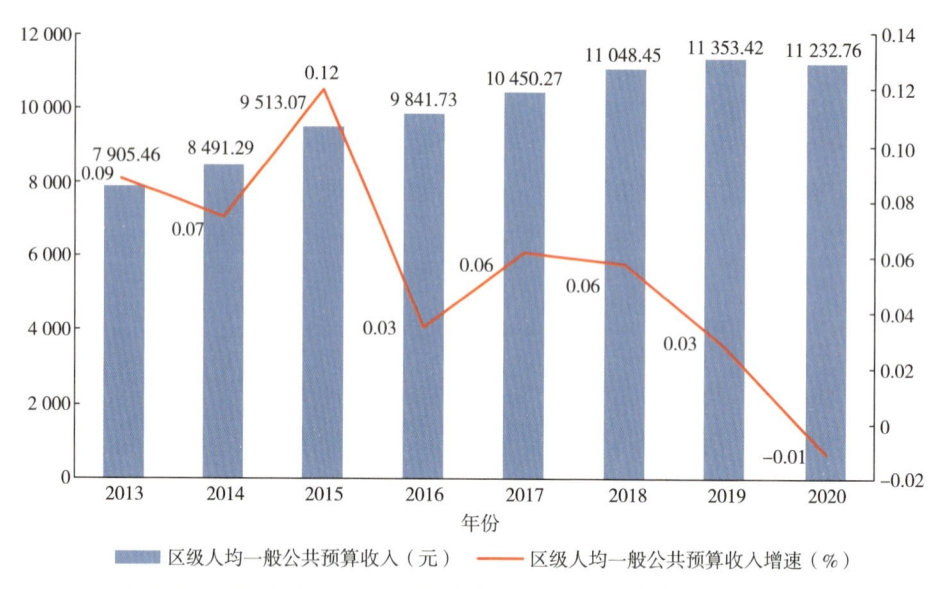

图 3.50 北京市 2013—2020 年区级人均一般公共预算收入变化趋势

（2）1994 年至今北京市、区县级一般公共预算支出

第一，市、各区县两级一般公共预算支出占地区生产总值比重。从总体趋势来看，2000—2012 年，北京市、各区县两级一般公共预算支出占 GDP 比重呈小幅上升的趋势，区级一般公共预算支出占 GDP 比重高于市级，并且二者之间的差距逐渐增大。2000 年，北京市、各区县两级一般公共预算支出占 GDP 比重分别为 6.60%、6.92%，市级所占比重略低于区级（低 0.32 个百分点）。2001 年，北京市、各区县两级一般公共预算支出占 GDP 比重分别为 7.45%、7.02%，市级所占比重超过区级（高 0.43 个百分点）。此后，北京市、各区县两级一般公共预算支出占 GDP 比重逐年增加，市级一般公共预算支出占 GDP 比重始终低于各区县，且差距逐渐增大。至 2012 年，北京市、各区县两级一般公共预算支出占 GDP 比重分别为 8.48%、10.89%，市级一般公共预算支出占 GDP 比重比区级低 2.41 个百分点，二者差距显著高于 2000 年（见图 3.51）。

从总体趋势来看，2013—2020 年北京市、各区县两级一般公共预算支出占 GDP 比重呈先小幅上升后又回落的趋势，区级一般公共预算支出占 GDP 比重高于市级，且两者差距未发生明显变化。2013 年，市、各区县两级一般公共预算支出占 GDP 比重分别为 8.05%、11.69%，市级一般公共预算支出占 GDP 比重低于区级 3.64 个百分点。2015 年，市、各区县两级一般公共预算支出占 GDP 比重分别增加到 8.88%、14.28%，市级所占比重低于区级 5.40 个百分点，差距较显著。2016 年起，北京市级一般公共预算支出占 GDP 比重呈小幅下降趋势，各区一般公共预算支出占 GDP 比重曾于 2015 年增加到 14.28%，并从 2016 年起逐年下降，此后两级一般公共预算支出占 GDP 比重未发生显著变化。至 2020 年，北京市、各区两级一般公共预算支出占 GDP 比重分别下降到 8.17%、11.55%，市级一般公共预算支出占 GDP 比重低于区级 3.38 个百分点，与 2013 年二者之间 3.64 个百分点的差距相比未发生明显变化（见图 3.52）。

图 3.51 北京市 2000—2012 年市、各区县两级一般公共预算支出占 GDP 比重

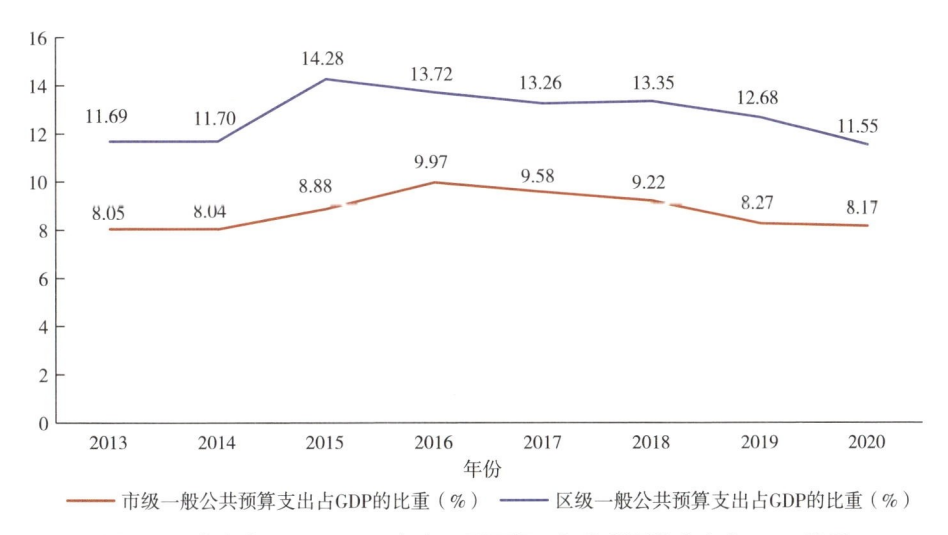

图 3.52 北京市 2013—2020 年市、区两级一般公共预算支出占 GDP 比重

第二，市、区县两级财政支出绝对规模和占比。从总体趋势来看，北京市、区县两级财政支出绝对规模呈大幅上升的趋势，市级财政支出占比呈小幅下降趋势，区级财政支出占比呈小幅上升趋势，且市、区县两级财政支出占比的差距逐渐增大。2000 年，北京市、区县两级财政支出绝对规模分别为 216.21 亿元、226.79 亿元，市、区县两级财政支出占比分别为 48.81%、51.19%，市级占比略低于区级。2001 年，北京市、区县两级财政支出绝对规模分别为 287.86 亿元、271.24 亿元，市、区县两级财政支出占比分别为 51.49%、48.51%，市级财政支出占比超过区级。此后，北京市、各区县两级财政支出绝对规模持续增长，区级财政支出占比逐年上升，市级财政支出占比则逐年降低，且区级财政支出占比高于市级。2004 年，北京市、各区县两级财政支出占比分别为 49.32%、50.68%，市级占比仅低于区级 1.36 个百分点，差距为 2000—2012 年的最小。2005 年以后，北京市、各区县两级财政支出占比的差距逐渐增大。2009 年，市级财政支出绝对规模为 987.83 亿元，占比为 42.59%，为市级财政支出占比的最低值；区级财政支出绝对规模为 1 331.53 亿元，占比为 57.41%，为区级财政支出占比的峰值，市级占比低于区级 14.82 个百分点。2010—2012 年，北京市、各区县两级财政支出占比未发生显著变化，2012 年，市、区县两级财政支出绝对规模分别为 1 613.09 亿元、2 072.22 亿元，占比分别为 43.77%、56.23%，市级财政支出占比低于区级 12.46 个百分点（见图 3.53）。

图 3.53　北京市 2000—2012 年市、各区县两级财政支出绝对规模和占比变化趋势

从总体趋势来看，北京市、区县两级财政支出绝对规模呈先大幅上升后小幅下降的趋势；市级财政支出占比一直低于区县级，且市、区县两级财政支出占比的差距未发生显著变化。2013 年，市、区县两级财政支出绝对规模分别为 1 702 亿元、2 471.66 亿元，市、区县两级财政支出占比分别为 40.78%、59.22%，市级财政支出占比低于区县级 18.44 个百分点。2015 年，市、区县两级财政支出占比分别为 38.34%、61.66%，为 2013—2020 年两级财政占比差距之最大，市级占比低于区县级 23.32 个百分点。2016 年，市级财政支出占比降低，区级财政支出占比升高，分别为 42.10%、57.90%，两级财政支出占比差距同比缩小，市级占比低于区级 15.80 个百分点。近年来，市级财政支出绝对规模及占比均持续低于区级。2020 年，北京市、区两级财政支出绝对规模分别为 2 947.97 亿元、4 168.23 亿元，财政支出占比分别为 41.43%、58.57%，市级财政支出占比低于区级 17.14 个百分点（见图 3.54）。

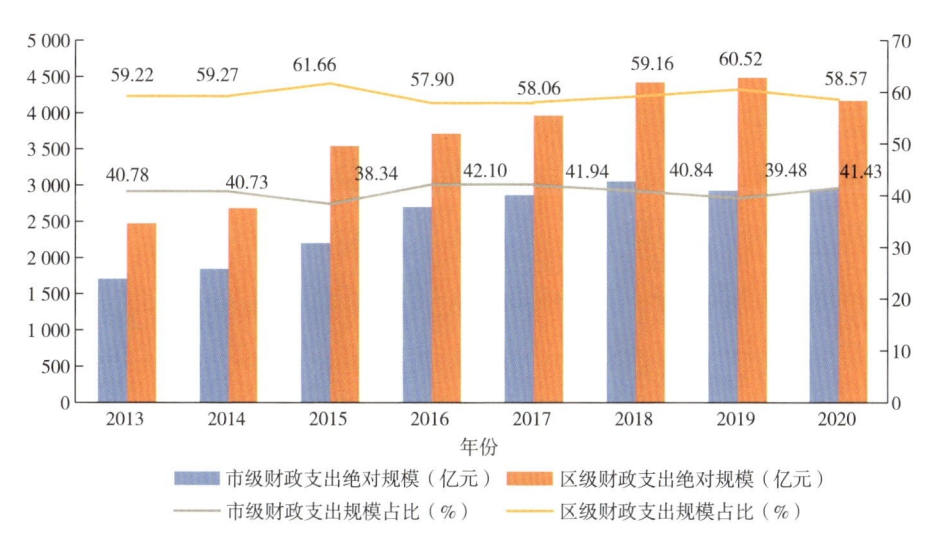

图 3.54　北京市 2013—2020 年市、区两级财政支出绝对规模和占比变化趋势

3.3.2.6　中央－北京市－区转移支付分析

（1）2016—2020 年中央对北京市转移支付分析

从总体趋势上来看，2016—2020 年中央对北京市的转移支付和一般性转移支付呈持续上升趋势。其中，中央对北京市的转移支付从 691.2 亿元增至 1 016.2 亿元，增加了 325 亿元；中央对北京市的一般性转移支付由 453.9 亿元增至 956.5 亿元，共增加了 502.6 亿元，增幅较明显。2016—2020 年，中央对北京市的专项转移下降趋势明显，从 2016 年的 237.4 亿元降至 2020 年

的 59.7 亿元。2019 年，中央对北京的共同财政事权转移支付为 313.4 亿元，2020 年为 286.5 亿元，同比增速为 –8.6%，略有下降。

2016—2020 年中央对北京市转移支付的增速呈持续下降趋势，从 99.7% 降至 1.4%，下降幅度较大。2016 年中央对北京市一般性转移支付的同比增速最大，为 49.8%；2020 年同比增速最小，为 3.7%，2019 年同比增速降幅最大，下降了 44.0 个百分点。2016—2020 年中央对北京市专项转移支付的增速变化幅度较大，其中 2017 年的同比增速为 0.2%，2018 年的同比增速则下降了 71.3 个百分点，2019 年的同比增速最大（达到 5.6%），2020 年这一增速则又降至 –24.5%。由于统计口径的变化，此处的转移支付以及一般性转移支付中包括中央对北京市的税收返还。共同财政事权转移支付从 2019 年开始统计，目前只有 2019 年和 2020 年数据（见图 3.55）。

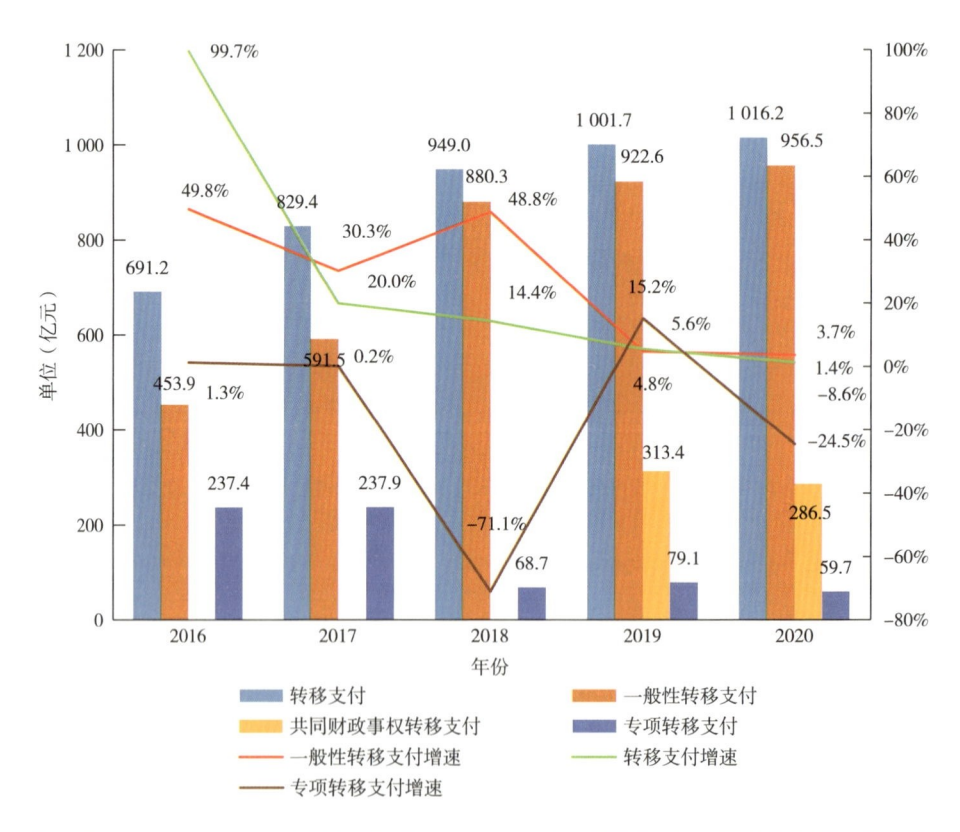

图 3.55 2016—2020 年中央对北京市转移支付、一般性转移支付、共同财政事权转移支付、专项转移支付的绝对额和增速变化

（2）2016—2020年北京市对各区转移支付分析

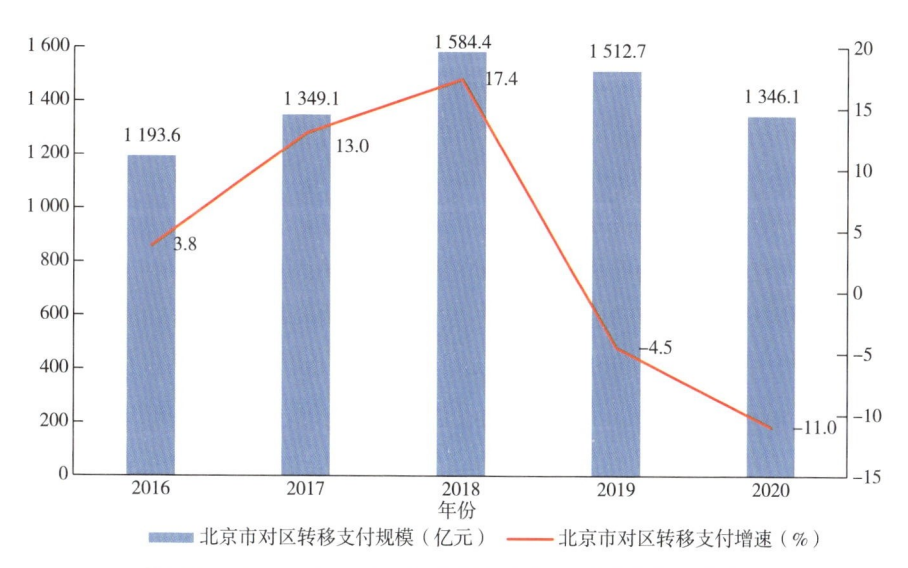

从2016—2020年北京市对区转移支付的规模及增速变化可知，北京市对区转移支付的规模呈先上升后下降的趋势。其中，2016—2018年一直呈正向增长趋势，并于2018年达到最大值1 584.4亿元；2019年和2020年的转移支付规模缩小，且各自较上年转移支付的数值有所下降，其中2020年市对区的转移支付规模只高于2016年，仅为1 346.1亿元，下降幅度较大。

2016—2020年，北京市对区转移支付增速同样呈先上升后下降的趋势。其中，2016—2018年北京市对区转移支付增速一直保持正向增长，2018年市对区转移支付的同比增速最大，为17.4%；2019—2020年的增速逐渐下降，2020年的同比增速最小，为-11.0%；同比增速下降幅度最大的是2019年，由17.4%下降到-4.5%，共减少了21.9个百分点；2017年的同比增幅最大，增加了9.2个百分点（见图3.56）。

图3.56　2016—2020年北京市对区转移支付规模及增速变化

3.4　首都财政体制改革思路

3.4.1　基本判断

3.4.1.1　财力与事权匹配度

为深化财政改革、健全财力与事权相匹配的机制，北京市加快完善和规范了转移支付制度，提高了一般性转移支付的比例和规模，增强区县财力，调整市与区县财力结构，推动实现公共服务均等化。但还是存在一些问题，如区县政府承担的事权仍多于其所拥有的财力，在财力层层向上集中、事权层层下放的情况下，区县政府财力日趋紧张，不得不依赖上级政府的转移支付；由于一般性转移支付的规模受限，区县政府更多寻求专项转移支付，而专项转移支付往往存在制度不够完善、透明度不高等问题，容易滋生贪污腐败等行为。

3.4.1.2 区县财力分布均衡度

各区县之间的财力差距依然存在。通过比较北京市各区县的财政收入，可以看到落后的区县一方面面临着巨大的财力压力，另一方面又肩负着保障发展、承担公共支出的重任。与此同时，部分区县税收收入占 GDP 的比重过低，区县内产业结构、税收征管的效率、征收力度是造成这一问题的重要影响因素。

3.4.1.3 与经济高质量发展的关联度

首先，北京市财政体制改革巩固了财源建设，积极推行财政政策以促进经济发展。通过财政政策与人才、货币、产业等政策的配合，推动企业做强做大，推动新兴产业的发展，起到了巩固财源、培育新兴财源的作用。其次，北京市财政体制改革优化了投资结构，扩大了消费需求。通过完善政府投融资制度建设，减轻了政府财政压力，保障了重大项目的财政资金投入，提高了财政资金的使用效率，促进了经济的高质量发展。充分发挥首都的资源集聚优势，通过各种消费政策的指引，引导首都居民加大在文化、娱乐、体育等方面的消费力度，形成多方位的消费格局。最后，北京市财政体制改革支持了中小企业的发展，促进了产业优化升级。中小企业在促进经济发展，解决就业问题，推动技术进步等方面具有积极的作用，北京市在财政体制改革中也重视扶持中小企业。建立有助于中小企业发展的公共服务平台，增强中小企业的信息获取、传递、共享能力；逐步完善中小企业的融资机制，缓解中小企业的资金压力，加强其资金统筹能力，改善其融资环境，通过对中小企业的扶持来推动服务业等第三产业的发展进步，从而促进经济活力的迸发和经济的高质量发展，释放北京市的就业压力。随着北京市经济的平稳进步发展，第三产业的比重以及对税收的贡献度逐步上升，为了进一步促进现代服务业以及战略性新兴产业的发展，一方面应加快新兴产业园区以及产业基地的建设改造，支持产业结构的调整升级；另一方面应深化文化创新改革，积极促进文化创意产业的发展，提高产业竞争力。

3.4.2 改革面临的主要约束

3.4.2.1 事权与支出责任方面的界定尚不清晰

关于事权与支出责任的界定不够细化，各级政府对事权的规定过于笼统，容易造成各级政府之间推卸责任，影响财政体制改革的效果。缺少通过立法对地方政府的自主权和中央以下各级政府的独立性加以约束，各级政府之间事权与支出责任的划分缺乏法律的保障。换言之，有效而准确的权责划分需要严格规范的法律框架来支撑。

事权的划分不清晰，过于下移。政府事权存在越位、缺位的现象：一方面，政府承担了一些应由市场调节的事务；另一方面，在一些应由政府承担的公共事务领域，财政又缺乏保障。地方各级政府之间事权相互错位，层级高的政府将责任向下转移，导致职责不清、行政效率低下。

支出责任划分不合理，支出责任上移。目前全市财政收入处于向上集中的分配格局，避免了财力不集中的情况，但由于地方财力不足，出现了地方政府支出责任倒挂的问题，导致地方政府乱收费等不合理现象产生。

3.4.2.2 政府间收入划分方面尚未理顺

第一，各级政府主体税种一致。目前，北京市政府与区县政府主体税种趋于一致，即以增值税、个人所得税、企业所得税为主，其余税种所占比重较小。然而，不同于北京市政府，财产行为税是北京市区县政府财政收入的主要来源之一，重要程度更高。但现实情况是，财产行为税中的各个税种征收比较困难，税源分散，不易征收，如此会加剧区县之间的税收竞争和税收与税源背离的情况。

第二，缺乏严格的法律规范。针对地方政府间税收收入的划分，北京市曾调整过多次，但是相关调整的标准及程序等问题缺乏严格的法律规范，税权的划分无法被有效预知，所以次级政府无法准确把握未来本级的财政收入，因此后续由本级政府负责的经济以及社会事务也就相应缺少合理安排，最终不利于本地区经济和社会的发展。层级越高的政府在收入划分方面的主动性越强，越有优势，而区县政府在收入调整过程中则较为被动，缺少对市政府的收入划分进行监督、反馈、参与的途径。

3.4.2.3 转移支付方面尚未完善

第一，转移支付的目标不明确。目前转移支付方面的方向性目标较多，但是具体目标不够清晰，目标的模糊一定程度上会降低转移支付的效果。此外，转移支付的目标没有按时间、主次进行排序，导致转移支付制度的范围选择调节不灵活，无法根据公共服务的层次来进行调节，也无法满足政府职能发挥的需求。

第二，转移支付规模受限。近年来由于实行减税降费政策，加之宏观经济环境发生了变化，北京市财政收入增速放缓甚至下降，其与支出增长一起，共同造成了纵向财政缺口的扩张。受收入减少的影响，转移支付尤其是一般性转移支付的规模难以扩大，所以当经济回暖形势不明显、财力不足时，纵向财力失衡的状态会持续下去。

第三，转移支付制度不够完善。分税制改革后，北京市对收入进行了划分，并建立了对区县的转移支付制度，但其中专项转移支付占比较大，同时各级政府在财政支出上有本级优先的倾向，需要进一步规范北京市对区县的转移支付制度。

3.4.2.4　地方债管理方面尚未健全

第一，防范地方债务风险能力差，缺乏对地方债务的规划。地方债务风险预警和防范机制不够健全，针对地方债务要更多进行的是事前监督，但债务信息不够公开透明，导致抗风险能力差。目前地方债务的制度设计中缺少对未来发展趋势的预计，因而无法提前采取措施，发挥财政对地方债务的统领作用；应进一步强化财政管理，实行全口径预算管理和中期预算，加强对风险的监控以及惩罚力度。

第二，民间资本进入门槛高。地方债务规模庞大的问题，很大程度上是由于政府的越位，因其与市场的界限不明晰，致使大量民间资本难以找到理想的投资渠道。因此，应降低民间资本进入基础设施领域的投资门槛，实现投资主体的多元化，缓解地方债务压力；加强预算约束意识，健全绩效考核机制，避免地方政府盲目借债。

4 北京市历年财政收支规模、结构与特征

在这一章，笔者主要通过数据分析自 1949 年以来北京市历年财政收入和支出[1]的变化情况，包括财政收入和支出的规模、增速和结构等。与此同时，重点考察 2013 年党的十八届三中全会提出"建立现代财政制度"以来，在新的阶段下北京市财政收支呈现的新的变化趋势，从而为探究首都财政的历史特点和时代特征提供数据支撑，为优化首都财政体制奠定实践基础。

4.1 北京市财政收入分析

4.1.1 北京市财政收入整体情况分析

1949—1979 年北京市财政收入规模呈先上升后下降，继而上升然后又下降的趋势。1949 年中华人民共和国成立之初，百业待兴，北京市的财政基础也非常薄弱，财政收入仅 0.24 亿元；随着经济逐步恢复，北京市的财政收入有了小幅增长，1958—1960 年的"大跃进"运动使北京市的财政收入进一步大幅提高；1959—1967 年，受"三年困难时期"和"文革"的影响，北京市的财政收入由 15.38 亿元缩减到 9.90 亿元；1969 以后，北京市的财政收入开始快速增长，到 1978 年达到 50.46 亿元，1979 年全市财政收入小幅回落至 47.75 亿元。

从增速来看，1949—1979 年北京市的财政收入呈大幅波动趋势。其中，1950—1955 年全市财政收入增速大幅下降，由 175.00% 降至 2.01%，下降幅

---

[1] 本章所述的财政收入和财政支出仅包含一般公共预算收入和一般公共预算支出，不包含政府性基金、国有资本经营预算和社保基金预算。

度为172.99%;1955—1959年全市财政收入增速由2.01%提高至34.09%,增幅为32.08%;1959—1961年全市财政收入增速呈下降趋势,由34.09%降至-34.65%,下降幅度显著;1961—1963全市年财政收入增速呈上升趋势,由-34.65%提高至11.22%,上升幅度显著;1963—1967年全市财政收入增速呈下降趋势,由11.22%降至-18.11%;1967—1969年全市财政收入增速又大幅上升,上升幅度为76.25%;1969—1973年全市财政收入增速再次大幅下降,由58.14%降至-2.06%;1973—1978年全市财政收入增速再度呈上升趋势,由-2.06%提高至17.98%;1979年则同比下降5.37%(见图4.1)。

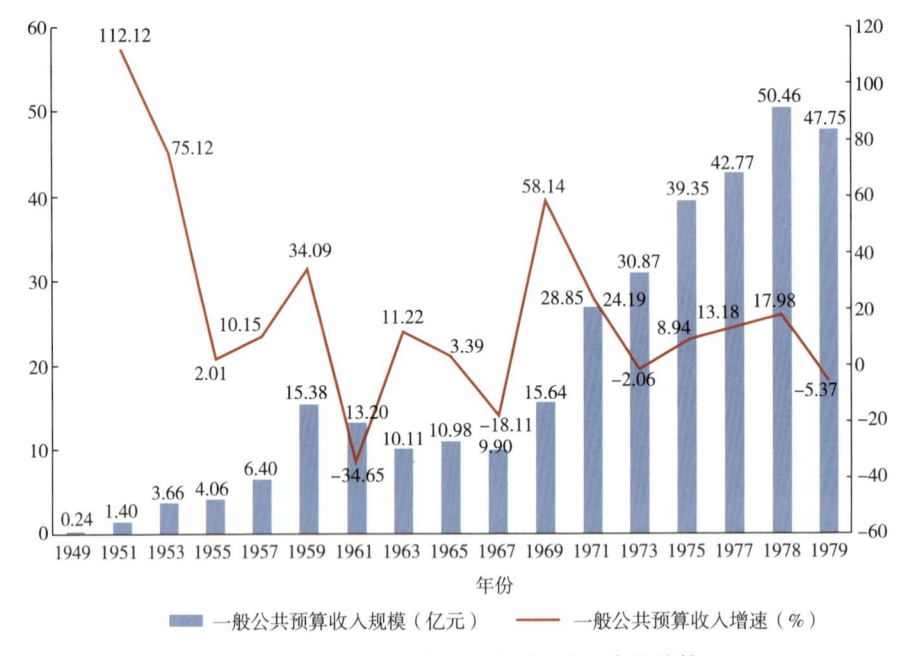

图 4.1　1949—1979年北京市财政收入变化趋势

1980—1993年北京市财政收入规模呈先下降后上升趋势。其中,1980—1983年全市财政收入呈下降趋势,从1980年的51.29亿元降至1983年的39.84亿元;1983—1993年全市财政收入呈上升趋势,从1983年的39.84亿元增加至1993年的84.10亿元,增长显著。

从增速来看,1980—1993年全市财政收入增速总体呈先持续下降后大幅上升,短时间平稳后又大幅下降,最后总体趋于平稳的态势。其中,1980—1983年全市财政收入增速由正转负,下降幅度较大;1983—1984年,增速由负转正,由-15.68%提高到14.51%,增长显著;1984—1986年,增速基本保持平稳；1987 年增速大幅回落至 7.06%，随后，1988 年全市财政收入增速小幅降至 4.32% 后趋于平稳（见图 4.2）。

图 4.2　1980—1993 年北京市财政收入变化趋势

1994—2012 年，北京市财政收入规模总体呈逐年上升趋势，从 1994 年的 99.85 亿元增加至 2012 年的 3 314.93 亿元，增长幅度较大，同比增速则呈波动变化的趋势。其中，1997 年、2001、2007 年全市财政收入同比增速超过 30%，增长较为显著；1998 年、2009 年受国际经济危机和金融危机的冲击影响，收入增速大幅下降（见图 4.3）。

2013—2020 年，北京市财政收入规模呈先上升后下降趋势。其中，2013—2019 年全市财政收入逐年上升，由 3 661.11 亿元增加至 5 817.10 亿元；受新冠肺炎疫情影响，2020 年全市财政收入降至 5 483.90 亿元。财政收入增速则呈小幅上升后逐年下降趋势。其中，2013—2015 年，全市财政收入增速由 10.44% 提高到 17.30%，增速提高 6.86 个百分点；2016 年起，随着经济发展进入新常态，全市财政收入增速也逐年放缓；2019—2020 年，受新冠肺炎疫情影响，全市财政收入增速大幅下滑，2020 年出现 1984 年以来首次负增长（见图 4.4）。

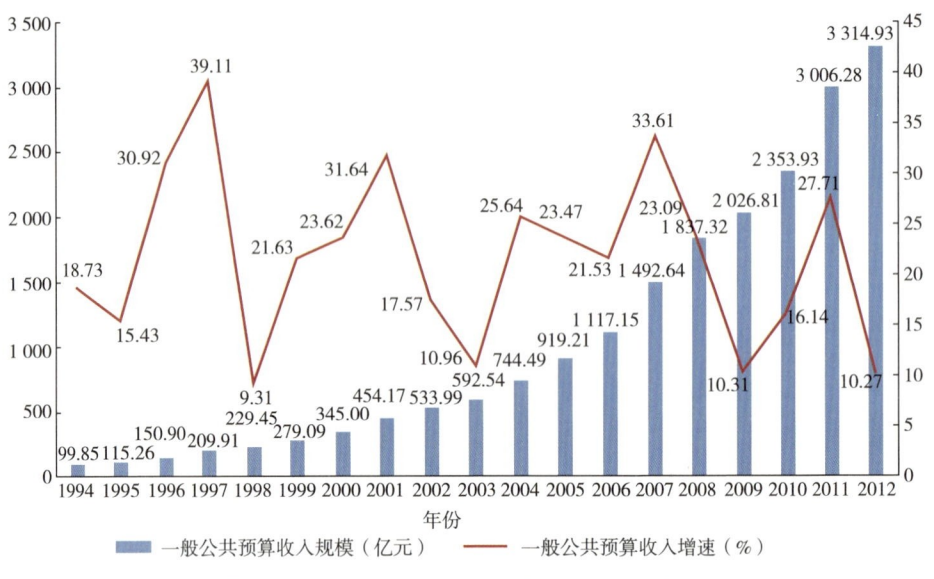

图 4.3　1994—2012 年北京市财政收入变化趋势

图 4.4　2013—2020 年北京市财政收入变化趋势

4.1.2　北京市财政收入结构分析

4.1.2.1　财政收入构成

（1）总体构成[①]

税收收入是北京市财政收入最主要的来源。2020 年全市税收收入

---

① 2020 年因新冠肺炎疫情，北京市财政收入和支出的规模和结构受到一定程度影响，为准确分析收支结构，本书采用 2019、2020 年两年的数据展开分析，下同。

4 643.87亿元，占财政收入比重为84.68%，而非税收入为840.02亿元，占比为15.32%。2019年全市税收收入占比也高达82.91%，仍是财政收入最主要的组成部分（见图4.5）。

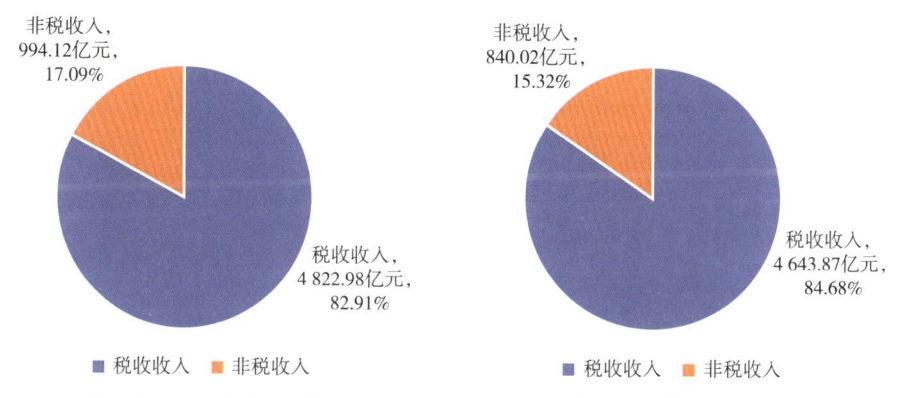

图4.5　北京市2019年（左图）和2020年（右图）税收和非税收入占比

（2）税收收入变化情况

2013—2020年，北京市税收收入规模呈先上升后下降趋势。其中，2013—2018年全市税收收入由3 514.52亿元增加至4 988.83亿元，2020年全市税收收入减少至4 643.87亿元。从增速来看，受"营改增"和大规模减税降费的双重影响，全市税收增速逐年放缓，加之2020年新冠肺炎疫情的冲击，北京市的税收增速出现进一步负增长（见图4.6）。

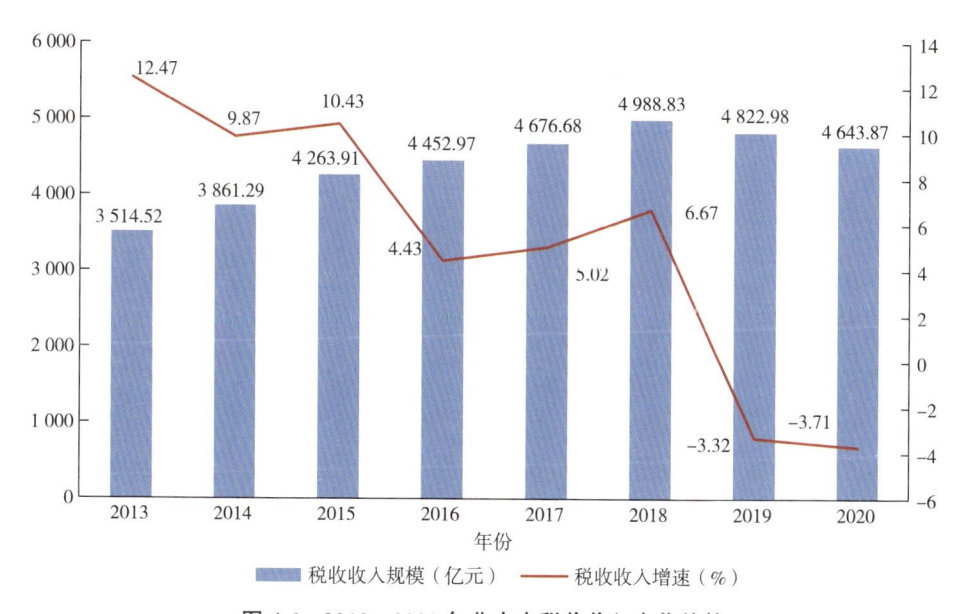

图4.6　2013—2020年北京市税收收入变化趋势

(3)非税收入变化情况

2013—2020年，北京市的非税收入规模呈先上升后下降趋势，但波动幅度较小。其中，2013—2019年全市非税收入由146.59亿元上升至994.12亿元，2020年全市非税收入下降至840.02亿元。从增速来看，2013—2015年全市税收增速由负转正，从2013年的–22.92%大幅提高至2015年的177.30%，达到历年峰值；随后，全市税收增速逐年放缓，2020年受新冠肺炎疫情影响，增速由正转负，降至–15.50%（见图4.7）。

图4.7　2013—2020年北京市非税收入变化趋势

4.1.2.2　各类税种构成

（1）税收结构

从税种构成来看，增值税、企业所得税、个人所得税是北京市的主体税种，2020年全市上述三项税收分别为1 653.11亿元、1 182.50亿元、611.91亿元，占税收收入的比重分别为35.60%、25.46%、13.18%（见图4.8）。

（2）分行业税收收入占比

从行业分布来看，金融业和房地产业是北京市税收收入的主要来源，2020年这两个行业的税收收入占比分别为23.36%和17.56%；制造业、批发和零售业次之，占比分别为9.92%和9.85%；信息传输、软件和信息技术服务业近几年涨幅趋势明显，2020年占比达到9.00%；租赁和商务服务业、科学研究和技术服务业也是北京市税收收入的主要来源行业，占比为7.55%和

6.55%；其他行业税收贡献则相对较少（见图4.9）。

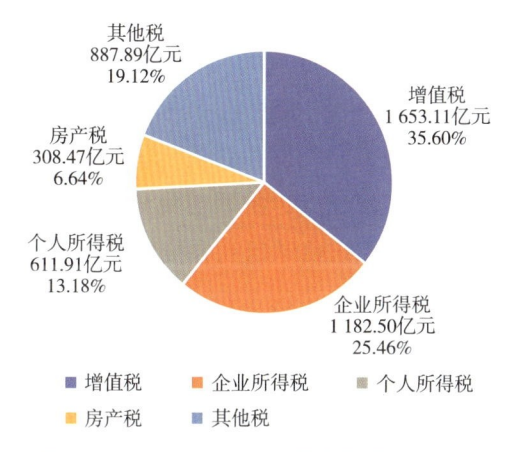

图 4.8 2020年北京市各税种税收收入占比

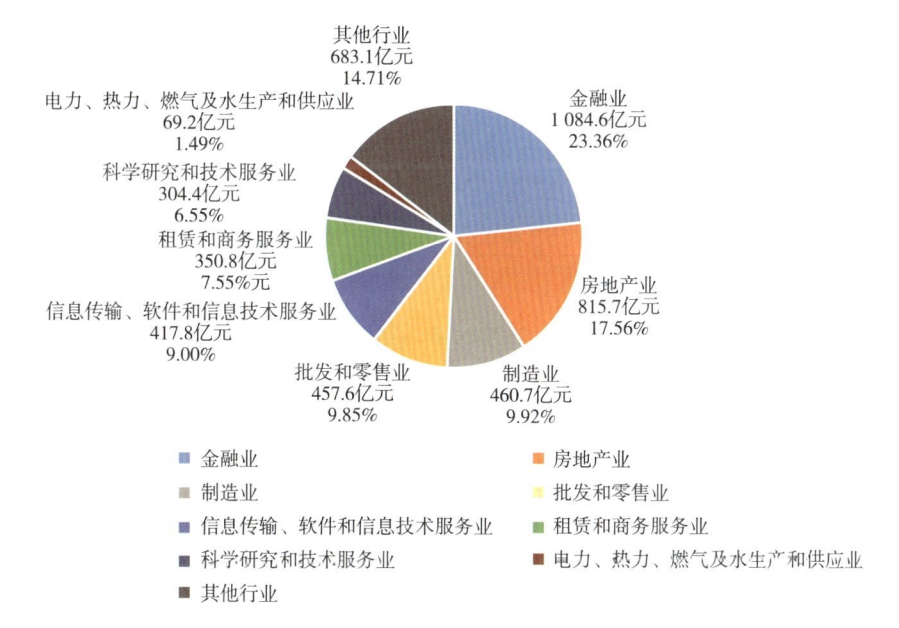

图 4.9 2020年北京市各行业税收收入占比

分行业看，从北京市的税收收入占比变化趋势可知，自2018年以来，全市金融业等重点行业的税收收入占比变化趋势有所分化。一方面，金融业，房地产业，信息传输、软件和信息技术服务业的税收收入占比逐年上升。从2018年到2020年，全市金融业的税收收入占比从20.45%提高到24.82%，增加了4.37个百分点，增幅最大；房地产业的税收收入占比13.79%提高到

16.15%，增加了 2.36 个百分点；信息传输、软件和信息技术服务业的税收收入占比从 6.15% 提高到 9.56%，增加了 3.41 个百分点。另一方面，批发和零售业、制造业、租赁和商务服务业的税收收入占比逐年下降。从 2018 年到 2020 年，全市批发和零售业的税收收入占比从 13.45% 降至 10.55%，减少了 2.90 个百分点，降幅最大；租赁和商务服务业的税收收入占比从 9.91% 降至 8.04%，减少了 1.87 个百分点；制造业的税收收入占比从 10.96% 降至 10.54%，减少了 0.42 个百分点。科学研究和技术服务业的税收收入占比则先下降后略有上升，总体上从 2018 年的 7.99% 降至 6.97%，减少了 1.02 个百分点（见图 4.10）。

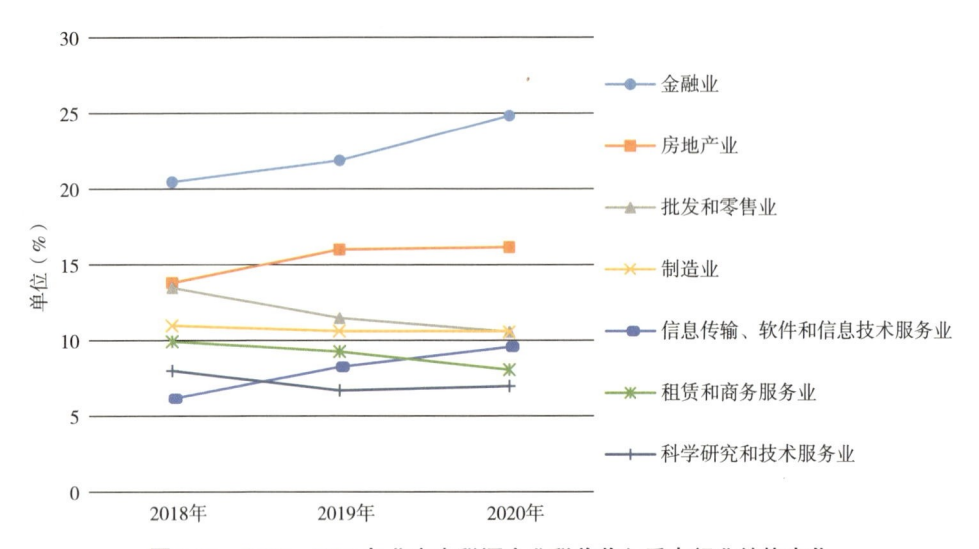

图 4.10 2018—2020 年北京市税源企业税收收入重点行业结构变化

（3）主体税种收入变化趋势

第一，增值税。2013—2020 年，北京市增值税规模呈先上升后下降趋势。其中，2013—2019 年全市增值税由 574.89 亿元增加至 1 820.90 亿元，2020 年下降至 1 653.11 亿元。从增速来看，2013—2020 年全市增值税增速呈先下降后上升再下降的趋势。其中：2013—2014 年全市增值税增速由 83.09% 降至 12.49%，下降显著；2015 年全市增值税增速略有下降，但下降幅度较小；2016 年全市增值税增速大幅提高至 69.57%，提高 58.83 个百分点；2016—2019 年，受大规模减税降费政策的影响，全市增值税增速逐年大幅度下降；2020 年受新冠肺炎疫情的冲击，全市增值税增速出现负增长，增值税同比下降 9.21 个百分点（见图 4.11）。

图 4.11　2016—2020 年北京市增值税变化趋势

第二，企业所得税。2013—2020 年，北京市企业所得税规模呈先上升后下降趋势。其中，2013—2018 年全市企业所得税由 802.12 亿元增加至 1 287.74 亿元；2019—2020 年全市企业所得税有所减少，2020 年降至 1 182.5 亿元。从增速来看，2013—2020 年全市企业所得税增速呈先上升后下降，再短暂上升后持续下降，再小幅回升的趋势。其中：2013—2014 年全市企业所得税增速由 6.60% 提高至 14.18%；随后，企业所得税增速逐年下降，并于 2016 年下降至 6.88%；2017 年，全市企业所得税增速回升至 12.29%；随后持续下降，2019 年增速由正转负，下降至 -4.60%；2020 年，增速略有回升，至 -3.75%（见图 4.12）。

第三，个人所得税。2013—2020 年，北京市个人所得税规模呈先上升后下降再上升的趋势。其中，2013—2018 年，全市个人所得税由 333.84 亿元增加至 728.46 亿元；2019 年受个税改革影响，全市个人所得税急剧减少至 544.16 亿元；2020 年，全市个人所得税规模有所回升，增加到 611.91 亿元。从增速来看，2013—2018 年，全市个人所得税增速维持在一定区间内小幅波动，增速较为平稳；2019 年，受个税改革影响，全市个人所得税增速急剧下降，由正转负，降至 -25.30%；2020 年全市个人所得税增速回升至 12.45%，提高 37.75 个百分点（见图 4.13）。

图 4.12　2016—2020 年北京市企业所得税变化趋势

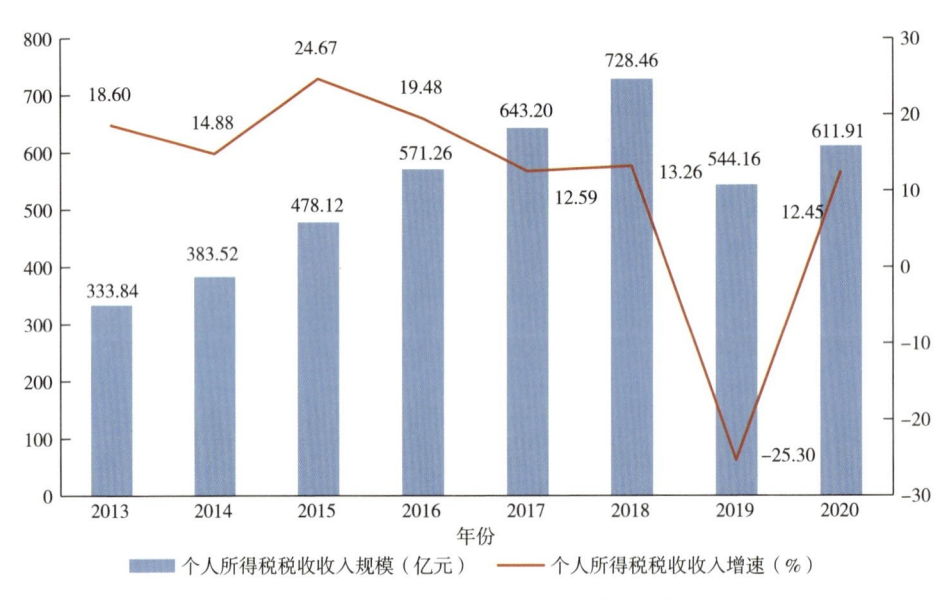

图 4.13　2016—2020 年北京市个人所得税变化趋势

4.1.3　北京市经济发展与税源的趋势分析

4.1.3.1　北京市经济增长和税源的趋势分析

"十三五"时期，北京市税收收入增速一直低于地区生产总值增速（名义）。从发展趋势上看，地区生产总值增速（名义）和税收收入增速均呈先增长后下降的趋势。其中，2019年是税收收入增速由正转负的拐点，此后税收收入连续两年出现负增长，2019年和2020年增速分别为 –3.32%、–3.71%（见图4.14）。

图 4.14　2016—2020年北京市地区生产总值增速（名义）和税收收入增速

4.1.3.2　北京市产业结构和税源的趋势分析

从产业结构看，来自第三产业的税收收入在北京市税收收入中居主导地位。2020年，全市第一产业、第二产业、第三产业的税收收入占比分别为0.11%、15.97%、83.92%。2018年以来，上述全市三大产业税源企业税收收入均有所下降，其中第一产业和第二产业的下降速度快于第三产业。这也使得全市第一产业和第二产业的税收收入占比逐年减少，第三产业的税收收入占比逐年上升，从2018年的82.59%提高到83.92%，提高了1.33个百分点（见图4.15）。

如果以北京市纳税规模排名前1 000户的企业作为重点税源企业，则2018—2020年，全市来自第三产业的重点税源企业税收收入占据主导地位，税收收入占比逐年上升，从82.85%提高到85.01%，提高了2.16个百分点；第二产业的重点税源企业税收收入占比逐年下降，从17.15%降至14.96%，下降了2.19个百分点；来自第一产业的重点税源企业税收收入则微乎其微（见图4.16）。

4.1.4　北京市区县财政收入分析

4.1.4.1　功能区财力和税源分析

北京市各功能区功能定位不同，产业布局差异明显，因而各区财力存在显著差距。为避免新冠肺炎疫情冲击的影响，本书还列出了2019年北京市各

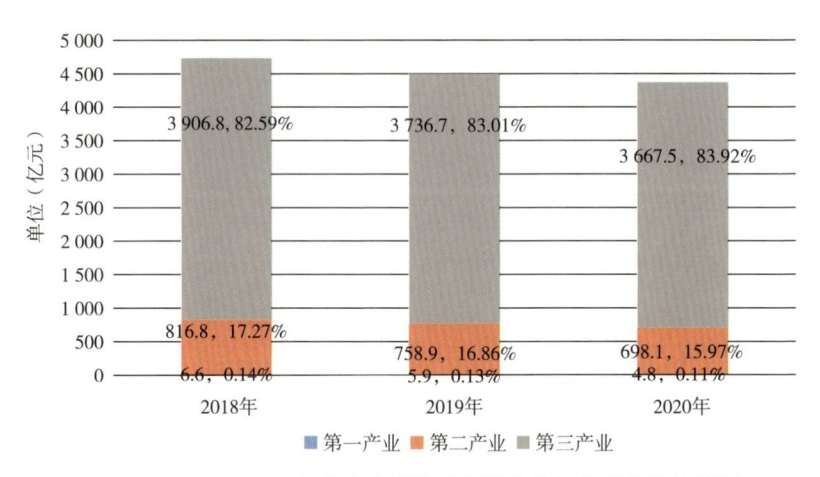

图 4.15 2018—2020 年北京市税源企业税收收入分产业变化情况

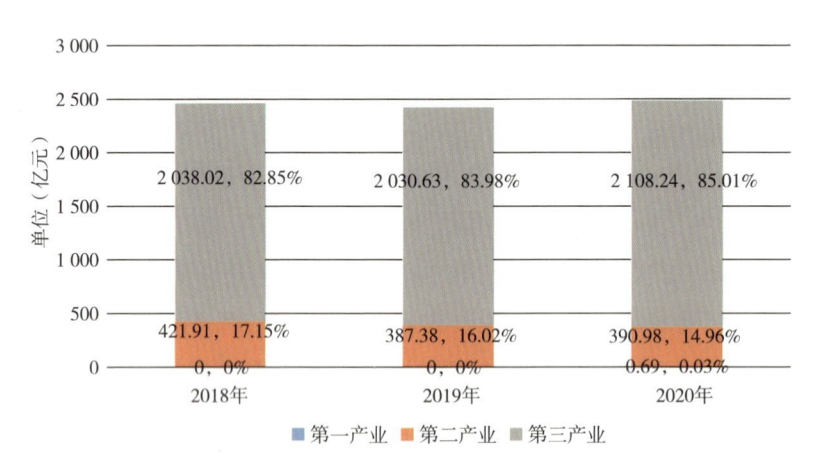

图 4.16 2018—2020 年北京市重点税源企业税收产业结构变化情况

区的财政自给率，各区自有财力的表现规律与 2020 年基本一致。其中，北京市城六区中的西城区、朝阳区、东城区和海淀区，第三产业发达，一般公共预算收入较高，财政自给率远远高于其他各区；而生态涵养区的一般公共预算收入总量较低，财政自给率基本在 30% 以下；城市发展新区中各区财政自给率则基本在 40% 以下。城市发展新区和生态涵养区因自有财力有限，其支出主要依赖上级的转移支付资金（见表 4.1）。

表 4.1　2020 年北京市四大功能区内一般公共预算收支

	各区	一般公共预算收入（亿元）	一般公共预算支出（亿元）	各区财政自给率（%）	2019 年各区财政自给率（%）
首都功能核心区	东城区	181.41	268.70	67.51	73.15
	西城区	413.84	418.00	99.00	100.77
城市功能拓展区	朝阳区	510.78	503.39	101.47	81.39
	海淀区	453.87	668.20	67.92	64.06
	丰台区	127.77	340.94	37.48	50.53
	石景山区	64.67	113.93	56.76	54.20
城市发展新区	顺义区	78.84	315.36	25.00	54.17
	昌平区	110.93	298.18	37.20	47.28
	通州区	76.80	348.27	22.05	24.66
	大兴区	104.05	274.30	37.93	39.99
	房山区	75.00	247.93	30.25	28.09
生态涵养区	门头沟区	32.06	108.94	29.43	30.34
	怀柔区	43.40	149.70	28.99	29.28
	平谷区	25.50	140.38	18.16	19.06
	密云区	39.29	175.00	22.45	22.88
	延庆区	22.76	150.03	15.17	16.71

从对各功能区的重点税源分析来看，在上述全市 1 000 强税源中，城市功能拓展区的重点税源占 41.24%，首都功能核心区、城市发展新区分别为 29.08%、22.32%，生态涵养区的重点税源仅为 7.36%（见图 4.17）。

从各功能区 1 000 强企业的税收贡献分析来看，由城市功能拓展区提供的地方级税收为 1 046.3 亿元，占比 42.19%；首都功能核心区和城市发展新区的税收占比分别为 36.24% 和 19.05%；生态涵养区仅为 2.51%（见图 4.17）。

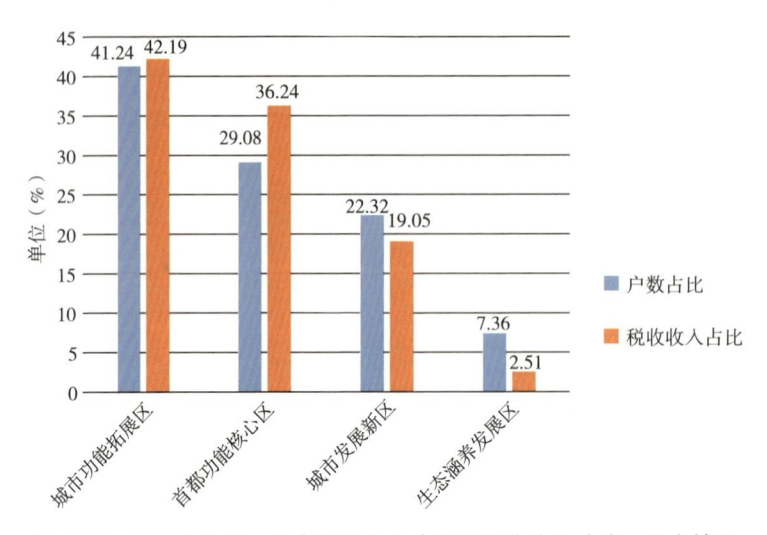

图 4.17　2020 年北京市重点税源企业户数与税收收入功能区分布情况

2018—2020 年，北京首都功能核心区、城市功能扩展区的重点税源数量呈上升趋势，分别增加 19 户、4 户；城市发展新区、生态涵养区的重点税源企业分别减少 13 户、10 户（见图 4.18）。

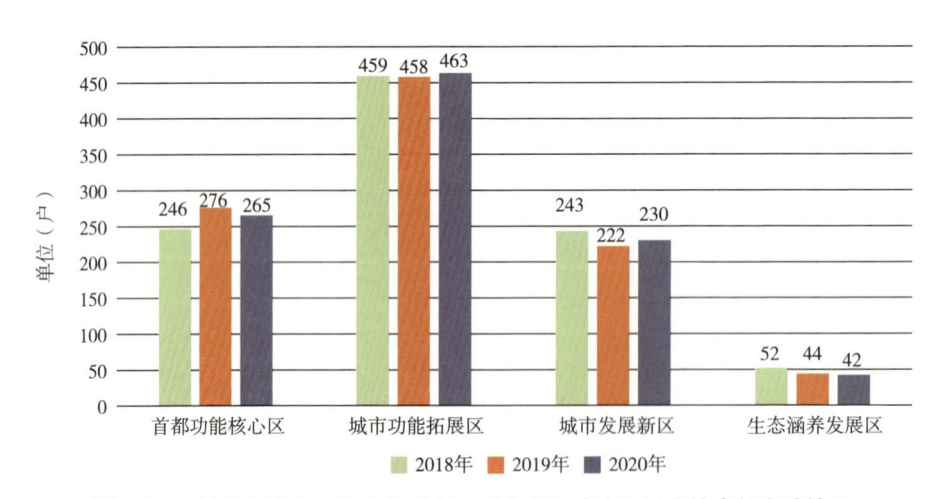

图 4.18　北京市 2018—2020 年重点税源企业以功能区划分的户数变动情况

对于北京各功能区收入贡献的主体，除本地企业外，央企及其下属关联企业的税收贡献一直是市区财政的重要来源。2020 年，在京央企缴纳税收 1 027.6 亿元，占全年税收总额的 23.5%。按央企在各功能区的税收贡献分析，央企及其子公司的税收贡献集中于首都功能核心区和城市扩展新区，2020 年，央企及其子公司在以上两个功能区分别纳税463.4亿元和369.5亿元，在城市发展新区、生态涵养区分别纳税90.9亿元、29.6亿元。考虑到首都功能核心区和城市功能拓展区作为疏解非首都功能的重要区域，位于该地区的央企及其子公司相比其他区域具有更高的外迁可能性，这一点当引起有关方面的高度重视（见图4.19）。

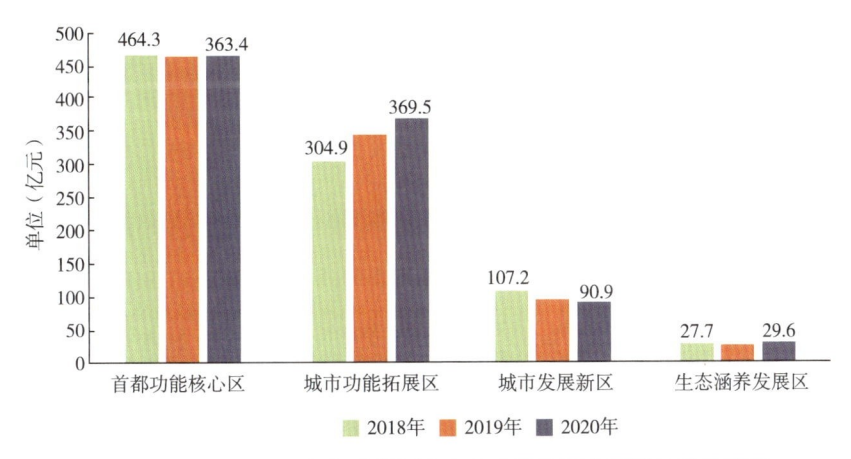

图4.19　2018—2020年各功能区在京央企及其子公司缴纳税收情况

4.1.4.2　市区两级财政收入分布

从北京的市区两级财政收入分布来看，市级收入略高于区级财政收入，但二者相差不大。2019年，北京市级财政收入为3 330.7亿元，占比为57.26%；区级财政收入为2 486.4亿元，占比为42.74%。2020年，北京市级财政收入为3 024.7亿元，占比为55.16%；区级财政收入为2 459.2亿元，占比为44.84%（见图4.20）。

4.1.4.3　市级财政收入变化趋势

（1）市级财政收入变化趋势

2013—2020年，北京的市级财政收入规模呈先上升后下降趋势。其中，2013—2018年市级财政收入持续上升，由1 981.20亿元增加至3 364.10亿元；2018—2020年市级财政收入逐年下降，2020年减少至3 024.70亿元。从增速来看，北京市2013—2020年市级财政收入增速呈先上升后下降趋势，其中2013—2014年市级财政收入增速稳中略有上升，2015年的增速则大幅提高至21.01%，随后逐年下降，特别是2018年后的下降幅度更加明显，甚至由正转负，2020年降至−9.19%（见图4.21）。

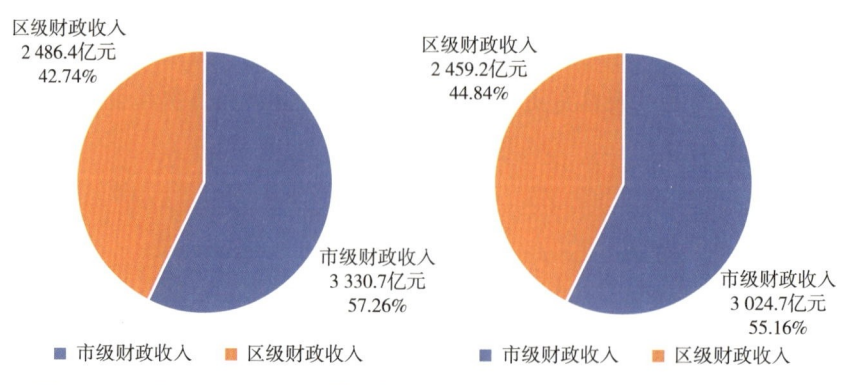

图 4.20 北京市 2019 年（左图）和 2020 年（右图）市区两级财政收入占比

图 4.21 2013—2020 年北京市市级财政收入变化趋势

（2）市级人均财政收入变化趋势

2013—2020 年北京的市级人均财政收入与市级财政收入的规模变化基本一致，也呈现先上升后下降趋势，波动幅度与市级财政收入几乎相同。2013—2018 年，市级人均财政收入从 9 323.29 元增加至 15 347.17 元，2020 年减少至 13 815.77 元。市级人均财政收入的增速变化与市级财政收入的增速变化也保持一致，2015 年达到峰值，随后持续下降，2019 年、2020 年呈连续负增长，且下降幅度有所扩大（见图 4.22）。

图 4.22　2013—2020 年北京市市级人均财政收入变化趋势

4.1.4.4　北京市区级财政收入变化趋势

（1）区级财政收入变化趋势

2013—2020 年，北京市区级财政收入规模呈先上升后下降趋势。其中，2013—2019 年全市区级财政收入由 1 679.91 亿元逐年增加至 2 486.40 亿元，2020 年减少至 2 459.20 亿元。从增速来看，2013—2020 年北京市区级财政收入增速呈先小幅下降后上升再下降的趋势，其中 2013—2014 年的区级财政收入增速由 11.22% 小幅下降至 9.74%，2015 年回升至 12.91%，随后除 2017 年增速略有回升外，其他年份的增速连年下滑，2020 年下降至 -1.09%（见图 4.23）。

（2）区级人均财政收入变化趋势

2013—2020 年，北京市区级人均财政收入的变化规模与区级财政收入基本一致，也呈现先上升后下降趋势，波动幅度与区级财政收入近乎一致。2013—2019 年，区级人均财政收入由 7 905.46 元增加至 11 353.43 元，2020 年减少至 1 1 232.76 元。区级人均财政收入的增速变化与区级财政收入也保持一致，2015 年达到峰值，随后逐年下滑，2020 年出现负增长（见图 4.24）。

图 4.23 2013—2020 年北京市区级财政收入变化趋势

图 4.24 2013—2020 年北京市区级人均财政收入变化趋势

4.1.4.5 各区财政收入和税收收入分布

从北京市各区财政收入分布来看，财政收入占比最大的是朝阳区、海淀区和西城区，其 2020 年财政收入分别为 511.64 亿元、453.87 亿元和 413.84 亿元，占比分别为 20.81%、18.46% 和 16.83%；其次是东城区、顺义区、丰台区、昌平区和大兴区，占比分别为 7.38%、6.95%、5.28%、4.51% 和 4.23%；其他区对财政收入的贡献较小（见图 4.25）。

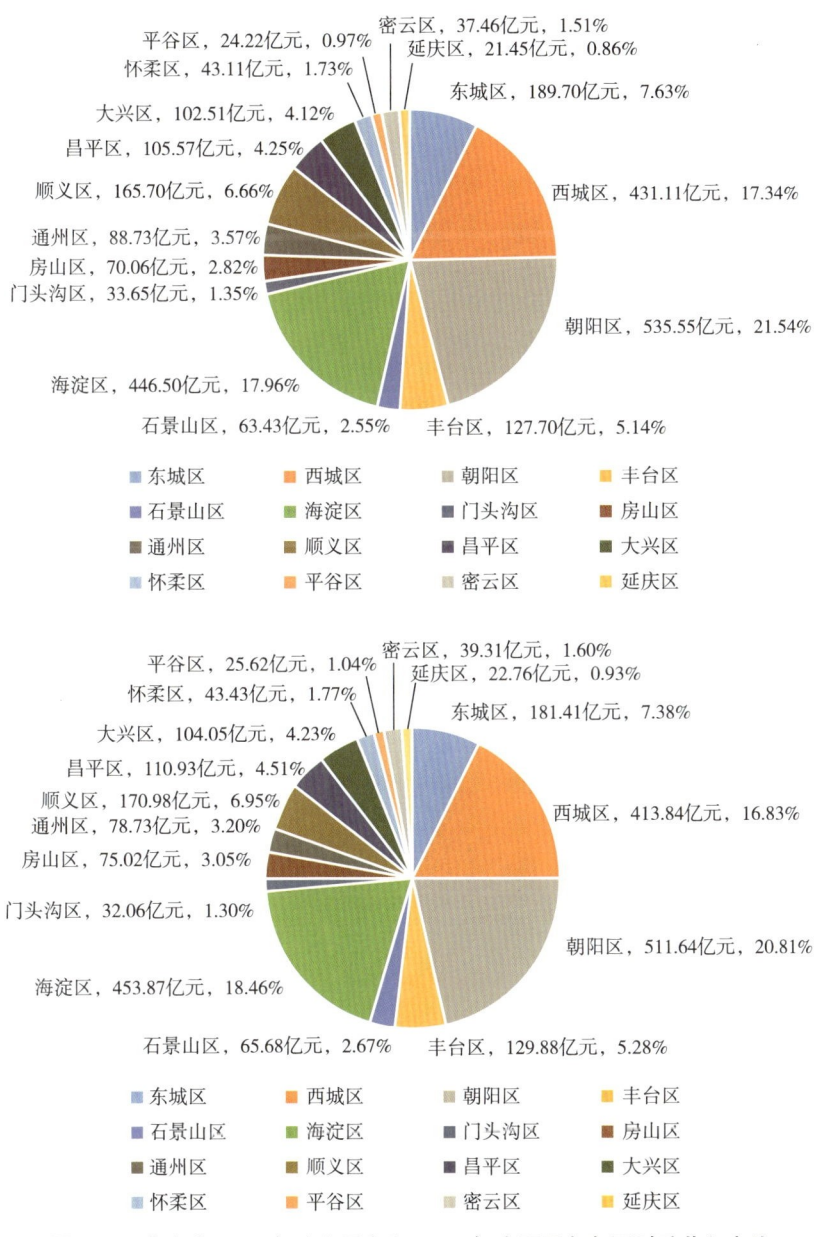

图 4.25 北京市 2019 年（上图）和 2020 年（下图）各区财政收入占比

从各区税收收入分布来看，税收贡献最大的是朝阳区、海淀区和西城区，2020 年税收收入分别为 474.03 亿元、395.57 亿元和 389.19 亿元，占比分别为 23.20%、19.36% 和 19.05%；东城区、顺义区、丰台区和昌平区次之，占比分别为 7.21%、5.57%、5.55% 和 4.34%；其他区所占比重相对较小（见图 4.26）。

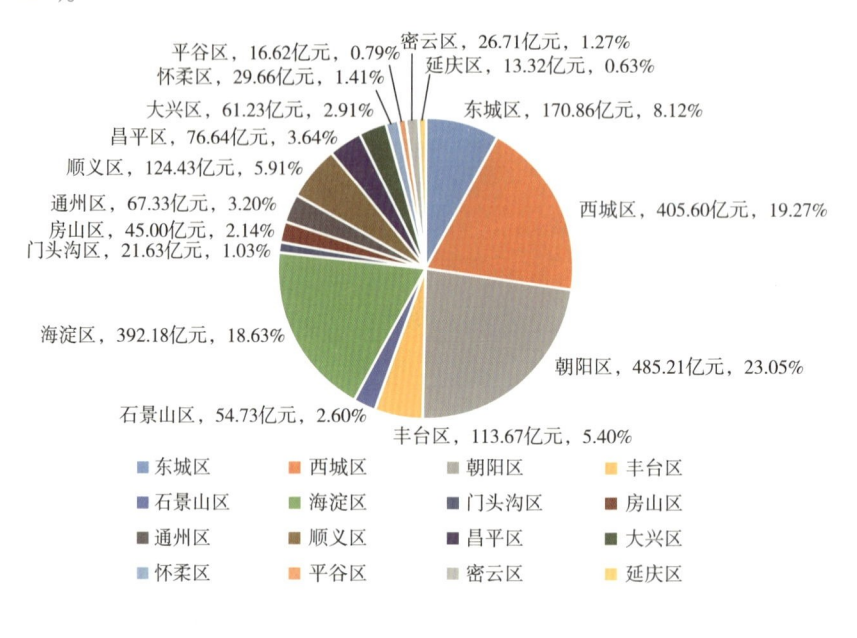

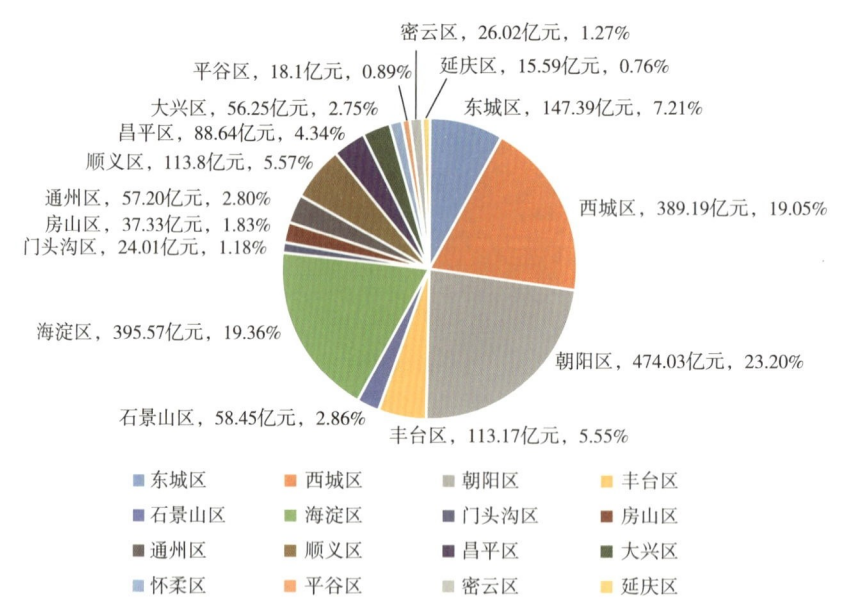

图 4.26 北京市 2019 年（上图）和 2020 年（下图）各区税收收入占比

对各区缴纳地方级税收排名前 100 户税源（区 100 强）数据分析可知，在各区 100 强共 1 600 家税源中，2018—2020 年分别有 406 家、435 家、

428家房地产企业，房地产占比均达到25%以上。其中，东城、顺义、昌平、大兴、通州、门头沟、房山7个区，至少有30%以上的重点税源来自房地产业。例如，2020年东城区100强企业中房地产企业达到51户，房山区和门头沟区则分别为38户、36户（见图4.27）。党的十九大以来，随着中央相继出台一系列"房住不炒"的政策及措施，房地产业的发展相比以往情况有较大不同，如各区地方级税收过度依赖房地产，则将在一定时期内加大财税征收难度，且不利于保障财政收入的持续、稳定增长。

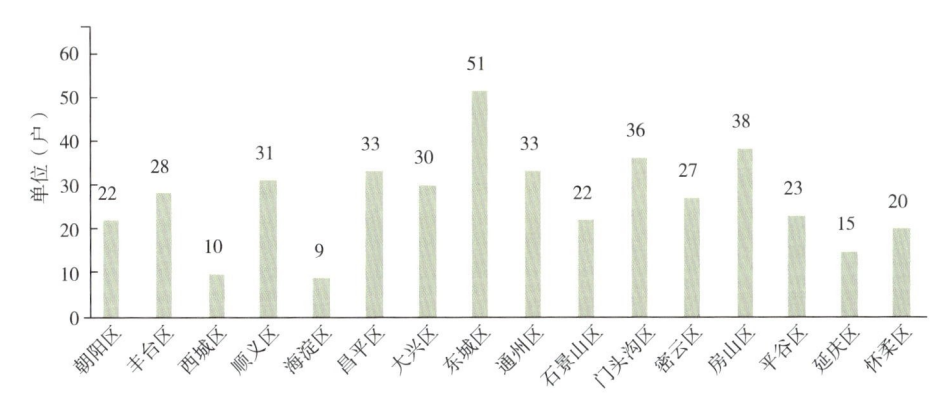

图4.27 2020年北京市各区缴纳税收100强企业中的房地产企业数量

4.1.4.6 北京市区级财力差异分析：基于初始分配和再分配的测算

参照张光、安锦、任致伟、马海涛等学者的研究，本书采用泰尔指数衡量区级财力差异，其中区级自有财力差异指一般公共预算收入泰尔指数，再分配财力差异指加总净转移支付后的财力差异，采用一般公共预算支出泰尔指数衡量。为了进一步分析造成财力差异的主要因素，本书又将泰尔指数分解为各功能区之间的贡献率和功能区内部的差异贡献率，结果如表4.2所示。

表4.2 2009—2019年北京市各区级自有财力和再分配财力泰尔指数

年份	自有财力泰尔指数	区域间差异贡献率（%）	区域内差异贡献率（%）	税收收入泰尔指数	区域间差异贡献率（%）	区域内差异贡献率（%）	再分配财力泰尔指数	区域间差异贡献率（%）	区域内差异贡献率（%）
2009	0.559	77	23	0.581	75	25	0.333	83	17

续表

年份	自有财力泰尔指数	区域间差异贡献率（%）	区域内差异贡献率（%）	税收收入泰尔指数	区域间差异贡献率（%）	区域内差异贡献率（%）	再分配财力泰尔指数	区域间差异贡献率（%）	区域内差异贡献率（%）
2010	0.560	76	24	0.585	75	25	0.401	77	23
2011	0.563	75	25	0.584	75	25	0.389	78	22
2012	0.554	76	24	0.575	76	24	0.358	80	20
2013	0.545	76	24	0.566	76	24	0.350	77	23
2014	0.542	77	23	0.569	76	24	0.338	79	21
2015	0.565	77	23	0.585	77	23	0.331	78	22
2016	0.562	77	23	0.578	77	23	0.367	72	28
2017	0.563	78	22	0.574	78	22	0.352	74	26
2018	0.563	78	22	0.591	78	22	0.348	71	29
2019	0.555	79	21	0.589	79	21	0.323	73	27
平均数	0.557	77	23	0.580	77	23	0.354	77	23

资料来源：此表根据2009—2019年北京市地方总和以及下辖16个区的常住人口、一般预算收支、税收收入相关财政数据计算得到区域人均财政收入泰尔指数，数据源自历年《北京区域统计年鉴》和各区区级财政决算草案或报告。

从表4.2可以看出，北京市区级自有财力泰尔指数由2009年的0.559小幅扩大至2018年的0.563后又下降，均值为0.557，区级自有财力长期存在明显差距。其中，区级税收收入差异更加明显，说明税收收入是造成区级自有财力差异的主要因素，而非税收入一定程度上缓解了自有财力的差异。通过泰尔指数分解可知，各功能区之间的财力差异是造成区级财力差异的主要原因，而功能区内部的财力差异相对较小，说明功能区的功能定位和产业格局对区级自有财力差异有至关重要的影响。在上级转移支付的作用下，再分配财力的泰尔指数明显下降，说明上级转移支付对平衡区级财力差异发挥了关键作用。

4.2 北京市财政支出分析

4.2.1 北京市财政支出整体情况分析

1949—1979 年，北京市财政支出规模总体呈先上升后下降再上升的趋势。1949 年中华人民共和国成立初期，财政基础薄弱，财政支出仅为 0.22 亿元，随后总体保持小幅增长的态势；自 1961 年起，受"三年困难时期"和"文革"的影响，全市财政收入大幅缩减，导致财政支出急剧下降；1969 年以后，经济日渐恢复，财政收入快速增长，带动财政支出逐年提升。从增速来看，1949—1979 年北京市的财政支出增速在一定区间内持续波动，1958 年增速达到历史峰值，超过 200%（见图 4.28）。

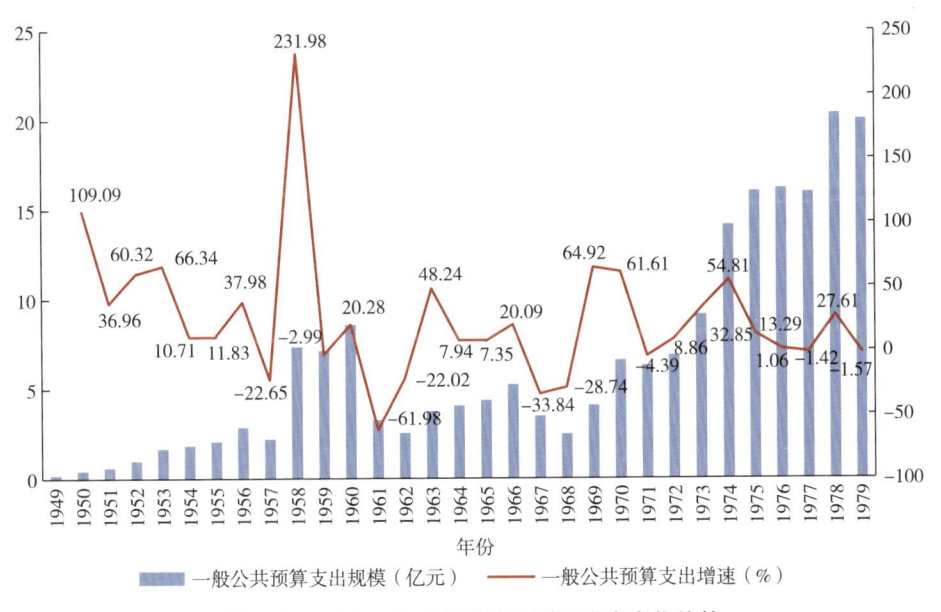

图 4.28 1949—1979 年北京市财政支出变化趋势

1980—1993 年北京市财政支出持续增长，增速先大幅上升后下降并趋于平稳。1980 年全市财政支出为 14.87 亿元，同比下降 25.87%；此后，财政支出逐年快速增加，增速逐年提高，1984 年的增速达到最大值 38.45%，财政支出达到 27.15 亿元；1985 年增速小幅回落，1986 年增速回升至 34.19%；1987 年增速下降到 12.20%，1988 年增速进一步下降到 6.56%，在随后两年中增速略有回升，1991 年又降至 2.19%；1992 年、1993 年全市财政支出增速逐年升高，1993 年达到 12.89%（见图 4.29）。

1994—2012 年北京市财政支出逐年增长，增速除 1995 年较高以外，其余年份波动不明显。1994 年，全市财政支出为 98.53 亿元，同比增长 21.66%；1995 年，全市财政支出大幅增至 154.4 亿元，同比增长 56.70%；1996 年，全市财政支出增速回落到 21.41%；自 1997 年起，全市财政支出逐年增长，增速在一定区间内波动，2012 年财政支出增至 3 685.31 亿元，同比增长 13.56%（见图 4.30）。

图 4.29　1980—1993 年北京市财政支出变化趋势

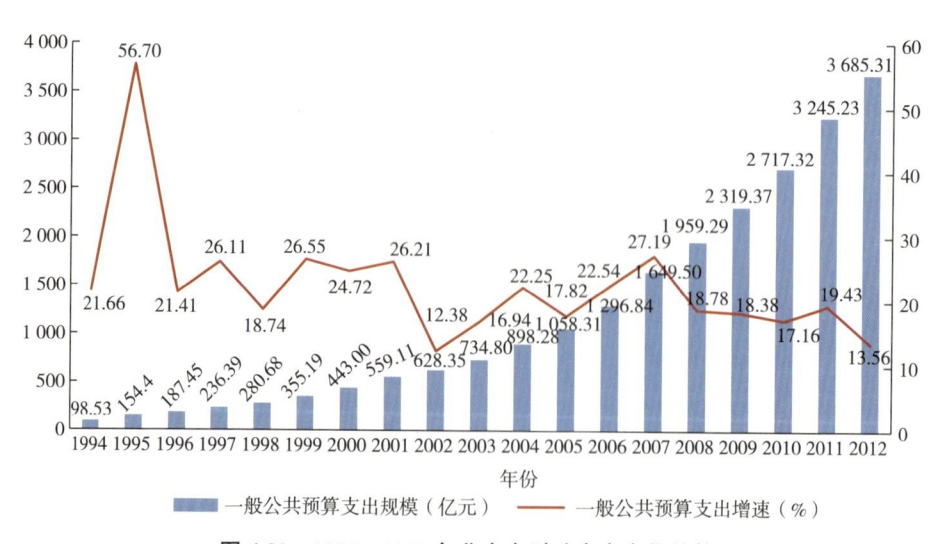

图 4.30　1994—2012 年北京市财政支出变化趋势

2013—2020 年，北京市财政支出规模呈先上升后下降趋势。2013—2018 年，全市财政支出由 4 173.66 亿元增加至 7 471.43 亿元；2019 年起有小幅下降，2020 年降至 7 116.2 亿元。从增速来看，2013 年全市财政支出增速为 13.25%，2014 年降至 8.41%，2015 年回升至峰值 26.81%；此后，财政支出增速基本呈下降趋势，2019—2020 年财政支出出现负增长，2020 年下降幅度有所扩大（见图 4.31）。

图 4.31 2013—2020 年北京市财政支出变化趋势

4.2.2 北京市财政支出结构分析

4.2.2.1 各项财政支出分布

目前，教育支出、社会保障和就业支出、城乡社区支出占北京市财政支出的比重最大，2020 年占比分别为 16.00%、14.83%、12.27%；卫生健康支出、一般公共服务支出、农林水支出、科学技术支出、交通运输支出次之，所占比重分别为 8.51%、7.41%、6.98%、5.77%、4.52%；文化体育与传媒支出、节能环保支出所占比重较小，分别为 3.16%、2.94%。受新冠肺炎疫情影响，相比 2019 年，2020 年只有全市卫生健康支出、社会保障和就业支出、教育支出、一般公共服务支出占比有小幅增加，其他如城乡社区支出、农林水支出等占比均有所下降（见图 4.32）。

4.2.2.2 主要支出构成

（1）一般公共服务支出

2013—2020 年北京市一般公共服务支出规模呈先小幅下降后快速上升并趋于平稳的态势，增速则呈先下降、后回升、再下降、又回升的波动趋势。

2013年，北京市一般公共服务支出297.12亿元，同比增速为3.68%；2014年，全市一般公共服务支出增速由正转负，支出降至272.23亿元；此后，一般公共服务支出增速逐年上升，2017年增速上升到峰值，为34.32%，一般公共服务支出为493.24亿元。2019—2020年，全市一般公共服务支出增速回落。其中：2019年一般公共服务支出为499.43亿元，同比下降2.53%；2020年全市一般公共服务支出增加至527.00亿元，增速较2019年有所上升，为5.52%（见图4.33）。

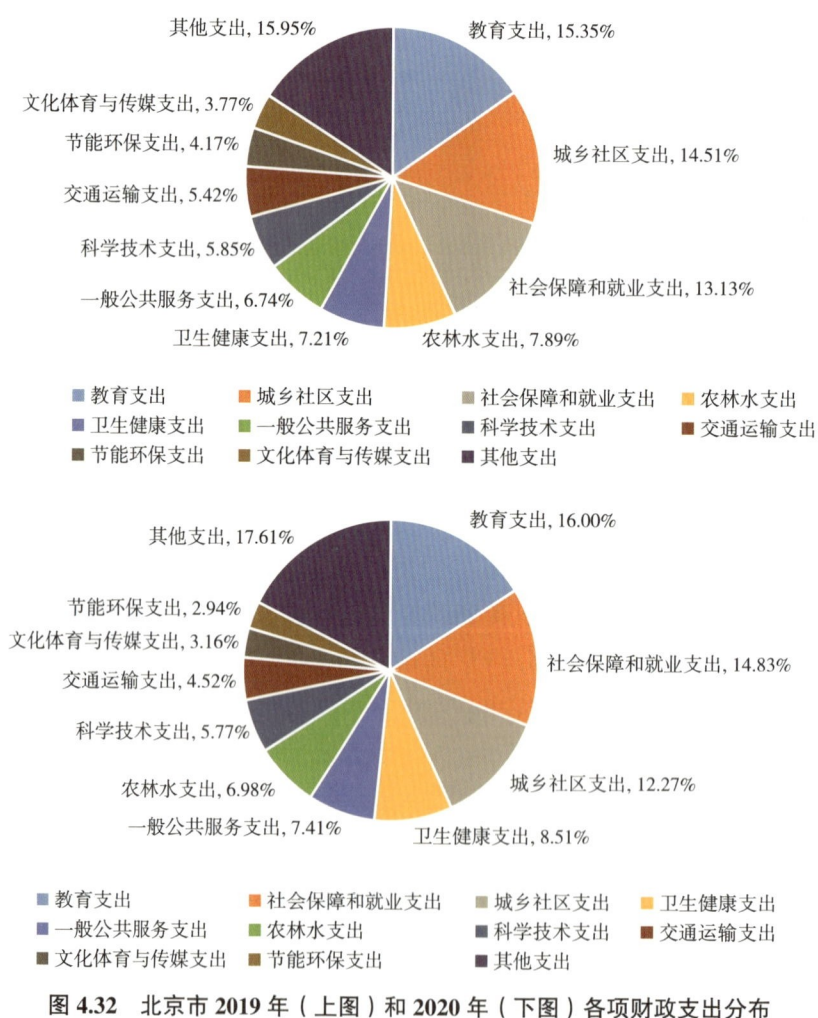

图4.32　北京市2019年（上图）和2020年（下图）各项财政支出分布

（2）教育支出

2013—2020年北京市教育支出规模呈持续上升趋势，增速则呈波动下降趋势，近些年教育支出增速逐渐放缓。2013 年，全市教育支出 681.18 亿元，增速 8.36%；2015 年，全市教育支出增速达到峰值 15.31%，支出规模为 855.67 亿元；2016 年，增速下降到 3.71%；2017—2018 年，增速先升后降；2019 年，增速升至 10.89%；2020 年，全市教育支出虽然有所上升，但增速较小，仅为 0.10%（见图 4.34）。

图 4.33　2013—2020 年北京市一般公共服务支出变化趋势

图 4.34　2013—2020 年北京市教育支出变化趋势

（3）科学技术支出

2013—2020 年北京市科学技术支出规模总体呈先上升后下降趋势，增速波动较为明显。2013—2019 年，北京市积极鼓励科技创新发展，科学技术支出基本保持快速增长的态势，由 234.67 亿元增加至 433.42 亿元，特别是 2014 年、2017 年和 2018 年增速极为明显，分别达到 20.47%、26.59% 和 17.72%；2020 年受新冠肺炎疫情的影响，科学技术支出有所减少，支出规模下降到 410.96 亿元，增速也由正转负，同比下降 5.18%（见图 4.35）。

图 4.35 2013—2020 年北京市科学技术支出变化趋势

（4）文化体育与传媒支出

2013—2020 年北京市文化体育与传媒支出呈先快速上升后急剧下降的趋势。2013—2019 年，全市文化体育与传媒支出持续增长，由 154.71 亿元增加至 279.32 亿元，特别是 2015 年、2018 年增速明显，分别为 15.01% 和 17.45%；2020 年，受新冠肺炎疫情的冲击，全市文化体育与传媒支出急剧缩减为 225.00 亿元，同比下降 19.45%，降幅较为明显（见图 4.36）。

（5）社会保障和就业支出

2013—2020 年，北京市社会保障和就业支出规模呈持续上升趋势，由 469.13 亿元增加至 1 055.60 亿元。从增速来看，2015 年的增速达到最大值 37.62%，其他年份则基本在一定区间内波动，其中 2017 年、2019 年的增速达到 11.05% 和 16.43%，较往年有所扩大。2020 年，尽管新冠肺炎疫情对全市财政收入冲击较大，但北京市用于社会保障和就业的支出依然保持较高速度

增长，为充分落实"六稳""六保"政策提供了资金支持（见图4.37）。

图 4.36　2013—2020 年北京市文化体育与传媒支出变化趋势

图 4.37　2013—2020 年北京市社会保障和就业支出变化趋势

（6）卫生健康支出

2013—2020 年北京市卫生健康支出呈逐年上升趋势，2020 年增速明显。2013—2020 年北京市卫生健康支出持续增长，由 276.13 亿元增加至 605.70 亿元，特别是在 2020 年新冠肺炎疫情的冲击下，北京市卫生健康支出急剧增加至 605.7 亿元，同比增长 13.34%（见图 4.38）。

图 4.38　2013—2020 年北京市卫生健康支出变化趋势

（7）城乡社区支出

2013—2020 年北京市城乡社区支出规模整体呈先上升后下降趋势，增速也呈现先上升后下降的态势。2013—2018 年，全市除 2017 年略有下降外，其余年份城乡社区支出持续增长，由 510.67 亿元增加至 1 246.22 亿元；2019 年起全市城乡社区支出有所下降，到 2020 年进一步下降至 872.90 亿元，同比下降 18.77%（见图 4.39）。

图 4.39　2013—2020 年北京市城乡社区支出变化趋势

（8）农林水支出

2013—2020年北京市农林水支出规模呈先上升后下降的趋势，增速整体趋于下降的态势。从规模来看，2013—2019年，全市农林水支出持续增长，由297.62亿元增加至584.62亿元；2020年受新冠肺炎疫情冲击，农林水支出急剧下降到497.00亿元。从增速来看，2013—2020年，整体趋于下降，由33.65%降至-14.99%；其间2015年、2017年有所回升，但2017年后快速下降，2020年增速由正转负，出现2013年后的首次负增长（见图4.40）。

图4.40　2013—2020年北京市农林水支出变化趋势

（9）节能环保支出

2013—2020年，北京市节能环保支出规模呈先上升后下降的趋势，增速则先上升后总体持续下降。从规模来看，2013—2017年，全市节能环保支出持续增长，由138.17亿元增加到458.44亿元；随后逐年下降，到2020年降至209.00亿元，下降幅度较为明显。从增速来看，2013年全市节能环保支出增速为21.69%，2014年增速升至峰值54.42%，随后增速总体持续下降，2018年起增速由正转负（见图4.41）。

（10）交通运输支出

2013—2020年北京市交通运输支出规模呈先上升后下降的趋势，增速也呈先上升后下降的态势。从规模来看，2013—2018年，除2014年外，全市交通运输支出保持持续增长趋势，由231.79亿元增加至462.99亿元；2019年起全市交通运输支出逐年下降，2020年降至321.70亿元。从增速来看，2013年、

2014年全市交通运输支出增速为负；2015年增速由负转正，并急剧增至37.79%；随后基本呈逐年下降态势，2019年起增速由正转负，2020年增速为-19.89%（见图4.42）。

图 4.41　2013—2020 年北京市节能环保支出变化趋势

图 4.42　2013—2020 年北京市交通运输支出变化趋势

4.2.3　北京市、区两级财政支出分析

4.2.3.1　市、区两级财政支出分布

从北京市、区两级财政支出分布来看，区级支出高于市级支出。2020年，区级财政支出为4 168.23亿元，占全市财政支出的比重为58.57%，市级财政

支出占比为 41.43%。相比 2019 年，区级支出比重有所下降，市级支出比重有所增加（见图 4.43）。

4.2.3.2　市、区两级财政支出变化趋势

（1）市、区两级财政支出变化趋势

北京的市、区两级财政支出呈先大幅上升后小幅下降的趋势，区级财政支出占比始终高于市级，且市、区两级财政支出分布未发生显著变化。2013 年，市、区两级财政支出分别为 1 702 亿元、2 471.66 亿元；市、区两级财政支出

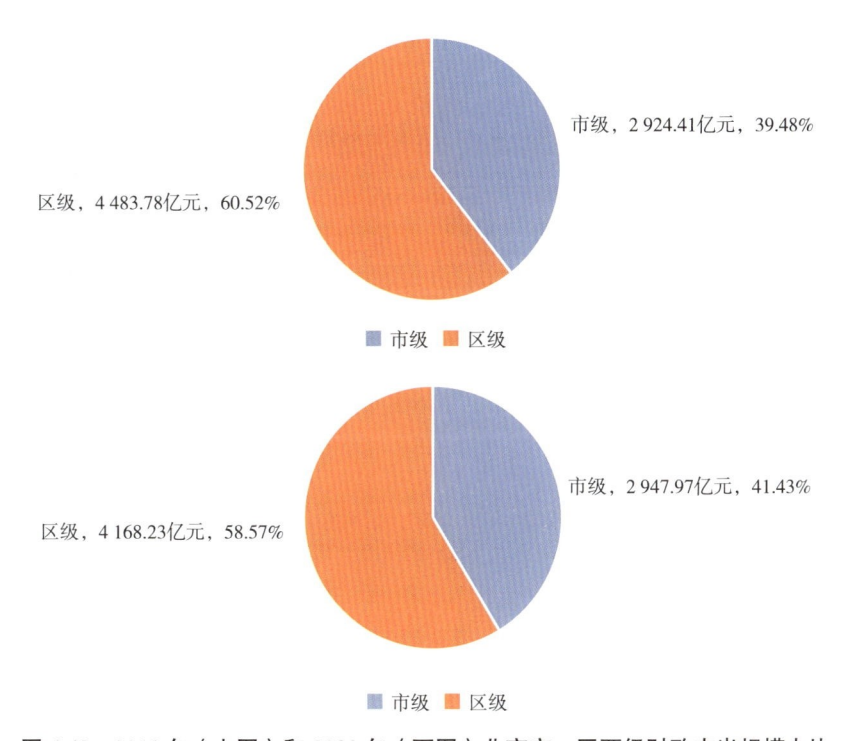

图 4.43　2019 年（上图）和 2020 年（下图）北京市、区两级财政支出规模占比

占比分别为 40.78%、59.22%，市级财政支出占比较区级低 18.44 个百分点。2015 年，市、区两级财政支出占比分别为 38.34%、61.66%，两级财政支出占比差距最大，市级占比较区级低 23.32 个百分点。2016 年，市级财政支出占比升高，区级财政支出占比降低，分别为 42.10%、57.90%，两级财政支出占比差距有所缩小，市级占比较区级低 15.80 个百分点。2020 年，市、区两级财政支出绝对规模分别为 2 947.97 亿元、4 168.23 亿元，财政支出占比分别为 41.43%、58.57%，市级财政支出占比较区级低 17.14 个百分点（见图 4.44）。

（2）市、区两级人均财政支出变化趋势

2013—2020 年北京市、区两级人均财政支出呈先上升后下降的趋势。2013—2018 年，市级人均财政支出持续上升，由 0.80 万元增加到 1.42 万元；2019 年起下降，2020 年降至 1.35 万元。2013—2019 年，区级人均财政支出逐年增长，由 1.17 万元增加至 2.08 万元；2020 年有所下降，为 1.90 万元（见图 4.45）。

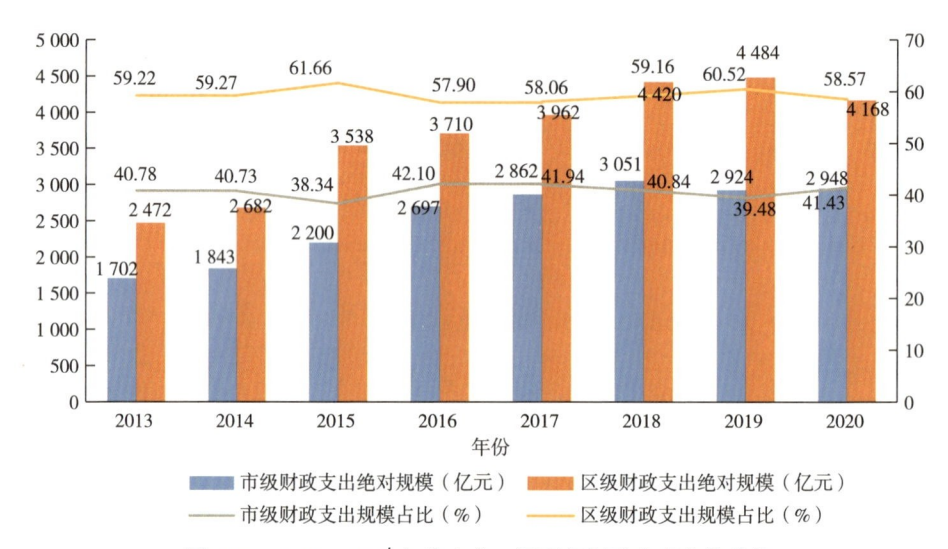

图 4.44 2013—2020 年北京市、区两级财政支出变化趋势

图 4.45 2013—2020 年北京市、区两级人均财政支出变化趋势

4.2.3.3 各区财政支出分布

从北京各区财政支出分布来看，目前海淀区、朝阳区、西城区、通州区的财政支出所占比重较大，2020年占比分别为14.78%、11.13%、9.25%、7.70%；密云区、延庆区、怀柔区、平谷区、石景山区、门头沟区的财政支出所占比重较小，分别为3.87%、3.32%、3.31%、3.10%、2.52%、2.41%（见图4.46）。

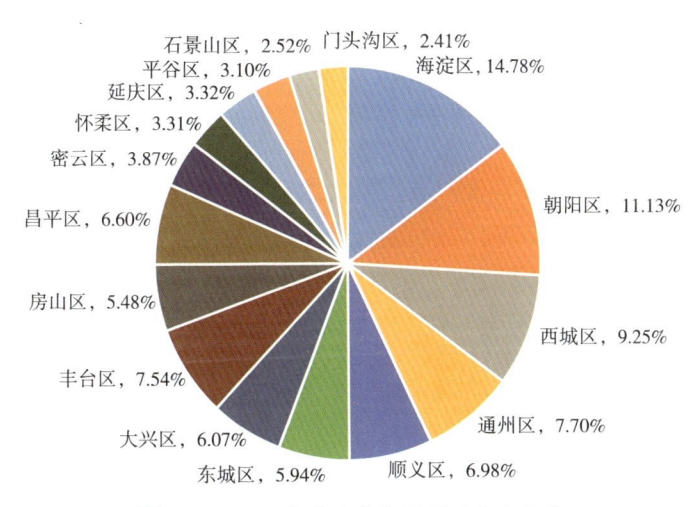

图 4.46　2020 年北京市各区财政支出占比

4.3　北京市财政收支平衡分析

4.3.1　北京市财政收支平衡分析

1949—1979 年，北京市一般公共预算收支始终处于结余状态，结余规模总体呈先扩大后缩小再扩大的趋势。其中，1949 年全市结余规模是 0.02 亿元，随后结余规模持续扩大，1960 年达到 11.60 亿元；1961 年缩小为 9.90 亿元，1962—1968 年全市结余规模基本平稳；随后结余规模继续扩大，1978 年结余规模达到最大，收支差额达到 30.10 亿元；1979 年结余有小幅收敛（见图 4.47）。

1980—1993 年，北京市的一般公共预算收支仍持续结余，但结余规模逐渐缩减。改革开放以后，随着经济的日渐复苏，基本建设等支出大幅增加，北京市的财政结余规模也逐渐收减。1980—1993 年，全市财政收支结余由 36.4 亿元减少到 3.1 亿元，结余比率也降至 1.2%（见图 4.48）。

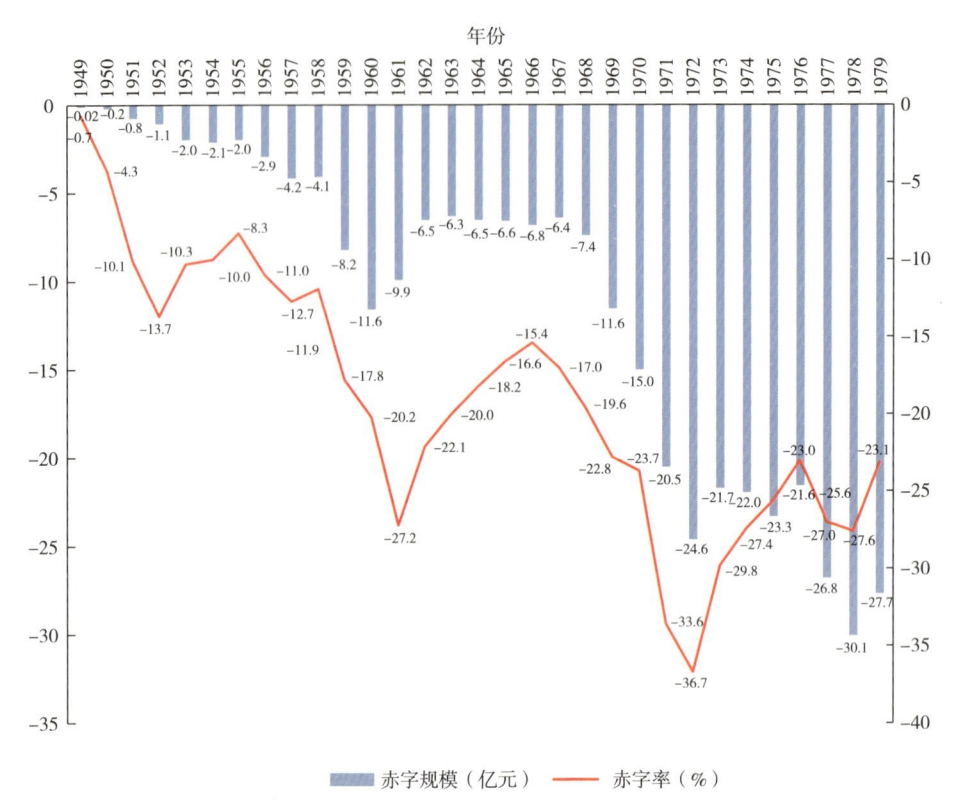

图 4.47　1949—1979 年北京市一般公共预算收支平衡的变化情况

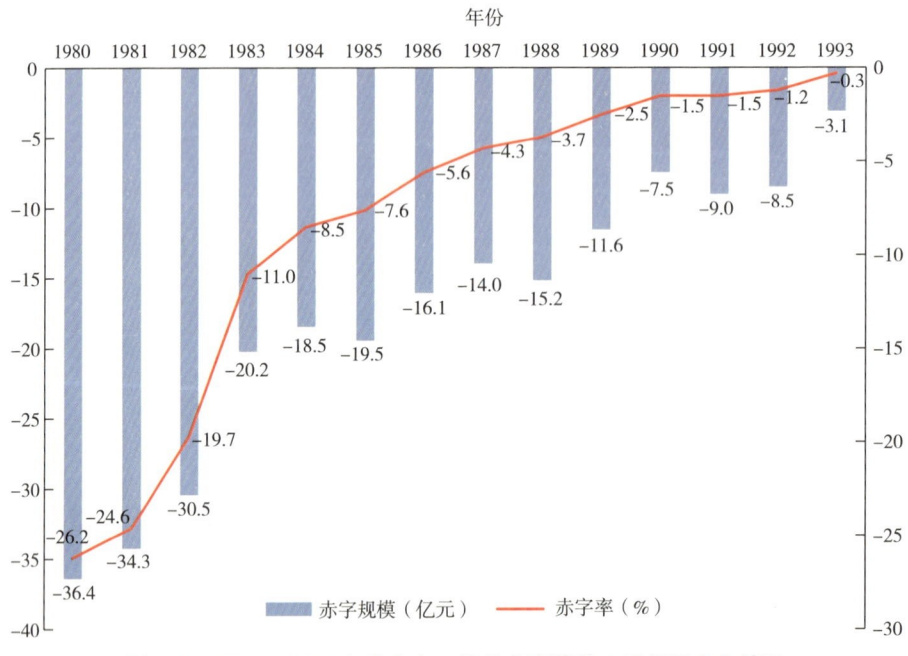

图 4.48　1980—1993 年北京市一般公共预算收支平衡的变化情况

1994—2012 年，北京市的财政收支从结余转化为赤字，赤字规模总体呈现扩大趋势。1994 年全市财政收支仍有结余，但结余仅 1.3 亿元；随后年份结余转化为赤字，由 1995 年的 39.1 亿元扩大到 2012 年的 370.4 亿元，赤字规模扩大了 331.3 亿元；赤字率在一定区间内波动，但都在 3.0%（含）的警戒线以内（见图 4.49）。

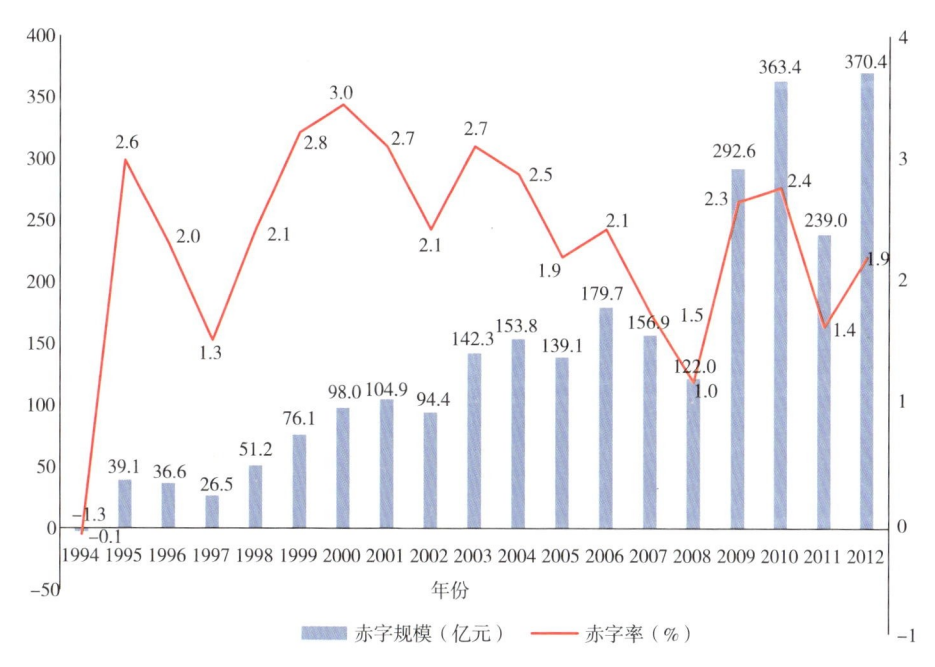

图 4.49　1994—2012 年北京市一般公共预算收支平衡的变化情况

2013—2020 年，北京市的财政收支继续保持赤字态势，且赤字规模呈先快速扩大后小幅缩减的趋势。2013—2018 年，全市财政赤字持续扩大，由 512.6 亿元增加至 1 685.5 亿元，赤字率从 2.4% 提高至 5.1%；2019 年全市赤字规模缩小至 1 591.1 亿元，2020 年赤字规模略为扩大至 1 632.2 亿元，赤字率为 4.5%。值得注意的是，自 2015 年起，北京市的财政赤字率始终高于 3% 的警戒线（见图 4.50）。

4.3.2　市、区县两级财政收支平衡分析

2013—2020 年，北京市级财政收支始终处于结余态势，结余规模呈先扩大后缩小、再扩大又缩小的趋势。2013—2015 年，市级财政结余持续扩大，由 279.20 亿元扩大到 442.50 亿元；2016 年，市级财政结余缩减到 224.01 亿元，而后至 2019 年结余规模逐年扩大至 406.29 亿元；2020 年受新冠肺炎疫

情影响，市级财政收入大幅缩减，但支出规模基本不变，造成财政结余缩减至 76.73 亿元（见图 4.51）。

图 4.50 2013—2020 年北京市一般公共预算收支平衡的变化情况

图 4.51 2013—2020 年北京市级财政收支平衡的变化情况

2013—2020年，北京区县级财政收支始终处于赤字态势，赤字规模呈先扩大后缩小的趋势。2013—2018年，全市区县级财政赤字规模持续扩大，由791.75亿元增加到1 998.23亿元，赤字率始终高于3%的警戒线，其中2015—2018年的赤字率连续达5%以上；2019年全市区县级财政赤字规模略有下降，2020年赤字规模进一步缩减，但赤字率仍高于警戒线，需要警惕财政金融风险（见图4.52）。

图4.52 2013—2020年北京区级财政收支平衡的变化情况

4.3.3 北京市地方政府债务分析

2016—2020年北京市地方政府债务余额和限额呈持续上升趋势，但历年债务余额都能控制在债务限额内。具体来看，北京市地方政府债务余额从2016年的3 741.18亿元增加到2020年的6 063.59亿元，增长幅度持续扩大，特别是2018年后，北京市地方政府债务余额的增速已经超过债务限额增速，虽然债务余额的绝对规模仍在限额范围内，但放眼长远仍需要关注并有效防控债务风险（见图4.53）。

从地方政府债务的结构来看，一般债务是北京市地方政府债务的最主要构成。2020年，北京市地方政府一般债务2 261.4亿元，占比达到37.29%；而专项债务3 802.2亿元，所占比重为62.71%（见图4.54）。

图 4.53　2016—2020 年北京市地方政府债务情况

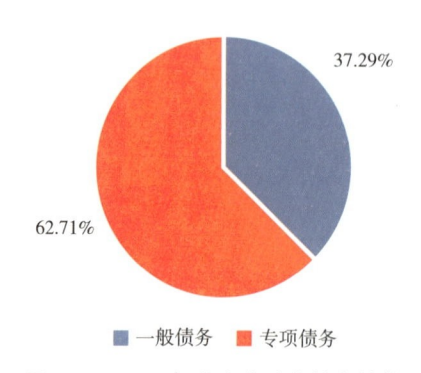

图 4.54　2020 年北京市政府债务结构

4.4　北京市财政收支的特点

本章主要分析了中华人民共和国成立以来北京市财政收支的变化趋势，重点考察了 2013 年后北京市财政收支的规模、增速和结构特征，并对市、区两级财政变化情况分别进行了讨论。根据本章分析，笔者认为北京市财政收支的变化趋势呈现以下特点。

第一，北京市财政收入总体处于不断增长但增速趋于放缓的态势，税收收入是其主要构成，其中金融业和房地产业是税收的重要来源，"营改增"、大规模减税降费和新冠肺炎疫情的冲击是导致近些年财政收入增速下降的关键原因。首先看收入规模和增速。中华人民共和国成立初期北京市的财政基础极为薄弱，改革开放后财政收入持续增长，特别是分税制改革后北京市的财政收入增速明显，但2013年后受"营改增"和大规模减税降费的影响，财政收入增速持续放缓；2020年受新冠肺炎疫情冲击，全市财政收入出现自1984年以来的首次负增长。其次看收入结构。税收收入是北京市财政收入的主要来源，2020年占比高达84.68%，但近些年税收增速逐年下降，作为主体税种的增值税和企业所得税受减税降费政策的影响也均呈现负增长态势；就另一主体税种——个人所得税而言，2019年的个税改革造成个人所得税急剧下降并出现负增长，后又于2020年呈现大幅增加趋势。再次看行业分布。金融业和房地产业是北京市税收收入的主要来源，且占税收收入比重呈逐年上升趋势，2020年占比分别达到23.36%和17.56%。最后看经济发展与税源趋势。"十三五"期间，北京市的税收增速一直低于经济增速；产业分布上，第三产业是税收的主要来源。

第二，北京市、区两级财政收入增速放缓，受各区功能定位和产业布局的影响，区级财力差异明显；未来因疏解非首都功能而引发央企外迁所可能造成的税收流失需要引起重视。首先看市、区两级财政收入分布。市级收入略高于区级收入，2020年市级财政收入占比55.16%；近些年市、区两级财政收入虽持续增长但增速明显放缓，2020年受新冠肺炎疫情影响均呈现负增长态势。就各区而言，朝阳区、海淀区和西城区财政收入贡献最大，2020年占比分别为21.63%、19.22%和17.53%；东城区、丰台区、昌平区和大兴区次之，其他区的贡献占比则相对较小。从行业贡献看，东城、顺义、昌平、大兴、通州、门头沟、房山7个区，至少有30%以上的重点税源来自房地产业，可见其对房地产业税收的依赖较重，有必要重视这一情况对税收长期稳定性的影响。其次看各功能区财力。受功能定位和产业布局的影响，各功能区财力差异明显。首都功能核心区和城市功能拓展区的第三产业较为发达，财政自给率较高，而城市发展新区和生态涵养区的财政自给率较低，支出主要依赖上级转移支付。在疏解非首都功能的影响下，未来首都功能核心区和城市功能拓展区的央企及其子公司可能会大量外迁，极有可能造成其税收收入下降，从而对这两个功能区的财力造成不利影响。最后看区级财力差异。北京市区级自有财力长期存在明显差距，其中区级税收收入差异更加明显，而非税收入一定程度上缓解了自有财力的差异。各功能区之间的财力差异是造成区级财力差异的主要原因，而功能区内部的财力差异则相对较小。在上级转移支付的作用下，区级财力差异有所减少。

第三，北京市财政支出持续增长但增速逐年放缓，其中教育支出、社会保障和就业支出、城乡社区支出占据主导，区级财政支出存在明显差距。首先看支出规模和增速。中华人民共和国成立初期，北京市的财政支出极为有限，改革开放后的财政支出则快速增长，其中分税制改革后的1995年全市财政支出增速达到56.7%；随后北京市的财政支出保持较为平稳的速度逐年增长，2013年后的财政支出规模虽仍不断增加但增速明显放缓，2019年增速由正转负，2020年支出下降幅度进一步扩大。其次看支出结构。教育支出、社会保障和就业支出、城乡社区支出占财政支出比重最大，2020年占比分别为16.00%、14.83%、12.27%；卫生健康支出、一般公共服务支出、农林水支出、科学技术支出、交通运输支出次之；文化体育与传媒支出、节能环保支出所占比重则较小。最后看区级支出分布。区级支出高于市级支出，2020年全市区级财政支出占比58.57%；区级财政支出虽有小幅增长但增速明显放缓，市级财政支出则基本保持不变。就各区而言，海淀区、朝阳区、西城区、通州区和丰台区的财政支出所占比重最大，2020年占比分别为14.78%、11.13%、9.25%、7.70%和7.54%，其他各区占比则相对较小。

第四，北京市财政收支由结余转为赤字，且赤字规模有扩大态势，地方债规模持续上升，需要警惕由此带来的长期风险。首先看全市财政收支平衡方面。改革开放以前，北京市的财政连年结余且结余规模持续扩大；改革开放后，全市财政收支仍处于结余状态但结余规模逐年缩小；分税制改革后，全市财政结余转为赤字，赤字虽有扩大但赤字率仍控制在3%（含）警戒线以内；2013年后全市财政赤字不断扩大，从2015年起赤字率超过4%，财政风险有所增加。其次看市、区两级财政收支平衡方面。市级财政收支始终处于结余态势，结余规模虽有波动但幅度较小；区级财政收支则连年赤字，赤字规模持续扩大至2019年方开始缩减，但赤字率仍高于3%的警戒线，需要警惕由此带来的财政金融风险。最后看地方政府债务方面。北京市地方政府债务余额持续上升，此前历年均在债务限额内，但2018年后的债务余额增速已超过限额增速，未来仍需要关注并有效防控债务风险。

5 新发展背景下的首都财政

5.1 新发展背景下的首都财政概述

2014年，习近平总书记视察北京并发表重要讲话，明确了北京作为全国政治中心、文化中心、国际交往中心、科技创新中心的城市战略定位和建设国际一流的和谐宜居之都的战略目标，对做好北京发展和管理工作、推动京津冀协同发展提出了明确要求，指明了新历史条件下的首都工作方向。中央把京津冀协同发展确立为重大国家战略，加强顶层设计，制定《京津冀协同发展规划纲要》，统筹推进实施，为北京的发展创造了良好条件、注入了强大动力。这是北京历史上具有里程碑意义的重大事件。

5.1.1 新发展背景下首都职能的新特征

作为国家首都，北京市的发展路径始终与国际环境、国内形势以及北京自身发展中遇到的问题紧密相连。北京市的发展呈现新特征的原因，从外部来说是国际、国内发展环境进入新时期，出现新挑战；从内部来说，是长期以来经济发展与人口资源环境的矛盾已经十分尖锐，难以调和。在新的发展阶段，北京的一切工作必须坚持其作为全国政治中心、文化中心、国际交往中心、科技创新中心的城市战略定位，必须有所为有所不为，着力提升首都功能，有效疏解非首都功能。尽管过去的首都职能也强调不断提升政治、文化、科技、国际交往与生态环境等方面的建设，明确了经济发展不是首都职能，但是进入新发展阶段后这种认知更加清晰，实施力度也前所未有。图5.1展示了不同历史发展时期的首都功能定位。

国家建设初期	改革开放	建立市场经济	加入世界贸易组织（WTO），快速发展	新常态
1953年 人口：512.9万	1982年 人口：935万	1993年 人口：1 112万	2005年 人口：1 538万	2017年 人口：2 170.7万
1953年 政治中心 文化中心 经济中心 工业基地 技术科学中心	1982年 政治中心 文化中心 国际交往中心 经济：不再推动重工业发展，发展其他产业	1993年 政治中心 文化中心 世界著名古都 现代国际城市 经济：第三产业、高科技产业，控制改造重工业	2005年 政治中心 文化中心 世界著名古都 现代国际城市 经济：现代服务业、高新技术产业、现代制造业 区域协调	2017年 政治中心 文化中心 国际交往中心 科技中心 区域协调 非首都功能疏解

图 5.1　历史发展时期与首都功能定位

（1）毫不动摇的核心功能：政治中心

政治中心是北京所有功能中最核心的部分。自1949年被确立为首都以来，北京就是中国政治的中心，是中央党政军领导机关所在地，邦交国家使馆所在地，国际组织驻华机构主要所在地，国家最高层次对外交往活动主要发生地，同时也是国家经济决策、管理和市场准入、监管等机构所在地。1953年，中华人民共和国成立后关于北京城市建设的第一版规划就明确必须以全市的中心地区作为中央主要机关所在地。在之后的规划中也不断提出北京要发挥好首都职能，保障中央党政军领导机关工作需要，留出足够办公空间，做好相关服务设施建设。

当前，国家政治经济社会的发展对国家治理能力提出了更高的要求，首都政务保障能力也随之提升。从宏观视角看，我国经过改革开放40多年的发展，经济实力和综合国力实现了重大突破，但多年持续的高速发展也积累了若干结构性的问题。我国社会的主要矛盾，已经转化为人民日益增长的美好生活需要和不平衡不充分的发展之间的矛盾。解决这一矛盾，要求我国经济转变发展方式、优化结构、转换增长动力，走一条与过去不同的发展道路。从微观视角看，随着市场经济的发展，市场主体数量庞大，科学技术进步催生新经济模式，产业结构日益复杂精细，许多问题隐藏得更深、发展得更快、破坏性更强。这些挑战对国家治理能力提出了更高的要求，国家内部也需要建立与之相应的信息收集、调查研究、分析预测、管理监督、政策制定、政策实施等一系列部门。例如，仅财政部一个部委，目前就下设了24个部机关，

32个部属机构。北京作为首都，需要为中央和国家各类机关提供办公场所、办公设施以及人员生活保障。

（2）不断深化的重点：文化、国际交流、科学技术

第一，文化中心。这是北京作为政治中心外另一个极为明确和重要的定位。北京有着3 000多年的建城史和800多年的建都史，在很长时期里一直作为大一统王朝的都城，历史底蕴深厚，文化内涵丰富。自1953年关于北京城市建设的第一版规划起，就将北京定位为文化中心，在西北郊新建了以钢铁、地质、石油、矿业、农机、林业、航空和医学领域"八大学院"为代表的一批高等院校和科研机构。经过近70年的发展，北京已经拥有大量优质高校、科研院所、文化团体，以及博物馆、图书馆等公共文化设施，这些都成为北京文化发展的重要推动力量。

文化是有生命的，它随着社会的发展而不断更新前进。北京文化的这种前进，一方面体现在不断有新的文化元素融入原有体系：除了古城遗迹、三山五园，老北京的街巷胡同、风俗习惯之外，新北京的文化创造、国际融合特色和各种文化空间，也从不同角度展示着北京文化历久弥新的厚重。北京文化的这种前进，另一方面还体现在人们对文化认知的不断深入。现在，人们已经清晰地认识到推动高质量发展，需要文化为之提供积极的思想理念引领、过硬的人才素质支撑，为之提供新的资源要素、新的动力源；需要融合度高、带动性强、绿色低碳的文化产业为转变发展方式、优化经济体系提供强大助力。文化事业和文化产业本身的发展，也要体现高质量发展的要求，以更好满足人们的精神文化需求，提高社会文明程度，推动社会主义先进文化发展。总之，北京作为文化中心，必须不断促进各项文化事业和文化产业深入发展，起到引领和示范作用。

第二，国际交流中心。随着改革开放的深入，对外交流逐渐成为国家治理与发展的重要组成部分，北京作为中国的政治中心与文化中心，必然成为中国参与国际政治与文化交流的重要空间和平台。从当前国际环境来说，世界正处于大发展、大变革、大调整时期；从中国的国际地位和角色上看，我国正在日益走近世界舞台中央，我国发展同外部世界的关系将更加紧密。妥善抓住、应对、化解我国发展历史交汇期和世界发展转型过渡期相互叠加带来的各种机遇、风险、挑战，是对外工作必须担负起的重要职责。

北京作为国际交往中心的首要任务是重大国事活动的服务保障。为满足重大国事活动的空间需求，北京应持续推进各类国际交往设施扩容、完善和

提升，提高国际交往综合承载能力。同时，应利用城市更新和"疏整促"腾退资源，挖掘培育特色国事活动场所。除了保障重大国事外，北京还应通过一系列政策打造"类海外"环境，引聚跨国公司、研发总部、国际人才等国际高端资源要素，促进国家高质量发展。

第三，科技中心。1953年，北京城市建设中的第一版规划规定了清华大学、北京大学等高等学校所在地区，以中国科学院为中心发展成为文教区，并将北京定位为全国科学技术中心。之后随着工业发展带来的首都环境问题，发展高科技产业逐渐成为人们的共识。1993年版的北京城市规划明确提出，北京要集中力量发展微电子、计算机、通信、新材料、生物工程等高新技术产业；要办好各类园区，带动区县经济技术开发事业的发展。2005版的北京城市规划进一步提出，在经济领域，要走科技含量高、资源消耗低、环境污染少、人力资源优势得到充分发挥的新型工业化道路，大力发展循环经济；注重依靠科技进步和提高劳动者素质，显著提高经济增长的质量和效益；坚持首都经济发展方向，强化首都经济职能；依托科技、人才、信息优势，增强高新技术的先导作用，积极发展现代服务业、高新技术产业、现代制造业，不断提高首都经济的综合竞争力，促进首都经济持续快速健康发展。

在2017年版的北京城市规划中，科技中心第一次明确成为首都职能之一。科技之所以在首都职能中的地位日渐增强，主要源于两种趋势：其一，在北京经济发展的过程中，环境污染、交通拥挤、资源紧缺问题日益严重，发展高科技产业成为经济增长与治理"城市病"之间的一个平衡点；特别是减量发展的目标提出后，北京经济发展的政策环境已有很大变化，因此发展高科技产业成为北京保证经济平稳增长的关键。其二，创新的重要性不断提升。从党的十八大提出实施创新驱动发展战略，到党的十九大提出创新是引领发展的第一动力，再到党的十九届五中全会确立创新在我国现代化建设全局中的核心地位，创新驱动日益成为我国发展的关键问题。"十四五"规划明确提出，要坚持创新驱动发展，全面塑造发展新优势。北京作为大量科研资源的汇聚地，需要发挥优势，成为国家科学技术创新的推动力。

争议的焦点：经济。1953年，北京作为首都的定位中包含了工业基地的表述。当时的考虑是，北京如果不建设大工业，只建设中央机关和高等学校，则首都将成为一个消费水平极高的消费城市，而当时的北京还有数十万失业人口的就业问题需要解决，变消费城市为生产城市是当时一个必然的抉择。然而，工业建设在对吸纳劳动力起到积极作用的同时也造成了一系列问题,如第三产业发展不足,工业过分集中于市区,工作用房与生活用房比例失调,交通拥挤、环境污染日趋严重,卫星镇摊子铺得过大、过散,等等。之后的一系列规划,都是不断在经济发展与城市资源不足之中寻求平衡。一方面,在经济上促进产业结构优化升级、提升产业科技含量,争取发展低污染、低能耗、空间占用少、经济效益好的产业;另一方面,通过将城市中心的产业向周边迁移,严格控制城市人口数量增长以及修建基础设施等方式缓解"城市病"的不利影响。尽管如此,二者调和的空间还是越来越小,疏解非首都功能已成为北京新时期发展的关键安排。与过去通过疏散低质量产业以提升北京经济发展质量不同,新时期疏解非首都功能极可能会触动北京的支柱产业。

目前,北京已成为国内第一个减量发展的城市。北京的减量发展是为了服务更高级别的目标,如保障首都的功能顺利运转,促进京津冀区域共同发展,同时也是彻底解决北京人口、交通、污染等城市问题的根本手段。但是需要注意的是,尽管北京非经济中心的定位已得到广泛共识,但是今天的北京是否就可以成为一个"纯消费城市"还值得商榷。北京需要一定的经济产业来吸纳就业人口,维持社会稳定,也需要一定的财政收入来支持其首都功能的实现以及城市自身的运转,对"不以经济中心为首都定位"同"不重视发展首都经济"之间的差异,是需要谨慎加以区别的。

5.1.2 新发展背景下首都财政的阶段性分析

"十二五"末期,北京进入新的发展阶段,疏解非首都功能、促进京津冀协同发展迅速成为北京建设的重点工作。《北京市新增产业的禁止和限制目录》(以下简称《目录》)于 2014 年 7 月发布实施。《目录》是北京治理"大城市病"、促进减量提质、推动集约高效发展的重要政策文件,对北京治理"大城市病"、倒逼发展方式转变、促进减量提质和改善生态环境发挥了重要作用,是严控非首都功能增量的重要工具。仅"十二五"末期,北京就关停退出了一般制造业和污染企业 1 006 家。2015 年,中共中央政治局审议通过《京津冀协同发展规划纲要》。该纲要指出,推动京津冀协同发展是一个重大国家战略,其核心是有序疏解北京非首都功能,要在京津冀交通一体化、生态环境保护、产业升级转移等重点领域率先取得突破。之后的"十三五"期间,一系列相关工作逐步推进,深刻内嵌于政治经济的财政领域也自然受其影响而出现新趋势、新特征。

5.1.2.1 "十三五"时期首都财政运行情况

"十三五"期间,从国际环境看,在相对稳定的外部环境中,国际金融危机的深层影响依然存在,世界经济复苏中的不确定因素仍然很多。从国内环境看,经济长期向好的基本面没有改变,同时经济发展进入新常态,面临更加深刻的结构调整,倒逼我们加快转变发展方式,实现从要素驱动转向创新驱动。从自身发展看,北京已经是一个现代化的国际大都市,发展优势更加明显,前景更加广阔,转型升级发展潜力巨大;与此同时,北京也存在各种发展中的问题,如人口、资源、环境矛盾突出,城乡区域发展不平衡,科技、文化创新优势发挥不够,城市文明程度和服务管理水平还不够高,法治建设亟待加强,等等。在这种大背景下,有序疏解非首都功能成为北京建设发展工作中需要牢牢抓住的"牛鼻子",这也是治理北京"城市病"以及京津冀协同发展的有力抓手。

疏解非首都功能,会给北京的财政带来一定的收支压力,自2015年起,北京市的赤字率始终高于3%的警戒线。从收入上来说,疏解旧有产业的同时严格限制新增产业类别必然造成短期内税源减少,税收收入下降。自《目录》于2014年发布实施以来,已先后于2015年、2018年进行了修订完善。截至2021年11月底,北京市不予准入业务累计近2.4万件。同时,营改增等大规模减税降费政策,以及新冠肺炎疫情等不利因素的叠加,使北京市的财政收入增长面临较大困难。"十三五"时期,北京市税务系统共完成税收收入6万多亿元,累计减税降费(不含社保费)超过3 800亿元。

从财政支出上来说,疏解工作必然伴随大量基础设施的拆除、修整、新建,会迅速推高对财政支出的需求。加强核心区建设是保障首都核心功能的重要工作,大量基础设施项目、生态环境项目、旧城风貌保护项目、居民生活改善项目已在"十三五"时期展开建设。北京城市副中心建设是疏解非首都功能的重要一环,为高水平建设城市行政副中心,北京市于"十三五"期间推进了几百个重大项目建设,包括轨道交通、高速公路、与中心城区联系通道、公共交通、能源设施等基础设施项目,污水、垃圾、河道治理、园林绿化等生态环境项目,环球影城主题公园、国家大剧院舞美基地等教育文化项目,以及新建综合三甲医院等医疗卫生项目。"十三五"期间,北京城市副中心每年保持1 000亿元以上投资规模。与此同时,新冠肺炎疫情期间的"六稳六保"工作也会造成财政支出压力上升。

5.1.2.2 "十四五"时期首都财政发展预期

"十四五"时期是开启全面建设社会主义现代化国家新征程的第一个五年,中国发展仍然处于重要战略机遇期。同时,机遇和挑战都有了新的发展变化,需要准确把握新发展阶段的特点,深入贯彻新发展理念,加快构建新发展格局,推动高质量发展,为全面建设社会主义现代化国家开好局、起好步。

"十四五"规划全面阐释了未来一个时期的目标与任务。从全国总体来看,"十四五"时期的目标与任务主要集中于:提升发展质量效益,保持经济持续健康发展;坚持创新驱动,加快发展现代产业体系;形成强大国内市场、构建新发展格局;全面推进乡村振兴,完善新型城镇化战略;优化区域经济布局,促进区域协调发展;全面深化改革开放,持续增强发展动力与活力;推动绿色发展,促进人与自然和谐共生;持续增进民生福祉,扎实推动共同富裕;统筹发展和安全,建设更高水平的平安中国。从首都局部来看,其"十四五"时期的发展规划既与全国整体规划相呼应,又根据自身特征作出相应布局安排,主要目标集中于首都功能、京津冀协同发展水平、经济发展质量效益、生态文明水平、民生福祉水平以及首都治理体系和治理能力现代化水平皆有明显提升。

北京的"十四五"规划与其他省、自治区、直辖市的最大不同,在其规划主要定位于首都发展。党的十八大以来,习近平总书记8次视察北京,13次对北京发表重要讲话,明确了"四个中心"的首都城市战略定位和建设国际一流和谐宜居之都的目标,为推动新时代首都发展指明了方向。北京的各项工作都必须紧紧围绕"建设一个什么样的首都,怎样建设首都"这一重大时代课题来展开,立足首都城市战略定位,全力推动首都发展。

比较北京、上海、深圳三大城市对2035年的预期目标(见表5.1)可以发现,它们既有共性又有差异。从共性而言,尽管表述方式不同,但是这三个城市的建设发展规划都指出,要在2035年进一步提升发展质量效益,坚持创新驱动,发展现代产业体系,作为区域龙头带动周边区域共同发展,并形成世界级城市群。在城市软实力方面,这三个城市都提出要不断完善民生福祉,提升城市治理能力,优化城市生态环境,实现绿色发展。这既是对国家"十四五"规划目标的细化,亦是超一线城市持续发展的必然选择。除去这些共性,北京、上海、深圳未来发展路径选择的最大差异源于其目标定位的不同。北京的定位是大国首都,上海的定位是具有世界影响力的社会主义现代化国际大都市,深圳的定位是社会主义现代化强国的城市范例。这种定位差异，会深刻影响城市发展所能够获得的资源禀赋以及所背负的国家与社会责任。

表 5.1 北京、上海、深圳 2035 年远景规划

	北京	上海	深圳
目标定位	"四个中心"功能将显著增强，"四个服务"水平大幅提升，更加适应党和国家工作大局需要，成为拥有优质政务保障能力和国际交往环境的大国首都	国际经济、金融、贸易、航运、科技创新中心和文化大都市功能全面升级，基本建成令人向往的创新之城、人文之城、生态之城，基本建成具有世界影响力的社会主义现代化国际大都市，以及充分体现中国特色、时代特征、上海特点的人民城市	到 2035 年，建成具有全球影响力的创新创业创意之都，成为我国建设社会主义现代化强国的城市范例，率先实现社会主义现代化
经济提质增效	创新体系更加完善，关键核心技术实现重大突破，国际科技创新中心的创新力、竞争力、辐射力全球领先；具有首都特点的现代化经济体系更加成熟，经济总量和城乡居民人均收入迈上新的大台阶，城市综合竞争力位居世界前列	世界影响力全面提升，全球枢纽和节点地位更加巩固，城市核心功能大幅跃升，城市软实力全面增强，综合经济实力迈入全球顶尖城市行列；高质量发展率先实现，建成现代化经济体系，更多关键核心技术自主可控，科技创新成为驱动发展的强劲引擎，全要素生产率全国领先，新发展理念全面彰显	成为高质量发展高地，城市综合经济竞争力世界领先，经济总量、人均地区生产总值在 2020 年基础上翻一番

续表

	北京	上海	深圳
区域协调	"一核"辐射带动作用明显增强，城市副中心初步建成国际一流的和谐宜居现代化城区，推动京津冀世界级城市群构架基本形成	成为具有全球影响力的长三角世界级城市群的核心引领城市，成为社会主义现代化国家建设的重要窗口和城市标杆	深化深港澳全方位合作，建设现代化都市圈，充分激发整体效应、集聚效应、协同效应、战略效应、辐射引领效应，助力粤港澳大湾区加快建设富有活力、竞争力的国际一流湾区和世界级城市群
民生福祉	市民"七有""五性"需求在更高水平上有效满足，城乡区域发展差距明显缩小，基本公共服务实现均等化，健康北京建设取得长足进展，中等收入群体显著扩大，人的全面发展和共同富裕取得更为明显的实质性进展	高品质生活广泛享有，基本实现幼有善育、学有优教、劳有厚得、病有良医、老有颐养、住有宜居、弱有众扶，人的全面发展、全体人民共同富裕取得更加明显的实质性进展	成为民生幸福标杆，实现幼有善育、学有优教、劳有厚得、病有良医、老有颐养、住有宜居、弱有众扶，市民享有更加幸福安康的生活
城市治理	人民平等参与、平等发展权利得到充分保障，法治中国首善之区基本建成，平安北京建设持续巩固拓展，韧性城市建设取得重大进展，首都治理体系和治理能力现代化基本实现	现代化治理走出新路，全过程民主充分展现，平等发展、平等参与权利得到充分保障，城市运行更加安全高效，社会治理更加规范有序，城市空间、经济、城乡格局进一步优化	成为法治城市示范，建成一流法治政府、模范法治社会，营商环境位居全球前列，城市治理体系系统完备、科学规范、运行高效

续表

	北京	上海	深圳
绿色发展	生态环境根本好转，优质生态产品供给更加充足，绿色生产生活方式成为社会广泛自觉，碳排放率先达峰后持续下降，天蓝、水清、森林环绕的生态城市基本建成	绿色健康的生产生活方式蔚然成风	成为可持续发展先锋，碳排放达峰后稳中有降，打造人与自然和谐共生的美丽中国典范

相比北京而言，上海与深圳在国家发展中的定位与城市自身发展之间的冲突较小。无论是建设现代化国际大都市，还是成为社会主义现代化强国城市范例，其落脚点仍然在"城市"，其对国家与社会的责任是在城市发展的过程中自然完成的。北京的定位落脚点则是"首都"，它在国家发展中的定位与城市自身发展之间的关系相比其他城市更为复杂。一方面，当城市发展与实现首都职能相冲突时，首都职能优先于城市发展，这在一定程度限制了北京的资源向最有利于当地经济发展的领域配置，从这个角度来看二者之间是存在一定矛盾的。另一方面，首都的地位也赋予北京以其他城市所不具有的发展条件，同时发展水平更高的北京也更有利于实现其首都职能，从这个角度来看二者又是统一的。

这种对立与统一的关系贯穿北京的发展历程及其政治、经济、文化、社会的方方面面，财政作为国家政治与经济的交叉点也必然受其影响。特别是随着中国经济发展进入新常态且对外开放程度的不断提高，以及政治经济活动复杂度的进一步提高，首都职能变得更加广泛与精细，这些都对首都财政的稳定造成了一定影响。新常态下，要求全国各级政府的财政宏观调控必须准确把握经济发展的阶段性特征，妥善应对收入增长放缓、支出继续刚性增长的财政运行态势变化，提高财政政策的精准性、有效性。要遵循发展规律，充分认识条件变化的客观性，发挥财政政策导向作用，着力提高经济发展的质量和效益，促进经济保持中高速增长，迈向中高端水平。在此国内大形势下，北京还叠加了疏解非首都功能税源流失带来的短期财政收入下降，以及"一核两翼"建设带来的财政支出上涨，因此未来一段时期，北京的财政收支压力将持续存在。从国际角度来看，随着中国国际地位的不断提升，对国际事务的参与程度持续加深，国际交流的日渐增多，北京为了适应党和国家工作大局需要，成为拥有优质政务保障能力和国际交往环境的大国首都，要提供更多用于政务所需的城市空间以及相关设施机构，而这也将增加对北京市的财政支出需求。

总体而言，财政作为国家治理的重要基础和支柱，其表现特征与发展脉络必然与经济发展的内外环境以及不同时期经济社会发展的主要目标和重大任务息息相关。"十四五"时期是北京发展的关键时期，既有机遇又有挑战。疏解非首都功能有力地推进了一般制造业的疏解，推动了制造业的绿色化、智能化和数字化改造，同时利用腾退的空间和土地发展了高精尖产业项目，推动了城市的"减量提质"发展。尽管这会带来短期财政收支紧张，但随着产业向高精尖方向发展，以及对外开放水平的不断提高，北京的财源质量必将更高，稳定性也会更强。

5.2 疏解非首都功能对财政的影响

疏解北京非首都功能是京津冀协同发展的核心要义，其主要目的在于通过疏解北京非首都功能，破解因大量功能和人口集聚带来的交通拥堵、资源过载、污染严重等问题，调整经济结构和空间结构，探索出一种人口经济密集地区优化开发的模式，走出一条中国特色治理"大城市病"的路子。可以说疏解非首都功能是北京"十四五"期间发展的重要思路，政府的很多工作围绕其展开，财政也必然受其影响而呈现与其他地区不同的特征。思考"十四五"时期的首都财政，我们先要认识到疏解非首都功能是放眼未来并有利于长期发展的重要方略，需要坚定不移地贯彻下去；同时也要认识到在其实施过程中可能面临的财政压力，而缺乏财政支持就难以实现既定目标，因此需要更加慎重、更加合理、更加务实、更加有序地推进疏解工作的进行。

5.2.1 疏解北京非首都功能概述

5.2.1.1 疏解非首都功能的内涵和外延

中华人民共和国成立以来，北京长期作为全国政治中心、文化中心和经济中心存在，聚集了大量城市发展的优质资源，成为全国劳动力迁移的主要目的地之一。与此同时，常驻人口的不断扩大所造成的城市水资源不足、交通拥堵、可利用空间下降、教育医疗资源长期紧缺等问题也日益显现，北京的环境承载能力已逼近上限。人口过多并不仅仅是劳动力迁移的问题，更本质的原因在于北京作为超一线城市，城市功能极为全面，促使外地劳动力涌入北京，产生大量流动人口自我生产、自我循环的生态圈，从而造成巨大的资源环境压力、城市运行压力和社会管理压力。然而，作为一个人口大国的首都，北京不应承担也没有足够的能力承担过多的功能。为了迎接中国国际地位提升、经济发展转型等机遇，应对北方区域发展失衡、北京"大城市病"等问题，2014年习近平总书记明确提出北京作为全国政治中心、文化中心、科技创新中心、国际交往中心的新功能定位。这四个定位的具体含义如下。

北京作为政治中心，要为中央党政军领导机关提供优质服务，全力维护首都政治安全，保障国家政务活动安全、高效、有序运行。严格规划，高度管控，治理安全隐患，以更大范围的空间布局支撑国家政务活动。

北京作为文化中心，要充分利用北京文脉底蕴深厚和文化资源集聚的优势，发挥首都凝聚荟萃、辐射带动、创新引领、传播交流和服务保障功能，把北京建设成为社会主义物质文明与精神文明协调发展，传统文化与现代文明交相辉映，历史文脉与时尚创意相得益彰，具有高度包容性和亲和力，充满人文关怀、人文风采和文化魅力的中国特色社会主义先进文化之都。

北京作为科技创新中心，要充分发挥丰富的科技资源优势，不断提高自主创新能力，在基础研究和战略高技术领域抢占全球科技制高点，加快建设具有全球影响力的科技创新中心，努力打造世界高端企业总部聚集之都、世界高端人才聚集之都。

北京作为国际交往中心，要着眼承担重大外交外事活动的重要舞台，服务国家开放大局，持续优化为国际交往服务的软硬件环境，不断拓展对外开放的广度和深度，积极培育国际合作竞争新优势，发挥向世界展示我国改革开放和现代化建设成就的首要窗口作用，努力打造国际交往活跃、国际化服务完善、国际影响力凸显的重大国际活动聚集之都。

疏解非首都功能，即指北京的一切工作必须坚持全国政治中心、文化中心、国际交往中心、科技创新中心的城市战略定位，其他与四个中心不相符合的城市功能都需要逐渐疏解。"十三五"时期，北京市已经疏解了大量一般性制造业，区域性物流基地和区域性批发市场，部分教育、医疗机构以及部分行政性、事业性服务机构。如前所述，"十四五"规划进一步提出，要关停、转移区域性批发类商品交易市场。对疏解腾退空间进行改造提升、业态转型和城市修补，补足为本地居民服务的菜市场、社区便民服务设施等。严禁在核心区新设综合性医疗机构和增加床位数量。引导鼓励大型医院在外围地区建设新院区，压缩核心区内门诊量与床位数。优化升级王府井、西单、前门传统商业区业态，不再新增商业功能。促进其向高品质、综合化发展，突出文化特征与地方特色。加强管理，改善环境，提高公共空间品质。按照整体保护、人口减量、密度降低的要求，推进历史文化街区、风貌协调区及其他成片传统平房区的保护和有机更新。建立内外联动机制，促进人口有序疏解，改善居民工作生活条件。2014—2021 年，北京已累计退出一般制造和污染企业 2 800 余家，疏解提升区域性批发市场和物流中心 980 余个，制定实施了全国首个以治理"大城市病"为目标的新增产业禁限目录，不予办理新设立或变更登记业务累计达 2.34 万件。

  财政是观察非首都功能疏解的一个重要视角。首先，从疏解政策提出时的现实情况来看，尽管当时北京市已出现了严重的"大城市病"，但促使劳动力迁出的分散力仍小于规模经济带来的集中力，劳动力流入速度持续上升。由此可知，疏解不是市场的自发选择，而是一种自上而下推广的战略布局，因此需要政府持续介入，以引导市场趋势。其次，疏解非首都功能战略并不是孤立存在的，它与国家提升经济发展质量以及促进区域协调发展等重大战略紧密相连。尽管该政策以疏解为核心，但"疏"是整个工作中最简单的一环。该政策的重点与难点，一是使北京在减量中增质，二是由北京的功能疏解带动京津冀地区协同发展。疏解只是一种手段，真正的目标在于发展。简单粗暴的疏解不仅会伤害北京继续发展的根基、元气，会影响迁出企业单位的生存与效率，而且对承接地的经济发展也没有实质性的提升。保证疏解过程中北京经济的提质增效，保证京津冀地区的协同发展，都需要大量的科研投入、相关产业政策的出台以及相关配套设施的建设，而其中任何一项都离不开财政的支持。最后，从"十三五"规划到"十四五"规划，是从更高站位出发指明了北京的发展方向。特别是"十四五"规划，对北京的空间结构进行了新的梳理与设计，力求做到功能清晰、分工合理、主副结合，走出一条内涵集约发展的新路子，为首都的长远发展、可持续发展奠定坚实基础。万事开头难，功能的分解与重组需要城市的基础设施与之相适应，与产业及劳动力自发聚集形成的城市肌理不同，由政策规划推动的城市建设往往需要政府先期大量的财政资金投入。综上所述，以疏解非首都功能促进北京与京津冀地区的发展离不开政府的决心与行动，而政府意图要落到实处则离不开财政资金的保障与支持。无论对于疏解非首都功能有多少观察研究视角，财政这一视角都是考察其能否持续有力推进，能否真正惠及企业与地方的最为务实的出发点之一。

5.2.1.2 疏解非首都功能的思路

疏解北京非首都功能要在思想上明确三个前提。首先，要明确北京最核心的任务是适应党和国家工作大局需要，成为拥有优质政务保障能力和国际交往环境的大国首都。北京的城市战略定位决定了北京一切工作的出发点和落脚点，始终要把"四个服务"，即为中央党政军领导机关的工作服务、为国家的国际交往服务、为科技和教育发展服务、为改善人民群众生活服务，放在第一位，这是检验北京一切工作得失的政治度量衡。其次，要明确推进北京非首都功能疏解，不是要限制北京发展，而是立足北京全国政治中心、文化中心、科技创新中心、国际交往中心功能定位，推动北京实现高端引领、创新驱动、绿色低碳的高质量发展，建设和谐、宜居、美丽的大国首都，这是衡量推进疏解工作计划是否务实有序的标准。换言之，好的疏解工作应该"治病"但不伤"根基"，既要祛除"大城市病"对北京发展的桎梏，促进区域协调发展，又不能损害迁出单位以及北京持续发展的能力。最后，疏解非首都功能要讲求方式方法，尊重客观规律。京津冀地区发展现状既是市场自发形成的，也是历史、区位、自然资源、人口状况等方方面面的因素造成的，改变现状要把握市场规律，了解区域不平衡的内在原因。也就是说，建设世界级城市群，绝不是简单地将北京的资源迁到天津与河北就能够实现的。

北京的"十四五"规划，对未来一段时间疏解非首都功能各项工作进行了详细的安排。该规划指出，疏解非首都功能要统筹考虑疏解与整治、疏解与提升、疏解与承接、疏解与协同的关系，突出把握首都发展、减量集约、创新驱动、改善民生的要求，大力调整空间结构，明确核心区功能重组、中心城区疏解提升、北京城市副中心和河北雄安新区形成北京新的两翼、平原地区疏解承接、新城多点支撑、山区生态涵养的规划任务，从而优化提升首都功能，做到功能清晰、分工合理、主副结合，走出一条内涵集约发展的新路子，探索出人口经济密集地区优化开发的新模式，为实现首都长远可持续发展奠定坚实基础。具体来说，有序疏解非首都功能，优化提升首都功能有以下几个关键方面。一是建设政务环境优良、文化魅力彰显和人居环境一流的首都功能核心区。二是推进中心城区功能疏解提升，增强服务保障能力。三是高水平规划建设北京城市副中心，示范带动非首都功能疏解。四是以两轴为统领，完善城市空间和功能组织秩序。五是强化多点支撑，提升新城综合承接能力。六是推进生态涵养区保护与绿色发展，建设北京的后花园。七是加强统筹协调，实现城市整体功能优化。

当前，随着京津冀协同发展进入新阶段，北京非首都功能疏解也进入了中央单位和相关地区协同发力的关键时期。京津冀协同发展领导小组对迁出地、承载地、迁出单位等都提出了下一步工作方案。对于迁出单位，要运用一系列政策工具，尽量使其疏解后的收益总体上不低于留在北京的收益水平。对于北京，要制定出台支持城市副中心高质量发展的意见，加快建设城市副中心行政办公区二期重大项目和公共服务配套设施，有序推进中心城区北京市属非首都功能向城市副中心疏解。雄安新区也是重要的疏解集中承载地，要推动疏解项目优先向雄安新区启动区疏解，形成规模效应并集聚人气，将启动区打造为承载北京非首都功能的高质量样板。

5.2.2 疏解非首都功能对财政收入的影响

长期来看，疏解非首都功能能够突破当前城市发展资源限制，通过减量集约、创新驱动、产业转型、区域协同使北京经济发展迈上新台阶，并由此带来财政收入的稳定增长。但必须承认，短期来看疏解过程对财政收入的负面影响可能更为突出，这主要由以下几个方面造成。

第一，央企是北京财源的重要构成，疏解央企将直接影响北京市的财政收入。京津冀协同发展领导小组明确提出按照总体工作部署，将以在京部委所属高校、医院和央企总部为重点，分期分批推动相关非首都功能向雄安新区疏解，努力在"十四五"期间形成一批标杆性项目，为深入实施中长期疏解任务奠定基础。与此同时，在京央企对全市的税收贡献又在逐步增大。2018—2020年，在京央企的税收收入经历了先下降后上升的变化趋势，上升幅度小于下降幅度，2020年在京央企的税收收入比2018年减少了17亿元。尽管总量下降，但在京央企税收占北京市全部税源企业贡献税收收入的比例仍处于上升趋势，从2018年的22.10%上升到2020年的23.51%，增加了1.41个百分点（见图5.2）。

2018—2020年，央企总部企业在全部央企中的税收占比从26.35%下降到23.50%，减少了2.85个百分点，但占比仍保持在20%以上。因此，央企总部的迁出必然会对北京市的财政收入带来较大的负面冲击（见图5.3）。

第二，不符合首都定位企业的快速迁出或不予成立，以及符合首都定位企业的引进与成长需要时间，由此二者所引起税源增减时间的不一致造成短期税源直接减少。北京疏解非首都功能的工作于"十三五"时期展开，然而某些不符合首都功能定位、需要疏解的低端产业曾是"十二五"时期得到支

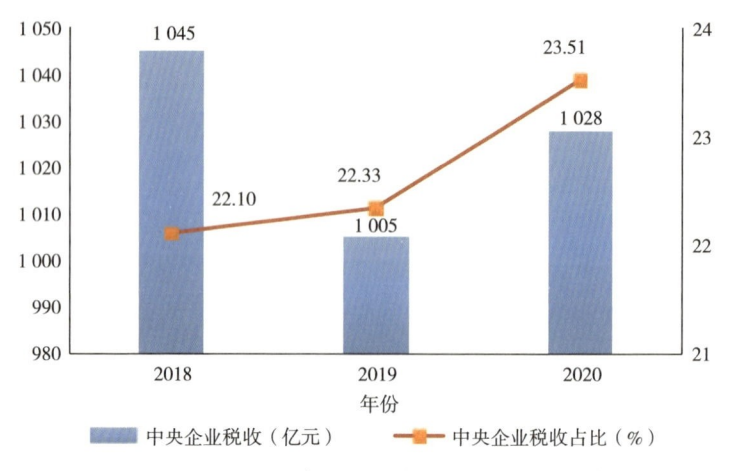

图 5.2　2018—2020 年北京市中央企业税收变化情况

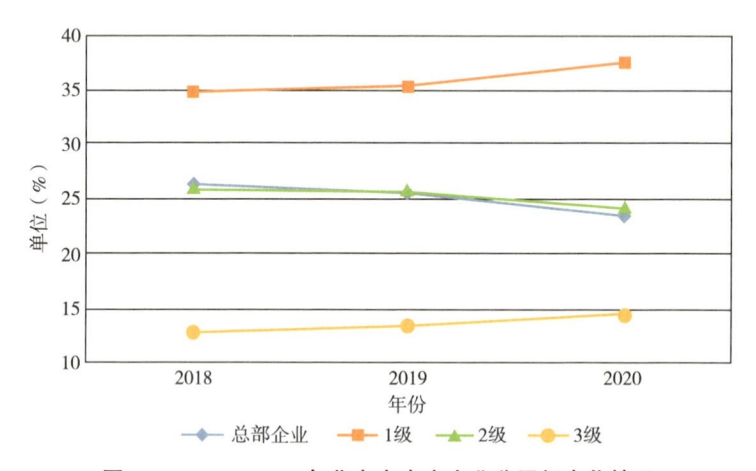

图 5.3　2018—2020 年北京市中央企业分层级变化情况

持发展的领域。例如物流业，北京市的"十二五"规划提出，北京商品市场交易繁荣，社会消费品零售总额连续三年居全国城市之首，北京将以保障和便利居民生活为出发点，建设更高水平的商贸流通产业体系。可以说，当时的北京对于物流业的进入是持欢迎与肯定态度的。但是在疏解非首都功能的战略提出后，物流业基于服务全局的需要而成为第一批被疏解的对象。2014—2021 年，北京累计退出一般制造和污染企业 2 800 余家，疏解提升区域性批发市场和物流中心 980 余个。与此同时，北京市制定实施了全国首个以治理"大城市病"为目标的新增产业禁限目录，并两次修订完善，严把新增产业准入关。截至 2021 年，全市不予办理新设立或变更登记业务累计达

2.34万件，批发零售等限制类行业新设市场主体数量下降明显。

一般来说，由市场自发进行的产业转型，往往是新产业的产生与旧产业的淘汰同步进行的，劳动力、资本逐渐向更有效率的产业流动，整体经济向更有效率的方向发展，财政收入基本不受影响。疏解过程则是政策干预下的产业转型，旧产业的迁出并不必然伴随新产业的兴起。尽管通过创新驱动，产业向高精尖转型是经济提质增效的必由之路，但短期内税源减少、收入下降的情况难以避免。

第三，北京市重点税源[①]结构过度依赖金融与房地产行业。目前，北京重点税源贡献税收收入中的37.47%来自金融业，18.02%来自房地产业，仅这两个行业的重点税源税收贡献率就达到了50%以上（见图5.4）。金融业中存在大量央企，房地产业又与医疗教育资源息息相关，简单粗暴地疏解之，会直接动摇北京财政收入的根本。与此同时，符合首都科技中心、文化中心等定位的重点税源企业，如信息传输、软件和信息技术服务业，科学研究和技术服务业，文化、体育和娱乐业等行业贡献的税收，当前仍仅占全部重点税源企业的13.31%。企业的成长需要周期。对北京而言，短期内新兴高精尖产业的税收贡献绝不可能替代金融业与房地产业；而动摇了财政根基的北京，也很难有效支持基础科学以及高科技企业成长，实现创新驱动产业转型。因

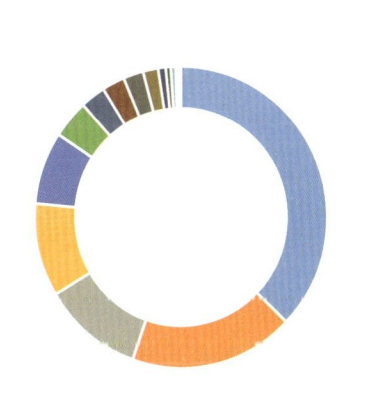

- 37.47% 金融业
- 18.02% 房地产业
- 10.94% 制造业
- 10.20% 信息传输、软件和信息技术服务业
- 7.75% 批发和零售业
- 3.96% 租赁和商务服务业
- 2.90% 交通运输、仓储和邮政业
- 2.54% 科学研究和技术服务业
- 2.19% 电力、热力、燃气及水生产和供应业
- 1.58% 建筑业
- 0.81% 居民服务、修理和其他服务业
- 0.57% 文化、体育和娱乐业
- 0.54% 教育
- 0.26% 采矿业
- 0.10% 卫生和社会工作
- 0.06% 住宿和餐饮业
- 0.05% 公共管理、社会保障和社会组织
- 0.03% 农、林、牧、渔业
- 0.03% 水利、环境和公共设施管理业

图5.4　2020年北京市重点税源企业税收收入行业结构

---

① 纳税规模排前名1 000户的企业为重点税源企业。

此，在疏解北京的资源时，其现有的税源结构是必须考虑的因素，要通过精密设计疏解顺序，为北京开创新发展格局留足财政资源，为北京的产业转型留足时间，为北京的高质量发展留下切实可行的路径。

5.2.3 疏解非首都功能对财政支出的影响

短期内，疏解非首都功能在减少北京的财政收入的同时，并不会因为其城市功能的缩减而同步降低财政支出。与之相反，旧有的城市功能分解与重新整合都需要政府逐步推进，无论是"疏"还是"建"都伴随巨大的财政成本。这种收支之间的矛盾只有当首都新格局基本建成，新产业形成财政收入新支柱时才会逐渐消减。因此，北京市在实施"十四五"规划时期，因疏解而带来的额外财政支出，伴随日益上涨的民生刚性支出，对北京的财政可持续性是一个重大挑战。疏解非首都功能，对北京财政支出的影响主要集中于以下几个方面。

5.2.3.1 疏散政策存在实施成本

2014年起，疏解非首都功能工作逐步展开，一开始主要进行的是强化规划指导和控制，设置更高的限制条件，加强配套政策研究，制定利益引导机制，完善企业跨区县迁移管理办法等准备工作。2015年开始，北京市正式加快疏解非首都核心功能。在产业方面，严格控制增量，有序疏解存量，对不符合首都城市战略定位的功能和产业，逐一列出清单，拿出具体方案，尽快组织实施，确保取得实质性进展。2015—2019年，北京市严格执行新增产业的禁止和限制目录，持续疏解一般制造业，疏解提升市场和物流中心，加大疏解批发市场力度。2017年完成动物园地区、大红门地区、天意、永外城等批发市场的撤并升级和外迁，基本完成官园、万通、雅宝路地区等批发市场的调整疏解和升级改造。2020年，一般制造业企业集中退出工作阶段性完成，区域性市场和区域性物流中心疏解工作也基本完成。

在公共服务方面，北京积极推动部分教育、医疗等社会公共服务功能向外转移和疏解。中国人民大学、北京电影学院、北京工商大学、北京信息科技大学、北京联合大学等高校新校区建设工作持续推进，天坛医院新院区运行，北京口腔医院整体迁建，友谊医院顺义院区、同仁医院亦庄院区建设，积水潭医院回龙观院区扩建，清华长庚医院二期等项目有序运行，不断加强薄弱地区公共服务能力建设，引导中心城区功能和人口有序转移。

在城市优化提升方面，自2018年起，北京的非首都功能疏解工作与环境整治紧密结合。大力拆除违法建设，确保新生违法建设零增长，按照"场清地净"标准拆违腾退土地，引导鼓励各区、乡镇争创无违建区、乡镇，基本实现违法群租房、地下空间散租、占道经营等动态清零，并建立长效机制。启动新一轮老旧小区综合整治，继续开展"开墙打洞"治理、架空线入地、广告牌匾规范设置等专项工作，完成背街小巷环境整治提升任务。加大各区交界地区综合整治力度。打造精品街巷，按照街区生态补充社区菜店、早点、理发、维修、家政、快递等服务，鼓励便利店拓展服务内容，建设提升基本便民服务网点。强化"留白增绿"，腾退土地新建一批城市休闲公园、口袋公园、小微绿地。全力推进"一绿"地区城市化，试点探索"二绿"地区城乡融合发展新路径，让绿色成为城乡接合部的主色调[①]。

大规模进行疏解部分产业，迁移公共服务资源，整治城市街区等工作在中国其他城市是难以见到的。北京作为中国第一个减量发展的城市，即使不考虑减量发展对经济与财政收入带来的影响，也不得不考虑支持迁移与整顿的经费作为一项额外的财政支出，对北京市的财政收支平衡产生的影响。

5.2.3.2 城市副中心建设财政成本较高

自 2014 年起，北京制定了将通州作为"城市副中心"的截至 2020 年的发展规划，并逐步加快推进城市副中心建设。通州区的建设工作主要包括：①进行行政办公区建设，为行政副中心建设打下坚实基础。2017 年底实现四大市级机关和相关市属行政部门率先启动搬迁。2018 年至今，持续推进行政办公区二期工程建设。②进行重点配套工程建设，提升通州基础设施水平。建成通州水厂，加快南水北调通州支线、配套电网、能源中心等设施建设。完善副中心内部路网系统，实施广渠路东延、宋梁路北延等项目，其中广渠路东延项目已实现通车。开工建设副中心站综合交通枢纽，推动北运河通州段全线游船通航。③一系列重点工程项目建设为通州产业发展注入活力。全面推进环球主题公园主体工程建设，目前已完成环球影城主题公园一期建设。培育发展运河商务区高端服务业，建设发展张家湾设计小镇、台湖演艺小镇、宋庄艺术创意小镇，促进产城融合。④进行医疗、教育、文化等公共设施建

---

① 根据《北京市"十四五"时期绿化隔离地区建设发展规划》布局，北京市的绿化隔离格局由"一绿地区"和"二绿地区"共同组成。一绿地区政策范围约 310 平方公里，涉及朝阳、海淀、丰台、石景山、大兴、昌平和首农食品集团等 27 个实施单元，绿色开敞空间占比 50%，是服务保障中心城区生态安全格局的关键区域。二绿地区则是从一绿地区政策区以外延伸至六环路外的空间，以九个楔形战略性绿色空间为主，总面积约 910 平方公里，涉及朝阳、海淀、丰台、大兴、昌平、通州、顺义、门头沟、房山、石景山 10 区和北京经济技术开发区在内的 61 个乡镇（地区），绿色开敞空间占比 70%，具有服务保障首都的核心功能，起到维护城市生态安全韧性、战略留白、转移不利因素等作用。

设，提高通州区公共服务能力。推动人大附中通州校区、卫生职业学院新院区、安贞医院通州院区和剧院、图书馆、博物馆等重大项目，通过新建和改扩建一批中小学、医疗机构和文化体育设施，增加优质公共服务资源供给。⑤促进生态环境改善与提升。进行水环境治理，基本消除通州区黑臭水体，实现副中心现有建成区污水全收集、全处理。实施海绵城市试点，大力推进森林湿地和公园绿地建设，以生态的办法治理水系、恢复湿地，建设水城共融的生态城市、蓝绿交织的森林城市。

作为北京新两翼中的一翼，北京以最先进的理念、最高的标准、最好的质量推进城市副中心的规划建设，着力打造国际一流的和谐宜居之都示范区、新型城镇化示范区和京津冀区域协同发展示范区。当前，通州区保持每年千亿元以上投资强度，持续进行高速度、高标准的建设。2020年，北京市一般公共预算收入为5 483.9亿元，可见通州区的建设投入在北京市的财政支出中占比极大。

5.2.3.3 津京冀协同发展持续投入

北京作为京津冀区域的核心，需要充分发挥辐射带动作用，推动京津冀世界级城市群构架基本形成，因此北京市每年的工作重点并不局限于北京自身的发展，京津冀协同发展也是其重要领域。也就是说，北京的财政支出不仅用于本市的发展，而且用于支援区域协同发展。

京津冀合作主要集中于交通一体化、产业对接协作、生态环保以及雄安新区公共服务资源建设等领域。

在交通方面，北京着力推进基础设施互联互通。全面消除市域内国家高速公路"断头路"，推动京台高速、延崇高速、京秦高速、兴延高速、京雄高速等高速公路和国省干线公路建设，目前已实现京秦高速全线竣工，兴延高速、首都地区环线通州至大兴段全线贯通。同时，抓好京张铁路、京唐城际、平谷线、大兴机场线北延等轨道交通，开通使用京雄城际铁路北京段，建成京沈客专，促进京津冀交通一体化。此外，北京大兴国际机场如期建成通航，启动临空经济区起步区和综合保税区建设，实现外围交通市政配套同步投入使用。

在生态环境方面，健全大气污染联防联控合作机制，协同推进风沙源治理以及水源保护治理，整体构建区域生态环境屏障。建设张承生态功能区、京津保中心区过渡带，太行山绿化、京津风沙源治理工程等项目，完成10万亩京冀生态水源保护林、4万亩京津保造林绿化任务。推动永定河、潮白河、北运河等跨省市河流环境整治和生态修复。

在产业发展方面，立足合作共赢，推动曹妃甸协同发展示范区、津滨海－中关村科技园区、张承生态功能区、张北云计算产业基地、雄安新区中关村科技园、京津冀大数据综合试验区等园区建设，引导匹配产业项目向对应园区布局，强化创新链、产业链、供应链对接协作，推动创新资源共享和成果转移转化。建设新机场外围交通和市政配套设施，支持机场周边村庄加快发展，推动临空经济区规划落地，促进北京空港、陆港与天津港的规划衔接和融合。

在公共服务资源方面，全方位支持雄安新区建设，落实与河北省签订的战略合作协议，加强教育、医疗、社保等基本公共服务合作，推进环首都1小时鲜活农产品流通圈建设。"三校一院"交钥匙项目方面，三所学校实现竣工、一所医院主体结构封顶。同时，加强就业、养老、社保等政策衔接。

5.3 "四个中心"定位对北京财政的影响

5.3.1 首都政治中心功能中的北京角色

5.3.1.1 政治中心职能概述

北京是国家的政治中心，这意味着它要为中央党政军领导机关提供优质服务，全力维护首都政治安全，保障国家政务活动安全、高效、有序运行。

"十四五"时期，北京市将以满足中华民族伟大复兴的大国首都的新需要为己任，始终如一提高政治站位、强化使命担当，始终如一把全国政治中心的服务保障摆在首位，始终如一把主城区作为工作重心，把突出政治中心与突出人民群众有机统一，以更优越的空间、更优良的环境和更优质的服务，保障国家政务活动安全、高效、有序运行。

作为国家的政治中心，北京主要有以下几个任务。

第一，保障优越的政务空间。严格落实首都功能核心区控制性详细规划，优化中央政务空间布局。科学调配利用疏解腾退空间，市属行政事业单位搬迁腾退办公用房与疏解腾退空间优先用于保障中央政务功能，优先用于补充城市基本服务功能。

第二，营造优良的政务环境。强化政务环境管控与特色风貌塑造，严控建筑高度和高层建筑审批。持续降低首都功能核心区人口、建筑、商业、旅游"四个密度"，让核心区逐步"静"下来，加强重点区域综合整治，着力改善政务交通环境。

第三，提供优质的政务服务。健全重大活动保障相关体制机制，坚持"精益求精、万无一失"的首善标准，不断提升服务能力和水平。

5.3.1.2 政治中心定位对北京的财政收入影响

作为政治中心，北京聚集了大量中央党政军领导机构，基本涵盖了绝大部分国家经济的宏观决策和调控部门，包括中共中央、全国人大常委会、国务院、全国政协、最高人民法院、最高人民检察院以及各类中央职能部门与国家机关（如中央纪委、中央组织部、国家发改委、财政部、商务部等）。大量中央和国家机关集中于此，使北京成为政治资源的集中地带以及国家动向的前沿地带，那些生产经营较为依赖国家支持，需要频繁与国家相关部门进行商务协调的企业也有向北京聚集的动机。

举例来说，北京是国务院金融稳定发展委员会、"一行两会"、国家外汇管理局等金融管理部门所在地，是国家发改委、财政部等宏观经济管理部门所在地，是中国经济金融运行的"大脑"，国家金融管理中心的金融决策、资产管理、支付清算、信息交流、标准制定等功能显著，这极大地促进了各类金融机构向北京聚集。截至2020年，北京市各类持牌法人金融机构超过800家，外资金融机构（含分支机构、代表处）超过300家，金融业资产总量超过148万亿元，占全国的50%以上，金融业已经成为北京经济与财政的第一支柱产业。

又如，北京是全国政治中心，这也是大量央企总部集中于此的重要原因。同时，外资企业与私营企业将负责总体决策的总部设立于北京，有利于其获得政策信息以及政策支持，这也成为许多企业将总部落户北京的原因之一。总部经济已成为推动北京经济发展的重要力量，截至2020年，北京总部企业数量3 961家，其中跨国公司地区总部累计183家，超过半数的央企总部在北京。总部企业通常是规模较大、盈利能力较强的企业，能够成为稳定的优质税源。

尽管政治中心地位不是北京唯一的发展优势，但却是北京发展中最独特的先天条件。一方面，这使北京更容易获得发展的资源供给与政策支持，另一方面，这也对北京的发展增加了限制，提高了要求和标准。

5.3.1.3 政治中心定位对北京的财政支出影响

作为政治中心的北京，必须在规划建设上优先为中央党政军领导机关提供优质服务，全力维护首都政治安全，保障国家政务活动安全、高效、有序运行，因此北京会在局部呈现特有的城市规划建设并要有与之匹配的财政支出。特别是提出疏解非首都功能以来，北京需要对核心区的原有功能进行拆分、疏解、重组、提升，这样大面积的城区优化更需要财政资金的支持。

根据《首都功能核心区控制性详细规划（街区层面）（2018年—2035年）》

可知，北京计划于2018—2035年对核心区进行一系列建设，形成与大国首都运行相匹配的更完善的中央政务功能布局与更突出的国家形象。具体包括以下几个方面。

（1）以长安街为依托，优化中央政务功能布局

自中华人民共和国成立以来，首都北京的中央政务功能布局历经70多年的发展，逐步形成了以中南海、天安门广场为核心，沿长安街等主要干道布局的方式。下一阶段，北京将分街道提出优化中央政务功能的规划管控要求，在街区控规图则及说明指引中结合中央政务功能规划要求，提出街道发展定位、主导功能及街道层面规划策略。对各街道进行空间管控和综合整治，营造安全、整洁、有序的政务环境。加强非首都功能疏解、资源置换、改善环境，加强配套服务，逐步完善中央政务功能。市属行政事业单位搬迁腾退办公用房与疏解腾退空间优先用于保障中央政务功能，优先用于补充城市基本服务功能，逐步完善基层医疗卫生、养老托育服务、绿化空间、停车服务等功能。

（2）落实总体国家安全观，提升安全保障水平

以确保中央党政机关和中央政务活动绝对安全需要为出发点，整合各类安全保障力量，完善安全保障机制，建立统一指挥、统一管理、统一协调的安全保障体系。对此，北京将加强城市防灾减灾能力建设，提高城市韧性。设立三级防灾分区，强化防灾资源配置，制定安全保障措施，形成体系完备、响应及时的防灾空间布局。提高系统防涝能力，减少内涝风险。完善重大疫情防控体制机制，健全公共卫生应急管理体系，加强外围区域公共安全设施和保障体系对核心区的支撑作用。建设综合应急体系，强化应急指挥体系建设，高标准完善避难场所建设，实现避难场所全覆盖。优化消防队站、警务设施布局。

（3）创造优良的中央政务环境，展现大国首都形象

加强老城整体保护，展现中华文化魅力。严格落实老城不能再拆的要求，加强老城整体保护，传承历史文脉，为中央政务活动提供彰显文化自信、不断扩大中华文化影响力的空间场所。同时，塑造舒朗庄重的中央政务空间形象，建立贯穿规划、建设、管理全过程的风貌管控体系，以城市设计为抓手，塑造气势恢宏、大度雍容、舒朗庄重、纲维有序、礼乐交融的空间意向，展现新时代大国气概、民族精神、首都形象。此外还要加强综合整治，提升环境品质，建设高品质宜人城市环境。以长安街中轴线为骨架、历史文化要素为基底，重塑水绿空间。结合疏解腾退空间，增加公园绿地、小微绿地和公共型附属绿地等不同形式的绿色空间。二环内历史水系将逐步有序恢复并建

设滨水环境，实现西板桥明渠北段（北海—景山公园西门）、前三门护城河正阳门段等历史水系恢复，启动研究玉河中下段、金水河（南海—金水桥段）等水系恢复工作。以平安大街、西单北大街一线、东单北大街一线等特色街道为网络，串联公共建筑，提升城市景观环境。

（4）加强城市服务保障，形成优质完善的政务配套设施

增强、完善城市服务功能，创造良好工作生活条件，为中央政务活动创造安全、良好、宜人的服务保障环境，让人民群众有更多获得感、幸福感、安全感。加强市政交通基础设施服务保障能力，提高运行效率，为中央政务活动创造安全、高效、便捷的出行环境。构建安全、可靠、智慧的市政基础设施体系，包括：提高供水安全性，打造世界领先的配电网，完善天然气系统，整治老旧隐患管道；深入推进节能降耗，优化能源利用方式；改造排水系统，建设海绵城市，改善水环境质量；实施垃圾强制分类，推进市政箱体整治、架空线入地，净化城市空间；推进厕所革命，方便群众生活。

5.3.2 首都文化中心功能中的北京角色

5.3.2.1 首都文化中心职能概述

（1）首都文化简介

北京是世界闻名的古都，有着3 000多年的建城史、800多年的建都史。丰富的历史文化是北京的一张金名片，是中华文明源远流长的伟大见证。这里有长城、北京故宫、周口店北京人遗址、颐和园、天坛、明十三陵、大运河7处世界文化遗产，有京剧、昆曲、京韵大鼓、同仁堂中医药文化等103项国家级非物质文化遗产，有恭王府、八达岭长城风景名胜区、天坛公园、明十三陵、圆明园遗址公园等9个国家5A级景区和众多其他等级景区，还有北京特有的胡同和四合院传统建筑形态，等等。这些无不彰显着北京悠久的历史文化。

同时，北京也是不断展现国家发展新面貌的现代化城市，更是东西方文明相遇和交融的国际化大都市。北京为居民提供了丰富的文化公共服务。据《北京市2020年国民经济和社会发展统计公报》统计，截至2020年末，北京市共有公共图书馆24个，总藏量7 208万册；档案馆18个，馆藏案卷977.3万卷件；博物馆197个，其中免费开放90个；群众艺术馆、文化馆20个。北京地区登记在册的报刊总量为3 512种，有出版社544家，出版物发行单位9 744家；全市全年引进出版物版权8 212件，版权（著作权）登记100.3万件。有线电视实际用户为605万户，其中高清实际用户395.3万

户，超高清（4K）实际用户 166.3 万户。全年制作电视剧 43 部 1 802 集，电视动画片 26 部 5 548 分钟，网络剧 82 部，网络动画片 15 部，网络电影 215 部，全年生产电影 185 部；北京地区 29 条院线 266 家影院，全年共放映电影 146 万场，观众 2 117.1 万人次。

（2）首都文化产业发展状况简介

当前，北京已进入从聚集资源求增长到疏解功能谋发展的新阶段，文化建设作为重要引擎和增长极，不仅要满足人民群众不断增长的精神文化生活需求，而且要肩负起支撑首都经济社会高质量发展的要求。近年来，北京市围绕古都文化、红色文化、京味文化、创新文化充分发挥文化资源优势，实施文化产业数字化战略，建立文化产业示范园区（见表 5.2），初步建成以传统文化产业为基础、数字文化产业为核心的现代文化产业体系。据《北京文化产业发展白皮书（2020）》所述，2019 年北京市的文化产业在总体规模、企业综合实力、居民文化消费、国际文化贸易等多项指标上继续领先全国，发挥了全国文化中心的示范引领作用：规模以上文化企业法人单位 4 831 个，占全国的 7.9%；资产总计 19 020.3 亿元，占全国的 13.9%；全市居民人均教育文化和娱乐支出 4 311 元，同比增长 7.8%，创造了"十三五"以来的最大增速，支出额超过全国平均水平近 72%；2019—2020 年度，北京地区共有 75 家企业入选国家文化出口重点企业名单，数量居全国第一。

表 5.2　2020 年度北京市级文化产业示范园区

城区	文化产业示范园区
东城区	嘉诚胡同创意工场
西城区	"新华 1949"文化金融创新产业园
	中国北京出版创意产业园
朝阳区	751D·PARK 北京时尚设计广场
	798 艺术区
	朗园 Vintage 文化创意产业园
	莱锦文化创意产业园
海淀区	清华科技园
	中关村软件园
大兴区	星光影视园

数据来源：《北京文化创意产业发展报告（2020）》。

北京文化产业大致分布在三个行业领域。一是文化娱乐行业，包括文化传媒、视频直播、新闻出版、广告和会展等细分行业。近年来，北京市文化娱乐产业保持着良好的发展态势。2018年，北京市文化娱乐行业的"独角兽"企业有8家（见表5.3），约占全国总量（18家）的44%；估值规模高达1 075亿美元，约占全国总量（1 315亿美元）的82%，成为全国文化娱乐行业的领头羊。其中，今日头条整体估值750亿美元，占全行业估值规模的57.03%，位居第一。二是文化教育行业。北京作为我国的教育中心，不仅拥有优厚的基础教育资源，而且是我国大学数量以及985、211大学数量最多的城市。同时，北京市也具备丰富、优质的线上教育资源。目前，全国文化教育行业共有11家"独角兽"企业，其中6家在北京市（表5.3），总估值达到115亿美元，约占行业估值规模的66%。由于线上教育的便利性以及人们对网络资源的依赖性，线上教育已展现出广阔的行业前景，北京市的6家"独角兽"企业也都表现出较快的发展速度。三是文化旅游行业。凭借古都丰厚的旅游资源，北京市实施文化与旅游融合发展工程，依托"一城三带"建设一批富有文化底蕴的世界级旅游景区，突出打造重要旅游节点。鼓励景区和文旅企业加快现代技术运用，推出云旅游、云观赏服务，打造"吃住行游购娱"等游前、游中、游后全过程线上服务；鼓励开展"智慧旅游＋推广创新"，鼓励自媒体、公众号开展线上直播，推介名吃、名镇等旅游消费地；推出一批"网红打卡地"，发挥集聚人气、带动发展的作用。目前，全国范围内的5家旅游行业的"独角兽"企业全部为北京企业（见表5.3），整体估值高达98.85亿美元。

表5.3 北京市文化行业"独角兽"企业整体估值

具体领域	"独角兽"企业	整体估值（亿美元）
文化娱乐行业	今日头条	750.00
	快手	200.00
	猫眼微影	30.77
	一下科技	30.00
	知乎	24.00
	快看漫画	15.30
	影谱科技	14.59
	逻辑思维	10.77

续表

具体领域	"独角兽"企业	整体估值（亿美元）
文化教育行业	VIPKID	35.00
	猿辅导	30.00
	作业帮	20.00
	哒哒英语	10.00
	学霸君	10.00
	一起作业	10.00
文化旅游行业	OYO酒店	50.00
	途家网	15.00
	古北水镇	13.08
	要出发周边游	10.77
	客路旅行	10.00

数据来源：《北京文化创意产业发展报告（2020）》。

（3）未来北京的文化产业发展方向

文化产业是一个朝阳产业，北京正将现有文化和科技深入结合，大力推进"文化+"发展，以在全国乃至全球占领文化产业高地，习近平总书记曾指出，"在'十四五'规划中，要重视这项产业"。未来北京在文化产业的发展过程中，还需要注意以下几点。一是统筹区域空间布局，应根据各区优势和特色打造重点项目，实现各区间差异化发展。二是向"文化+"新兴产业倾斜，拓展国际业务，提高北京文化科技企业的国际竞争力。三是做好配套服务支持，重视人才培养，加强相关政策支持力度。

5.3.2.2 首都文化中心定位对北京的财政收入影响

（1）首都文化产业的总体收入及税收贡献情况

分地区看，2019年1—12月，北京市规模以上文化产业法人单位收入12 849.7亿元，占全国规模以上文化产业法人单位收入的14.8%，远高于北京市地区生产总值占全国GDP 3.6%的比重。同时，北京市规模以上文化产业法人单位收入同比增速为8.2%，高于全国7.0%的同比增速。由此可见，北京市的文化产业发展在全国处于领先地位，示范引领地位显著。

分行业看，综观2020年北京市税源企业户数行业结构（见图5.5），批发和零售业、科学研究和技术服务业、租赁和商务服务业的税源企业户数位居前三名，分别占比为27.56%、21.29%和16.59%，文化、体育和娱乐业企业户数占比为5.68%，位居第五，税源企业户数较多。从税源企业税收收入角度来看（见图5.6），2020年，金融业的税收收入占比最高，达到24.82%；房地产业、批发和零售业、制造业的税收收入占较高，均超过10%。与之相比，文化、体育和娱乐业仅占1.49%，税源企业的税收贡献相对较低。结合北京市税源企业数量和税收贡献的行业分布情况来看，文化、体育和娱乐业的税源单位平均缴税额较低。

（2）分行业首都文化产业的收入情况

表5.4分领域汇报了2019年1—12月北京市规模以上文化产业法人单位收入及其占全国相应比重的情况。由表5.4可知，2019年北京规模以上文化产业法人单位在文化核心领域的收入为11 448.2亿元，占全国收入的22.7%，表明北京市在文化核心领域的优势明显。其中排名前四位的新闻信息服务、文化传播渠道、创意设计服务、内容创作生产领域，其收入合计占全市规模以上文化产业收入合计的88%，成为推动北京市文化产业高质量发展的四大主导产业。尤其是位居第一的新闻信息服务业，其2019年规模以上文化产业法人单位收入为3 692.7亿元，超过全国收入的一半，占54.3%，遥遥领先于其他城市；同比增速25.8%，也远超其他领域（包括文化产业）的同比增速。2019年北京文化传播渠道规模以上文化产业法人单位收入2 876.8亿元，占全国的26.1%。目前，互联网文化娱乐平台成为文化传播渠道发展的新动能，如爱奇艺网络视频播放平台付费会员数量在全国率先突破1亿人次，掌阅科技阅读平台月活跃用户数量达1.4亿，字节跳动旗下抖音短视频平台日活跃用户数已突破4亿。2019年北京市创意设计服务业规模以上文化产业法人单位收入2 852.8亿元，占全国的23.2%，其持续稳定发展主要得益于大量优质的设计服务资源，如央视传媒广告、众成就数字传媒、微创时代、引力传媒等150余家国内知名广告和新媒体企业，以及中联环建、军都晨宇工程设计、都锦网络科技等大批优质设计企业。2019年北京内容创作生产规模以上文化产业法人单位收入1 899.4亿元，占全国的10.2%，影视、图书等成绩斐然：电影《流浪地球》《周恩来回延安》，电视剧《最美青春》《大江大河》，图书《北上》《云中记》等10部作品入选第十五届精神文明建设"五个一工程"奖，获奖数量再次位列各省区市之首。

5 新发展背景下的首都财政

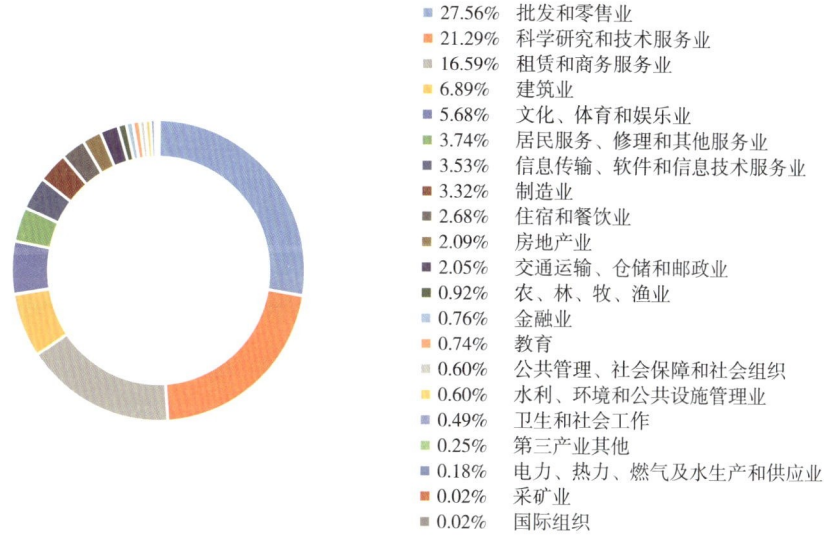

占比	行业
27.56%	批发和零售业
21.29%	科学研究和技术服务业
16.59%	租赁和商务服务业
6.89%	建筑业
5.68%	文化、体育和娱乐业
3.74%	居民服务、修理和其他服务业
3.53%	信息传输、软件和信息技术服务业
3.32%	制造业
2.68%	住宿和餐饮业
2.09%	房地产业
2.05%	交通运输、仓储和邮政业
0.92%	农、林、牧、渔业
0.76%	金融业
0.74%	教育
0.60%	公共管理、社会保障和社会组织
0.60%	水利、环境和公共设施管理业
0.49%	卫生和社会工作
0.25%	第三产业其他
0.18%	电力、热力、燃气及水生产和供应业
0.02%	采矿业
0.02%	国际组织

图 5.5　2020 年北京市税源企业户数行业结构

2020年税源企业税收收入为4 370.31亿元

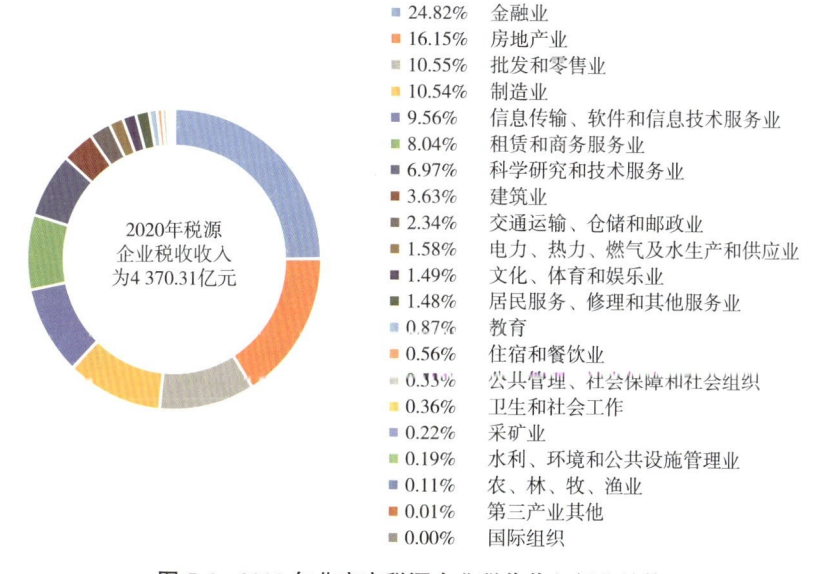

占比	行业
24.82%	金融业
16.15%	房地产业
10.55%	批发和零售业
10.54%	制造业
9.56%	信息传输、软件和信息技术服务业
8.04%	租赁和商务服务业
6.97%	科学研究和技术服务业
3.63%	建筑业
2.34%	交通运输、仓储和邮政业
1.58%	电力、热力、燃气及水生产和供应业
1.49%	文化、体育和娱乐业
1.48%	居民服务、修理和其他服务业
0.87%	教育
0.56%	住宿和餐饮业
0.33%	公共管理、社会保障和社会组织
0.36%	卫生和社会工作
0.22%	采矿业
0.19%	水利、环境和公共设施管理业
0.11%	农、林、牧、渔业
0.01%	第三产业其他
0.00%	国际组织

图 5.6　2020 年北京市税源企业税收收入行业结构

表 5.4 2019 年 1—12 月北京市规模以上
文化产业法人单位收入及占全国相应比重情况

领域	北京 收入合计（亿元）	北京 同比增速（%）	全国 收入合计（亿元）	全国 同比增速（%）	北京占全国的比重（%）
合计	12 849.7	8.2	86 624	7.0	14.8
文化核心领域	11 448.2	9.9	50 471	9.8	22.7
新闻信息服务	3 692.7	25.8	6 800	23.0	54.3
内容创作生产	1 899.4	2.5	18 585	6.1	10.2
创意设计服务	2 852.8	0.0	12 276	11.3	23.2
文化传播渠道	2 876.8	8.3	11 005	7.9	26.1
文化投资运营	19.8	−4.8	221	13.8	9.0
文化娱乐休闲服务	106.7	2.7	1 583	6.5	6.7
文化相关领域	1 401.5	−3.7	36 153	3.2	3.9
文化辅助生产和中介服务	737.9	2.4	13 899	0.9	5.3
文化装备生产	121.9	−26.9	5 722	2.2	2.1
文化消费终端生产	541.8	−4.6	16 532	5.5	3.3

数据来源：《北京文化产创意产业发展报告（2020）》。

旅游业是传统的文化产业之一。北京作为首都的深厚的文化底蕴和现代化气息交相辉应，受到国内外众多游者的青睐。由表 5.5 可知，2015—2019 年，来北京市的国内旅游人数以超过 4% 的平均速度逐年增长，2019 年达到 31 833 万人；旅游收入也随之连年增长，2019 年高达 5 866 亿元，增长率在 5% 到 10% 之间，最为突出的是 2017 年北京实现旅游收入增长 9.4%。从 2019 年（国内）来京旅游收入构成来看，单纯的景区观光游览只占 9.20%，更多的旅游收入来源于购物（31.80%）、餐饮（21.10%）、住宿（19.10%）和长途交通（11.80%），即旅游业对住宿和餐饮业、交通运输业和零售业等有较强的带动作用（见图 5.7）。所以虽然从数字上看，文化、体育和娱乐业在北京市的税收收入中占比不高，但实际上文化产业对北京市的税收贡献不仅限于此。

表 5.5　2015—2019 年北京市国内旅游情况

年份	旅游人数（万人）	比上年增长（%）	旅游收入（亿元）	比上年增长（%）
2015	26 859	4.4	4 320	8.1
2016	28 115	4.7	4 684	8.4
2017	29 354	4.4	5 122	9.4
2018	30 693	4.6	5 556	8.5
2019	31 833	3.7	5 866	5.6

数据来源：《北京市统计年鉴》。

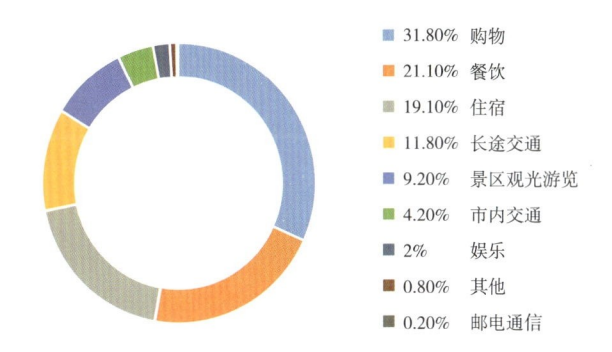

- 31.80%　购物
- 21.10%　餐饮
- 19.10%　住宿
- 11.80%　长途交通
- 9.20%　景区观光游览
- 4.20%　市内交通
- 2%　娱乐
- 0.80%　其他
- 0.20%　邮电通信

图 5.7　2019 年国内（来京）旅游收入构成

"文化+"是未来北京市文化产业发展的方向，也是推动北京文化产业转型升级的最强驱动力。2019 年，文化与互联网融合发展势头强劲，在互联网信息服务、互联网文化娱乐平台、互联网广告等快速发展的带动下，"文化+互联网"领域[①] 收入高达 4 878.5 亿元，同比增长 22.1%，比全市文化产业收入的增长高 13.8%，占全市文化产业收入的 43.8%。由此可见，未来文化产业将成为北京市税源培育的重要支撑。

---

① "文化+互联网"领域包括互联网搜索服务，互联网其他信息服务，互联网游戏服务，互联网广告服务，互联网文化娱乐平台，动漫和游戏数字内容服务，多媒体、游戏动漫和数字出版软件开发 7 个领域小类。

5.3.2.3　首都文化中心定位对北京的财政支出影响

北京市履行首都文化中心的职责，显然离不开政府财政的支持。北京的财政不仅要支付文物保护和修缮、工作人员培训和工资等显性费用，而且要承担首都功能缓解和空间腾退，以及工作人员公共服务供给等隐性成本。其中，部分隐性成本更多地体现在"都"的建设方面。

（1）文物的保护和修缮

《北京城市总体规划（2016年—2035年）》中提出，要加强历史文化名城保护，全面建立老城历史建筑保护修缮长效机制，实施九坛八庙皇家坛庙建筑群、王府建筑群等主题性文物保护修缮整治，构建全覆盖、更完善的历史文化名城保护体系。然而，对北京的文物进行保护和修缮无疑是一个巨大工程。北京联合大学北京学研究基地曾配合市政协文史委员会，对北京市旧城区的332处名人故居进行考察，发现保存完好的仅有80处，且多为纪念馆、博物馆、单位用房和名人后代独院住房，其余200余处均存在不同程度的失修情况[1]。北京市文物局2019年部门决算报表显示，2019年北京市文物相关支出123 054.8万元，占文物局总支出的98.0%，其中文物保护支出50 238.4万元，约占文物总支出的40.8%。

（2）工作人员相关费用

工作人员相关费用主要包括工作人员的培训费用以及社会保障和就业支出等。2019年，北京市文物局培训支出51.3万元，社会保障和就业支出707.2万元，共计758.5万元。随着北京市文化事业和文化产业的蓬勃发展，近年来从事文化领域的法人单位和人员越来越多。至2018年末，全市有文化及相关产业法人单位15.1万个，比2013年末增长54.2%；从业人员121.2万人，比2013年末增长28.7%。其中：经营性文化产业法人单位14.7万个，比2013年末增长55.0%；从业人员111.0万人，比2013年末增长33.5%。公益性文化事业（含社团）法人单位0.4万个，比2013年末增长27.8%；从业人员10.2万人，比2013年末下降7.6%[2]。文化产业行政事业机构或从业人员的增加，必然会加重财政负担。

（3）文物腾退相关费用

为配合首都功能疏解，实现对老城风貌格局的整体保护，北京市政府开展重点文物的腾退工作，并逐步拆除或改造与古都风貌不协调的建筑。然而，

---

[1] 数据来源：https://news.china.com/domestic/945/20161211/30073955_2.html。
[2] 数据来源：《北京文化产业发展白皮书（2020）》。

北京市乃至全国都普遍存在一种现象：文物建筑被大量占用。据媒体披露，北京市有"57处会馆和名人故居作为大杂院用于居民居住，其中存在安全隐患的34处，占文物总量的近60%"[①]。由于产权复杂、不合理使用等原因，腾退工作难度较大，需要投入的资金也相对较多。北京市西城区文化委员会负责人曾表示，西城区需要腾退的文物面积近13万平方米，资金投入以百亿元计，还要配建相应的安置房；拥有131处名人故居的东城区，房价节节攀升，致使改造成本巨大[②]。

（4）公共服务配套

这方面的工作和相关支出，首先来自为新增的文化产业行政事业工作人员提供高质量的公共服务；其次，由于文物腾退和功能疏解等造成企业和人口迁移，承接地区需要增加公共服务建设。《北京公共服务发展报告（2018—2019）》指出，与2016年相比，东城区、西城区、朝阳区、丰台区、石景山区和海淀区的常住人口分别下降3.08%、3.10%、3.03%、3.06%、3.47%和3.15%，通州区、房山区、顺义区、昌平区和大兴区的常住人口分别增加了5.60%、5.30%、4.93%、2.64%和3.96%。近年来，尽管北京市政府加大了承接地区的公共服务建设力度，但整体上仍没能赶上常住人口的增长速度，其公共服务短板依然存在。在基础教育和医疗卫生等重要领域，城市副中心和平原地区新城的人均资源增长缓慢，有些方面甚至有所下降。例如，2017年通州区、房山区、顺义区和昌平区每百在园儿童拥有专任教师数比上年分别下降了6.01%、9.25%、3.45%和4.27%。又如，通州区2017年的每千人口拥有执业医师数、注册护士数和医院床位数分别比上年下降了0.24%、1.08%和0.70%。因此，平原新城的公共服务配套水平仍有待进一步提升，这也对首都财政提出了更高的要求。

5.3.3 首都国际交往中心功能中的北京角色

5.3.3.1 国际交往中心职能概述

北京是中国的首都，在服务国家总体外交方面具有得天独厚的优势，特别是成功举办2014年亚太经合组织领导人非正式会议（APEC会议）、2017年"一带一路"国际合作高峰论坛和2018年中非合作论坛北京峰会等主场外交活动，使北京在筹办组织重大国际会议上积累了成熟的经验，"北京服务"的金字招牌被擦亮，越来越多的大型国际会议都主动选择落户北京。按照国际

---

① 数据来源：https://www.sohu.com/a/146646732_115423。
② 数据来源：https://news.china.com/domestic/945/20161211/30073955_2.html。

大会及会议协会（ICCA）发布的数据，2018年度北京接待国际会议的数量为94个，同比增长13.8%，位居亚太城市第七位、中国首位。

赛会外交也是北京对外交往的重要形式，有助于增强中国的国际影响，提高北京的国际化指数。经过几十年的发展，北京已经成功打造了京交会、科博会、文博会、北京国际电影节、北京国际设计周等一批品牌性国际活动，以及1990年北京亚运会、2008年北京夏季奥运会、2019年男篮世界杯、2022年北京冬季奥运会等世界赛事。2008年北京夏季奥运会的成功举办，向世界展示了中国经济建设的迅速发展，传播了中国独具魅力的传统文化，以及中国热情好客、开放包容的的对外态度，加速了中国与世界的对话。2022年的北京冬季奥运会，是新时代中国面向世界的又一次盛会，进一步带动了首都北京的对外交往，全面提高了北京的国际交往水平。

作为中国的首都，北京还是外国机构驻扎的首选之地。截至2017年，在北京的外国机构有3万余家，其中包括169家外国驻华使馆、236家境外媒体和3 000余家外国企业代表机构，以及7家国际组织总部和25家国际组织的分支机构。常住外籍人口13.2万人，占全市常住人口的0.62%；北京市友好城市数量54个，排名居世界前列[1]。

为加强国际交往能力，近年来北京市服务国际交往的软硬件水平已得到了全面提升。硬件方面，在"一核、两轴、多板块"的国际交往空间布局下，扎实推进雁栖湖国际会都扩容提升，完成雁柏山庄、栖湖组团等重点项目，建成国家会议中心二期、第四使馆区和新国展项目二三期；完善大兴国际机场临空经济区国际会展中心建设，提高国际交往综合承载能力。软件方面，推进"放管服"改革，拓展国际贸易"单一窗口"服务功能和应用领域，开展本外币一体化试点；创新"自然人流动"管理模式，优化外国人来华审批，支持使用"外国人永久居留身份证"开办和参股内资企业，对境外高端人才给予出入境便利，形成一批有影响力的"北京规则"和"北京标准"。《北京市国民经济和社会发展第十四个五年规划和二〇三五年远景目标纲要》提出，到2025年，要将北京初步建设成为国际交往活跃、国际化服务完善、国际影响力凸显的国际交往之都。

5.3.3.2　首都国际交往中心定位对北京的财政收入影响

政治、文化、科技等方面的国际交流带动了国际经济交往，而国际经济

---

[1] 数据来自刘波：《北京国际交往中心建设的现状及对策》，《前线》2017年第9期，第69-71页。

交往的加强，则有利于开拓国际投资场所和市场，吸引国际资本和高端人才，进而促进北京对外经济发展，增加政府财政收入。例如，至2018年9月底，雁栖湖国际会都共承办各类不同规模的会议会展活动10 138场次、接待115.3万人次、获会议会展收入11.05亿元；2020年在北京举办的第三届中国国际进口博览会（进博会）共促成相关机构、境内外企业达成7个项目并现场签约，签约金额约78.8亿元人民币[①]。

(1) 北京市总体对外经济情况

2019年，北京地区进口总值23 495.7亿元，出口总值5 167.8亿元，共计28 663.5亿元；全年吸收合同外资259.7亿美元；实际利用外资142.1亿美元，其中信息传输、软件和信息技术服务业占37.6%，科学研究和技术服务业占25.9%，金融业占11.4%；全年境外投资中方实际投资额72.6亿美元，对外承包工程完成营业额42.2亿美元，对外劳务合作人员实际收入6.6亿美元[②]；外资企业20 632户，上缴地方级税收总额960.1亿元，占比21.3%。

(2) 分产业北京市对外经济情况

在科技产业方面，国际交往促进了北京与世界的科技产业合作。例如，通过组织中德智能制造产业论坛、中德隐形冠军高峰论坛、HICOOL全球创业者峰会德国专场等活动，北京市顺义区与德国大使馆、德国商会、德国中心、德中经济联合会、德国汽车工业协会等30余家专业机构建立了有效对接机制。2021年，北京中德国际合作产业园内已有世界500强博世工业4.0创新中心、威乐水泵全球第二总部和阿吉斯装备制造等23个重点项目落地，重点跟踪在谈项目38个，由规划设计阶段转入发展实施阶段[③]。

在服务业方面，北京市服务贸易占全国服务贸易的比重达到20%。2020年，北京市服务业扩大开放的举措，推动了一批有代表性和影响力的项目落地。据北京市商务局有关负责人介绍，截至2020年，纳入全市服务业扩大开放综合试点项目库的493个项目已落地272个，落地率达55%，近四成为外资项目。其中，投资额超过1 000万美元的项目有132个，超过1亿美元的项目有76个。2019年1—11月，全市服务业新设外商投资企业1 417家，占北京市新设企业的96%；服务业实际利用外资134亿美元，占北京市的95%[④]。

---

① 数据来源：http://wb.beijing.gov.cn/home/dwhz/zczx/lqjs/202011/t20201124_2144252.html。
② 数据来源：《北京市2019年国民经济和社会发展统计公报》。
③ 数据来源：http://wb.beijing.gov.cn/home/gjjwzx/zgdt/202107/t20210714_2436316.html。
④ 数据来源：http://wb.beijing.gov.cn/home/gjjwzx/zgdt/202002/t20200219_1658838.html。

金融业是北京市的"王牌"行业。近年来北京市主动承接国家金融开放的任务，多次举办金融街论坛，积极发挥金融监管、基础设施、人才资源、专业服务等方面的综合优势，使北京日益成为外资金融机构进入中国的首选地。2018年以来，已有40余家外资金融机构落地北京或者扩大在北京的投资，包括标准普尔、惠誉、穆迪三大评级机构，万事达、维萨（VISA）两大国际银行卡清算机构，高盛、瑞银、瑞信等国际知名投资银行以及环球银行金融电信协会（SWIFT）等国际金融组织[1]。

机场临空经济示范区也是北京与世界对话的重要窗口。据《北京市第四次全国经济普查主要数据公报（第四号）——高端产业功能区及新兴产业基本情况》，2018年，首都机场临空经济示范区共有第二产业和第三产业法人单位12 761个，资产总计12 015.3亿元，全年实现营业收入3 978.9亿元。北京首都国际机场南侧的临空国际免税城包含免税、休闲、文化体验、星级酒店、高端写字楼等丰富业态，预计主体商业年销售额将达200亿元，带动周边产业及消费500亿元，远期将达1 000亿元，成为全球最大的临空商业综合体[2]。大兴机场是北京对外经济的另一个动力源，中国民航局负责人表示，2022年大兴机场预计实现吞吐量4 500万人次，到2025年将实现吞吐量7 200万人次。大兴机场临空经济区、自贸区、综保区"三区"叠加，表现出强劲的经济发展态势，相信未来也会成为北京重要的税源之一。

5.3.3.3 首都国际交往中心定位对北京的财政支出影响

为建设国际交往中心，北京需要打造全国一流的国际交往环境，包括进行大规模、高质量的功能设施建设，创造完善的国际化公共服务环境，进行便利的出入境管理，制定开放的国际贸易制度等。其中，功能设施建设和国际化公共服务环境的供给需要政府支付巨额的财政资金。

（1）提供大规模、高质量的功能设施建设

功能设施建设是全面改善国际交往环境和提升配套服务能力的重要支撑。如，历时四年建成的北京大兴国际机场，被《英国卫报》列为新世界七大奇迹之首：目前世界上规模最大的单体机场航站楼，航站区建筑群总面积143万平方米，航站楼主体103万平方米，共82个登机口；世界上最大的减隔震航站楼，整个航站楼共使用了1 320套隔震装置；全球首座双层出发、双层到达的航站楼，整个航站楼地上、地下共七层，航站楼地上三四层

---

[1] 数据来源：http://wb.beijing.gov.cn/home/gjjwzx/zgdt/202009/t20200908_2009082.html。
[2] 数据来源：https://baijiahao.baidu.com/s?id=1589526260229292746&wfr=spider&for=pc。

为出发层，地上一二层为到达层；全球第一座高铁从地下穿行的机场，地下东西两侧是城际铁路和高铁；世界上最大的无结构缝一体化航站楼，站楼混凝土结构 F1 层平面，565 米 × 437 米不设缝，是世界最大的机场单块混凝土楼板；目前世界上施工技术难度最高的航站楼，全球首个"双进双出"的航站楼，共 82 个登机口，安检后从航站楼中心到最远端登机口约 600 米，步行时间不到 8 分钟，效率高于世界其他同等规模机场。据了解，大兴国际机场总共投资约 4 500 亿元，此项费用占 2019 年北京市一般公共预算收入的 75% 以上，极大地增加了北京市的财政压力。花费巨资建造如此规模的现代化机场，不仅为了发展北京的临空经济，而且因其代表了中国与世界交往的"门户"，符合首都国际交往中心的要求。又如，在"一核、两轴、多板块"的国际交往空间布局下，2021 年北京紧紧抓住重大项目建设这个"牛鼻子"，统筹实施 42 个规格高、发展质量好、带动能力强的亿元级重大项目，总投资超过 2 100 亿元，用以提高国际交往综合承载能力。其中，雁栖湖国际会都提升扩容是最重要的内容之一。据有关人士表示，"2019 年，完成第二届'一带一路'国际合作高峰论坛服务保障后，感觉会都还需要再提升。要提供全流程的会议接待，包括承办欢迎晚宴、住宿等，目前一期已经容纳不下了"。2019 年底，首都规划建设委员会审议通过了雁栖湖国际会都专项规划方案，并再次明确了雁栖湖国际会都的定位是服务国家顶层国际交往、可举办全流程主场外交活动的核心承载区。可见，雁栖湖国际会都的建设规模和标准不仅满足了北京市的国际交往需求，而且符合举办国家主场外交活动的会议要求。

（2）完善的国际化公共服务环境

优化国际化公共服务环境是吸引海外人才，提高北京国际影响力的重要保障。目前，朝阳望京、中关村科学城等 8 个国际人才社区品牌逐步形成，未来北京还将从特色示范街区打造、职住一体的工作和居住空间建设等方面发力，打造"类海外"环境。医疗方面，2021 年北京市继续推进安贞东方医院、高博国际医院等重点项目建设；依托北京协和医院、中日友好医院、北京友谊医院等国际医疗服务试点医院，探索落实国际医疗服务医保配套政策；在朝阳区国际医疗联合体试点经验基础上，增设海淀区试点，开展海外战略科技人才家庭医生签约服务[①]。教育方面，北京市出台了《北京市国际学校发

---

① 数据来源：http://wb.beijing.gov.cn/home/gjjwzx/zgdt/202104/t20210422_2365799.html。

展三年行动计划（2019—2021年）》，新添一批国际学校，构建涵盖幼儿园、中小学、高校各层次，中外课程融通的涉外教育服务体系。目前，北京地区有外籍人员子女学校19所，使馆人员子女学校4所，高中中外合作办学机构和项目31个，国际化特色民办学校25所，具备接收外国学生资质的中小学286所[1]。与此同时，北京的教育国际交往也越来越频繁。据悉，目前北京与境外建立交流关系的学校有近2700所，开展了越来越多的师生间友好交流互访；在北京教育系统任教的外籍教师达5000余人[2]。显然，打造高质量国际交往环境需要大量的财政资金支持，而这也是北京建设首都国际交往中心所应承担的成本之一。

5.3.4 首都科技创新中心功能中的北京角色

5.3.4.1 科技创新中心职能概述

创新驱动是国家命运所系、世界大势所趋、发展形势所迫。创新强则国运昌，创新弱则国运殆。北京作为首都，应该起到示范作用，严格执行国家创新驱动发展战略，使北京成为全球科技创新引领者、高端经济增长极、创新人才首选地、文化创新先行区和生态建设示范城。为建设国际科技创新中心，北京市以三城一区为主平台，以创新型产业集群和"中国制造2025"创新引领示范区为平台，优化科技创新布局，促进科技创新成果转化，完善科技创新生态，健全科技人才培育机制，科技创新能力得到极大提升。截至2021年8月，北京市共有457个重点实验室，372家科技研发机构，28761家高新技术企业、120个科技企业孵化器、29个大学科技园、19111家科创企业、95家技术先进型服务企业和318个众创空间品牌[3]。2020年，北京市全年专利申请量与授权量分别为25.7万件和16.3万件，分别比上年增长13.7%和23.6%。至2020年末，北京市拥有有效发明专利33.6万件，同此增长18.0%；PCT国际专利申请量为8283件，同比增长15.6%。全年共签订各类技术合同84451项，同此增长1.5%；技术合同成交总额6316.2亿元，同此增长10.9%[4]。

2020年，施普林格·自然研究团队和清华大学联合发布的《全球科技创新中心指数2020》，从科学中心、创新高地和创新生态三方面构建了全球科

---

[1] 数据来源：https://www.sohu.com/a/308019494_380485。
[2] 数据来源：https://baijiahao.baidu.com/s?id=1677041151236368203&wfr=spider&for=pc。
[3] 数据来源：北京市科学技术委员会、中关村科技园区管理委员会。
[4] 数据来源：《北京市2020年国民经济和社会发展统计公报》。

技创新中心创新能力和发展潜力的指标体系，并对全球科技创新中心进行综合排名（见表5.6）。从城市职能来看，作为首都城市的日本东京、中国北京、英国伦敦创新优势显著。这些城市汇聚了其本国乃至世界最顶尖的创新企业，是科学研究的重要阵地，无论在存量数据还是增量数据上都表现优异。此次入选的中国城市共有四个，分别是北京、上海、香港和深圳，它们的综合排名分别为第5名、第17名、第22名和第25名，在上述四个城市中北京位列第一。其中：北京在科学中心方面得分85.96，排名第8位；在创新高地方面得分86.49，排名第3位；在创新生态方面得分77.96，排名第11位。北京在这几方面均领先于上述国内其他城市。无独有偶，首都科技发展战略研究院和中国社会科学院城市与竞争力研究中心联袂发布的《中国城市科技创新发展报告2020》，根据科技创新发展指数对中国城市的创新能力排序后显示，排在前10名的城市依次为北京、深圳、上海、南京、杭州、广州、苏州、武汉、西安、天津，北京继续领跑其他城市。

表5.6 全球科技创新中心综合排名（前10名）

都市/都市圈	综合得分	排名	科学中心得分	排名	创新高地得分	排名	创新生态得分	排名
旧金山–圣何塞	100.00	1	91.59	3	100.00	1	100.00	1
纽约	88.44	2	100.00	1	67.63	11	94.26	2
波士顿–坎布里奇–牛顿	85.57	3	98.49	2	67.91	10	87.73	4
东京	84.75	4	82.99	10	90.92	2	76.37	15
北京	84.68	5	85.96	8	86.49	3	77.96	11
伦敦	80.69	6	88.49	4	63.63	18	88.09	3
西雅图–塔科马–贝尔维尤	77.61	7	81.80	14	69.47	9	80.04	9
洛杉矶–长滩–阿纳海姆	76.88	8	85.10	9	63.46	19	81.18	6
巴尔的摩–华盛顿	76.72	9	87.96	5	63.74	15	77.90	12
教堂山–达勒姆–洛丽	76.58	10	87.13	7	64.20	14	77.81	13

数据来源：《全球科技创新中心指数2020》。

值得注意的是，在科技创新领域中，硬科技①是事关国家发展的关键技术、国家经济建设的基石，因此，掌握硬科技的城市才是真正意义上的科技中心。《2020年中国硬科技创新白皮书》选择科技人才、硬科技投入、高新技术产出、硬科技企业以及科技创新环境五个维度的指标来衡量各个城市的硬科技创新能力，北京市以84.04的硬科技指数排名第一，遥遥领先于排名第二的上海市（硬科技指数50.48）。并且，北京市在上述各个维度的指数均排名第一，其科技人才、硬科技投入、高新技术产出、硬科技企业和科技创新环境指数分别为80.80、79.28、80.72、82.37和97.02，具体见表5.7。

表5.7 中国城市硬科技指数排名（前5名）

硬科技指数排名	城市	城市硬科技指数	科技人才指数	硬科技投入指数	高新技术产出指数	硬科技企业指数	科技创新环境指数
1	北京	84.04	80.80	79.28	80.72	82.37	97.02
2	上海	50.48	39.59	47.28	51.76	62.69	51.06
3	深圳	42.92	21.05	55.49	48.54	68.22	21.28
4	广州	39.46	41.41	42.20	42.75	34.19	36.76
5	西安	35.83	39.84	42.24	60.84	11.24	25.00

数据来源：《2020年中国硬科技创新白皮书》。

据《2020年中国硬科技创新白皮书》，北京市的硬科技创新指数排名全国第一，得益于其所拥有的近200所中央级科研院所和近40所中央级高校，以及超过100个国家重点实验室和超过60个国家工程技术研究中心，它们有效推动了科技成果的价值转化，通过打通科研院所和企业之间的连接，有效提升了科技创新驱动效率。2020年，自然指数（Nature Index）公布了全球自然指数排行前20位的科研机构榜单，该榜单展示了不同国家和科研机构在自然科学领域的高质量科研产出情况。其中，中国科学院以1 805.22的得分位列第一，远超第二名哈佛大学；中国科学技术大学、北京大学、清华大学、

---

① 硬科技是指能够改进社会物质产品生产效率、创造社会全新价值的关键性技术，是通过大量研发投入积累形成的知识密集型产业，依托核心专利技术积累，转化形成的"硬"产品或"硬"服务。我国新时期的"硬科技"主要集中在以下十大方向：新一代信息技术、新一代半导体技术、信息通信设备、生物技术、交通运输工程机械及制造装备、医药制造、新材料、航空航天、新能源、节能环保。

南京大学、中国科学院大学分别排在第 8、10、12、13、15 位。在上述入榜国内高校中，北京大学、清华大学、中国科学院总院位于北京市，中国科学院大学在京内也有 4 个校区，这足以证明北京创新发展的背后有着强大的科研力量支撑（见表 5.8）。

表 5.8　2020 年全球自然指数排行 TOP15 榜单

机构	2019 年得分	2019 年发表数量
中国科学院	1 805.22	5 480
哈佛大学	925.15	2 577
马克思普朗克学会	764.83	2 613
法国国家科学研究中心协会	723.45	4 433
斯坦福大学	646.44	1 656
麻省理工学院	560.07	1 863
亥姆霍兹德国研究中心协会	485.75	2 200
中国科学技术大学	455.82	1 231
牛津大学	453.65	1 367
北京大学	437.62	1 616
东京大学	429.97	1 185
清华大学	428.61	1 392
南京大学	422.31	1 034
剑桥大学	416.03	1 320
中国科学院大学	407.88	2 336

数据来源：《2020 年中国硬科技创新白皮书》。

5.3.4.2　首都科技创新中心定位对北京财政收入影响

近年来，北京的高新技术产业发展迅猛，取得了惊人的成绩。据《北京市 2020 年国民经济和社会发展统计公报》显示，2020 年北京市全年实现新经济增加值 13 654 亿元，比上年增长 6.3%；其占全市地区生产总值的比重为 37.8%，比上年提高 1.5 个百分点。高技术产业实现增加值 9 242.3 亿元，比上年增长 6.4%；其占地区生产总值的比重为 25.6%，比上年提高 1.1 个百分点。

战略性新兴产业实现增加值 8 965.4 亿元，增长 6.2%；其占地区生产总值的比重为 24.8%，比上年提高 1 个百分点。（高技术产业、战略性新兴产业二者有交叉。）

显然，高科技产业已经成为北京税源的重要组成部分。如前所述，2020 年北京市科学研究和技术服务业税源企业户数占比 21.29%，仅次于批发和零售业，位列第二；信息传输、软件和信息技术服务业税源企业户数占比 3.53%，位列第七。从税源企业税收收入角度看，信息传输、软件和信息技术服务业税收贡献位列第五，占比 9.56%；科学研究和技术服务业税收贡献排名第七，占比 6.97%。分析其税收情况可知，信息传输、软件和信息技术服务业的单位税源平均缴税额较高，以较低的企业户数贡献了较多的税收收入；科学研究和技术服务业则以企业数量优势推高了该行业的税收收入。两个行业占比相加，共占全市税收总额的 16.53%，略高于税收占比排名第二的房地产业（16.15%）。

从目前经济的发展趋势来看，北京的高新技术产业发展前景光明，未来或将成为北京财源和税源的主力军。值得注意的是，在培育新税源的过程中，要充分发挥首都科技创新中心的优势，全力释放高新技术产业的集聚效应。科技竞争的根本是人才的竞争，中关村位处海淀区，与清华、北大等高校院所联系紧密，是北京市高科技人才的主要集聚地。在汤森路透发布的"2017 全球最具影响力科学家"中，北京有 69 人入选，全部来自中关村科学城，占全国入选人数的 30.4%。人才的集聚必然会带动高新技术产业的发展，截至 2019 年，中关村有"独角兽"企业 81 家，居全球第二位，仅次于美国硅谷；有国家高新技术企业 1.6 万家，每天在中关村新设立的科技企业超过 50 家[1]。未来，在中关村科技园区"一区多园"的发展格局下，进一步释放高新技术产业的集聚效应，加强北京各区及京津冀之间的科研、产业合作，能更好发挥中关村科技园区的辐射带动作用，做大做强京津冀高新技术产业。与此同时，也要促进产业数字化转型，以数字技术驱动文化与科技、旅游、金融等传统行业的融合发展，切实用数字赋能实体经济，让更多领域成为数字新技术"试验场"、新模式"练兵场"和新业态"培育场"。要鼓励企业利用数字化技术推动商业模式创新和生态重构，重点推动大数据、云计算、物联网、人工智能、5G 和区块链等数字技术的广泛应用，进一步提升传统产业

---

[1] 数据来源：https://baijiahao.baidu.com/s?id=1692358648211495510&wfr=spider&for=pc。

效率，加快传统产业数字化、智能化、绿色化升级改造。由此在建设好首都国际科技创新中心的同时，培育可持续的优质财源和税源。

5.3.4.3 首都科技创新中心定位对北京的财政支出影响

科技创新是一个国家的核心竞争力。近年来，我国一直加大科技经费投入规模，力争提高我国的科技创新水平，作为科技创新中心的首都北京更是如此。2019 年，北京市科学技术支出 314.1 亿元，占一般预算内支出（3 070.5 亿元）的 10% 以上，远远超过全国科学技术支出占总支出的比重（4%）。具体而言，北京市在履行首都科技创新中心职能时，主要从以下几方面提供了支持。

（1）税收优惠和财政补贴

为培育壮大高新技术企业，北京市政府实施了一系列税收优惠和财政补贴。一是允许符合条件的企业减租、免租入驻孵化器，或给予一定的房租补贴。例如，2018 年门头沟区政府出台"门创三十条"房租补贴和"高精尖"房租补贴政策，分别给予企业共计 667 万元和 859 万元的房租补贴。二是北京市、区给予高新技术企业各种税收优惠。例如，注册在北京中关村科技园区（包括海淀园区、昌平园区、丰台园区、北京市经济技术开发区、朝阳区电子城、西城德胜科技园区）内并经有关部门认定为高新技术企业的，一律按 15% 的税率缴纳企业所得税；同时，企业出口产品产值达到其当年总产值 40% 以上的，经税务部门核定可以减按 10% 的税率征收企业所得税。三是北京市、区的资质认定和其他财政补贴。如高新技术企业认定项目、北京市高新技术成果转化项目、中关村生物医药公共服务平台支持资金项目、海淀区服务外包扶持资金、朝阳区企业研发投入资助计划项目等，或是增加了北京市的财政支出规模，或是降低了市财政收入水平，是北京市支持企业科技创新的显性成本。

（2）良好的企业发展环境

这方面，北京市主要从新型基础设施建设、工业用地开发供给、人才引进培养服务三个方面为高新技术企业快速发展提供保障。一是加快新型基础设施建设，包括 5G、光纤等通信网络基础设施，人工智能超高速计算中心、区块链共性平台等数据智能基础设施，覆盖终端、用户、网络、云、数据等可信安全基础设施以及新能源汽车充电桩等新型基础设施。仅 2020 年北京市科学技术委员会发布的第二批 30 个应用场景建设项目，总投资额就高达 52.9 亿元。二是强化空间资源配置，综合采取弹性出让、共有产权、先租后让、

"标准地"等多种方式,加强全市高新技术产业工业用地的开发和供给。例如,为了支持北京市"双发动机"之一的医药健康产业发展,《北京市加快医药健康协同创新行动计划（2021—2023年）》提出,要新增不少于3 000亩可上市的工业用地供给,三年为医药产业企业新增300万平方米楼宇空间保障,加快医疗器械、细胞与基因治疗等70万平方米标准厂房建设,规划新建诊断试剂、核酸药物等180万平方米标准厂房。三是对海内外优秀人才的引进、评价、激励、流动、培养、服务保障等重要环节进行突破和创新。符合条件的创新创业团队,可获得最高1 000万元的一次性奖励。引进人才可在聘用单位的集体户或聘用单位所在区人才公共服务机构的集体户办理落户,引进人才的配偶和未成年子女可随调随迁；为留京人才提供公租房和共有产权房；为畅通人才就医提供"绿色通道",为引进的优秀杰出人才提供一定比例的商业医疗保险补贴支持；在"三城一区"、科技创新产业聚集区等区域配置优质学校,多措并举加强在京海内外人才子女入学服务；加快建设国际人才社区,推动建设一批具有国际品味的示范街区与时尚景观,积极营造"类海外"的工作和生活环境。这些助力高新技术企业发展的措施在无形之中增加了北京市的财政压力,成为政府支持企业科技创新的隐性成本。

（3）配合首都减量发展

疏解非首都功能背景下的减量发展也增加了北京市助力企业创新的成本。由于科研投入具有成本高、风险大的特点,北京市对孵化器企业提供了许多政策支持,但是其周期长、回报慢的特点使得政府在短期内难以培育充足的财源。从长期来看,成长起来的高新企业确实有助于政府的财源扩充,然而在北京人口总量上限、生态控制线、城市开发边界三条红线的限制下,完成孵化的企业很可能会迁移到其他城市。据统计,北京市在过去4年内（截至2021年）已出走了673家高新技术企业,位于全国第一,比排名第二的太原高出八倍。在这673家企业里,仅有5%的北京企业留在了京津冀,其余绝大部分选择迁往长三角与珠三角各城市,最受企业青睐的是南京市,约有52%的北京企业迁到了南京。为了吸引异地高新技术企业的落户,南京市开出了非常有吸引力的条件：对有效期内整体搬迁至南京的外地高新技术企业,予以50万~70万元的搬迁奖励,并提供100平米左右免租金的创业场所,这对于迁移成本低的轻资产企业和中小型企业来说具有非常大的吸引力[1]。

---

[1] 数据来源：https://baijiahao.baidu.com/s?id=1706306191467357292&wfr=spider&for=pc。

（4）推进京津冀科技创新协同发展

在京津冀产业协同发展的过程中，北京市毫无疑问起到了示范带动作用。一方面，北京市要支持中关村科技园在津冀落地，通过总部－生产基地、园区共建、设立生产基地等多种方式带动津冀高新企业发展，推动京津冀"创新链、产业链、供应链"深度融合，加大首都科技创新中心的辐射作用。据悉，截至 2020 年 10 月，中关村企业在天津、河北两地设立的分支机构累计已超过 8 300 家，北京流向津冀的技术合同成交额累计超过 1 200 亿元[①]。另一方面，对企业迁出北京但留在北京生活的相关人员，北京市还要继续提供配套服务。这些无疑也增加了北京市的财政负担。

5.4 "五子"联动对北京未来财政的影响

2021 年，时任北京市委书记蔡奇指出，"北京就属于有条件的地方，党中央已从战略上布好局，我们要在紧要处落好子，率先探索有效路径"。"在紧要处落好子"中的第一子是率先建设国际科技创新中心，第二子是抓好"两区"建设，第三子是建设全球数字经济标杆城市，第四子是以供给侧结构性改革引领和创造新需求，第五子是深入推动以疏解北京非首都功能为"牛鼻子"的京津冀协同发展，即做好"五子"联动。

5.4.1 "十四五"期间首都北京"五子"联动的发展规划

5.4.1.1 建设国际科技创新中心

发挥集中力量办大事的制度优势，打造国家战略科技力量，以三城一区为主平台，以创新型产业集群和"中国制造 2025"创新引领示范区为重要平台，提高科技创新能力，促进科技创新成果转化，优化科技创新布局，辐射带动京津冀产业梯度转移和转型升级。聚焦中关村科学城，建设科技创新出发地、原始创新策源地和自主创新主阵地，率先建成国际一流科学城。续写怀柔科学城的"突破"篇章，着力培育创新创业生态，推进大科学装置和交叉研究平台建设运行，布局一批设施平台、创新主体，加快形成战略性创新突破。搞活未来科学城，率先形成"两谷一园"创新突破格局，打造科技与城市有机融合发展的新示范，办好中关村昌平园，全力做强推动创新发展的重要引擎。做好北京经济技术开发区，完善扩区后战略性产业布局，超前对接三大科学城科技成果，着力拓展科技成果转化承载空间，打造"高精尖"

---

① 数据来源：https://baijiahao.baidu.com/s?id=1687111332405627433&wfr=spider&for=pc。

产业主阵地。发挥"三城一区"科技创新的辐射带动效应，促进各区高端化、特色化、差异化发展，延伸创新链、产业链和园区链，推广形成可复制、可借鉴的创新发展模式和政策体系。

5.4.1.2 "两区"建设

全面推动国家服务业扩大开放综合示范区建设，高标准、高质量建设中国（北京）自由贸易试验区。聚焦科技创新、服务业开放、数字经济和区域协同开放，对标国际先进规则和最佳实践，形成与国际接轨的投资贸易服务体系。探索国际开放新制度，落地一批有突破、有活力、有实效的制度创新成果，形成一批有影响力的"北京规则"和"北京标准"。打造国际创新发展新高地，以产业集群为基础，整合集聚要素资源，形成资源优势互补、生态高效支撑、特色错位发展的"多区"发展格局。具体包括：①国家服务业扩大开放综合示范区，突出金融街、丽泽金融商务区、通州文旅区、中央商务区（CBD）等重点园区建设，与自贸区三个片区衔接联动。②科技创新片区大力发展新一代信息技术、生物与健康、科技服务等产业，打造数字经济试验区、全国创业投资中心、科技体制改革先行示范区。③国际商务服务片区遵循特色化差异化原则，在CBD和金盏国际合作区聚焦跨境金融、专业服务、数字经济国际合作等领域加大创新力度，在天竺综合保税区和首都国际机场临空经济示范区聚焦临空经济、商务会展、数字贸易等领域推动港产城融合发展，在运河商务区和张家湾设计小镇重点打造京津冀金融创新、高端商务和城市设计发展高地。④高端产业片区重点发展商务服务、国际金融、文化创意、生物技术和大健康等产业，与科技创新片区协同打造战略性新兴产业集群和国际高端功能机构集聚区。⑤同时加快实施大兴国际机场临空经济区行动计划。

5.4.1.3 数字经济

"十四五"时期，要夯实数字化发展新基础，贯彻落实北京大数据行动计划，加速数字经济新基建，稳固数字化转型技术支撑。要加快建立数字经济示范区，创建一批研发与转化功能型平台标杆，推出一批在线新经济品牌，将朝阳等区打造成为数字经济示范区；加快新场景应用示范，率先在城市副中心、三城一区、东奥园区、大兴国际机场等区域建设一批数字经济示范应用场景，推动以工业互联网、车联网、智能城市感知为重点的垂直行业场景应用示范。要推动数字经济与实体经济深度融合，加快"研发+生产+供应链"数字化转型，以数字技术驱动文化与科技、旅游、金融等传统行业的融合发展，切实用数字赋能实体经济；聚焦 5G、大数据、区块链等新一代信息技术产业，引进和培育一批行业领军企业、"独角兽"企业、国家高新技术企业等，加快形成数字经济集群化发展格局。要推进政府服务与市场参与高效协同，建立"用数据说话、用数据决策、用数据管理、用数据创新"的城市管理服务机制。力争数字经济增加值年均增长 7.5% 左右，实现全方位、全角度、全链条、全要素数字化转型，着力打造全球数字经济标杆城市。

5.4.1.4 以供给侧结构性改革引领和创造新需求

在供给侧发力，优化升级产业结构是核心任务，要大力发展智能制造高端制造，全面提升金融业核心竞争力，加快推动科技服务业与创新链联动发展，提升软件和信息服务业融合力、支撑力，推动专业服务业高端化、国际化发展，支持国际合作产业园，引进一批先进智造业和隐形冠军企业，稳定一批海外供应链企业。以优质供给带动消费升级是着力点，要牢牢把握扩大内需战略基点，深入挖掘消费市场潜力，构建多元化、高品质消费供给体系，增强消费对经济发展的基础性作用。拓展消费新场景，鼓励传统商业企业运用物联网、虚拟现实、增强现实等新兴信息技术，实现更人性化、更具魅力的消费体验。加速数字新业态新模式、新消费的发展，要在电子商务、生活服务、文娱消费、文化教育、医疗健康、现代农业等领域，做大做强一批平台型数字化服务旗舰企业。扩大文化有效供给潜力巨大，要优化文化创新发展政策环境，充分释放文化创新活力、文化消费潜力，培育发展新型文化企业、文化业态、文化消费模式；积极搭建国际文化交流、展示与传播平台，促进文化贸易高水平发展，建设面向世界的文明交流互鉴首要窗口，讲好中国故事、北京故事。优化投资供给结构是重要支撑，要发挥投资对优化供给结构的关键作用，加快构建适应减量发展、城市更新的投资体制机制，促进投资在量的合理增长中实现质的有力提升。

5.4.1.5 京津冀协同发展

紧抓疏解非首都功能"牛鼻子"，严格落实"双控""四降"要求，实现"人随功能走，人随产业走"，突出"以提促疏、以提促治"，鼓励存量空间"腾笼换鸟"，强化"留白增绿"。深化京内区域协同发展，平原新城强化承接中心城区人口疏解和适宜功能的定位，生态涵养区加强市内优质资源承接和结对协作。全力支持北京城市副中心和河北雄安新区建设，推动医疗、教育资源向副中心辐射，以数字经济为方向，在副中心打造高端商务、文化旅游、数字信息等千亿级产业集群，建设独具特色的功能小镇；主动配合支持部分央、市属企业向雄安新区等地疏解转移。推动京津冀协同发展，发挥"一核"作用，大力推动区域交通一体化；构建跨区域创新链、产业链、供应链，以创新链带动产业链和供应链构建；促进京津冀公共服务资源互补和交流合作，在文化旅游和教育、养老服务等方面积极寻求津冀外溢空间，加大合作的广度与深度，形成产业、空间、人才上的互动；深入开展区域间对口帮扶，共绘跨界区域协同发展"同心圆"。

5.4.2 "五子"联动对未来北京财政收入的影响

5.4.2.1 高新技术产业

高新技术和战略新兴产业具有资源消耗少、附加价值高、符合首都科技中心定位等特点，是北京市长期税源建设的必然选择。就近几年高新技术产业的发展情况来看，北京市高新技术产业已经初具规模，未来发展前景光明。"十四五"期间，北京市将进一步夯实智能制造、高端制造产业基础，大力发展新一代信息技术产业，做大做强医药健康产业，加快发展新能源智能网联汽车产业，形成小米智慧园、奔驰产业园等一批具有竹林效应的产业生态集群；支持国际合作产业园，引进一批先进智造业和隐形冠军企业，稳定一批海外供应链企业；大力发展服务型制造，培育一批具有总承包、总集成能力的大型综合性装备企业，带动上下游产品及技术供应商在京布局。

在京津冀高新技术产业协同发展的过程中，与国内长三角、珠三角地区相比，目前京津冀一体化程度还不够高，津冀两地在产业结构、产业梯度等方面与北京市存在较大差距，难以承接北京市高精尖产业的生产制造。显然，这将极大地影响京津冀地区的税源培育和产业可持续发展。未来，京津冀地区将通过总部－生产基地、园区共建、科技创新券通用等方式开展合作，加强跨区域创新链、产业链、供应链的构建，支持一批协同创新中心、共性技术合作研发服务平台、成果转化基地等创新载体在津冀地区落地；着力构建供应链体系，在京津冀更大范围推动创新成果孵化、转化和产业化落地，推动相关核心零部件项目就近在京津冀落地。这些方案的实施必然会进一步推动北京高新技术产业的高质量发展，加速京津冀的协同发展，未来高新技术产业有望形成对北京税收收入的有力支撑。正如《北京市"十四五"时期公共财政发展规划》所指出的，力争到2025年，高精尖产业形成的财政收入占比达到59%。

5.4.2.2 "两区"建设

自习近平总书记在2020年中国国际服务贸易交易会上宣布支持北京打造

"两区"以来,"两区"建设取得了令人瞩目的成绩。至"两区"建设一周年,国务院共批复"两区"方案中涉及的251项任务,其中落地实施203项,完成了3年至5年期任务目标的80%。累计新增项目2 000余项,其中项目落地近50%;累计建成包含金砖国家疫苗研发中国中心、国家金融标准化研究院、京津冀征信链、全球首个网联云控式高级别自动驾驶示范区等在内的35个重点平台。在"两区"政策的带动下,2021年1—7月,北京市新设外商投资企业1 035家,同比增长55.2%。北京市实际利用外资103.3亿美元,同比增长19.1%[①]。目前,"两区"建设实现了良好的开局,未来"两区"建设将进一步联合数字经济释放更大的潜力。"十四五"期间,北京将继续建设国际信息产业和数字贸易港,实施"产业开放+园区开放"模式,试行跨境服务贸易负面清单式管理,在海淀、朝阳、大兴打造三个数字贸易试验区;构建数字贸易跨境服务支撑体系,探索建立数据跨境流动规则、安全保护及风险管控机制。这些规划不仅弥补了北京服务贸易方面原有的发展短板,推动了数字贸易的发展,而且有利于在未来扩展税源。

5.4.2.3 数字经济

数字经济是北京社会经济发展的新引擎。中国信息通信研究院联合新京报贝壳财经发布的《北京数字经济研究报告(2021年)》显示,2020年,北京数字经济占GDP比重达55.9%,位列全国第一,超过广东(47.2%)、上海(55.1%);增速高达9.2%,高于同期GDP名义增速7.1个百分点,高于上海(8.6%)、广东(7.0%)等省市。这几年北京数字经济规模不断攀升:北京市数字产业化规模占GDP比重由2008年的11.5%提升至2020年的18.9%;产业数字化占GDP比重由2008年的8.9%提升至2020年的37.0%[②]。由此可见,北京数字经济具备良好的发展基础,蕴含着巨大的发展潜力。

2021全球数字经济大会上发布的《北京市关于加快建设全球数字经济标杆城市的实施方案》提出,北京将通过5到10年的接续努力,打造引领全球数字经济发展的"六个高地",到2030年建设成为全球数字经济标杆城市。为实现这一发展目标,"十四五"期间北京将释放更多政策红利,一方面要加快数字产业化发展,打造国内领先的工业互联网产业集群,形成活跃完善的产业生态,加快建设国家网络安全产业园;另一方面要促进产业数字化转型,加强数字经济向三大产业渗透,加快传统产业数字化、智能化、绿色化升级

---

① 刘馨蔚:《"两区"建设为北京加速》,《中国对外贸易》2021年第10期,第62—63页。
② 京轩:《北京数字经济规模占GDP比重居全国第一位》,人民邮电报2021年8月16日第三版。

改造，让更多领域成为数字新技术"试验场"、新模式"练兵场"和新业态"培育场"。这些政策的实施将推动北京数字经济进一步发展，与其他"四子"产生联动效应，促进北京经济持续、健康、高质量发展，并成为北京未来税源的重要支撑。

5.4.2.4 文旅等消费服务业

北京是世界闻名、拥有悠久历史的文化古都，具备丰富的文旅资源和较为成熟的文旅产业发展经验。未来，北京将秉承数字化、国际化的发展方向，构建国际一流的中国影都平台体系，打造高质量"影视文化+"产业业态；实施文化与旅游融合发展工程，依托"一城三带"建设一批富有文化底蕴的世界级旅游景区，突出打造重要旅游节点；鼓励景区和文旅企业加快现代技术运用，推出云旅游、云观赏服务，打造"吃住行游购娱"等游前、游中、游后全过程线上服务体系；鼓励开展"智慧旅游+推广创新"，鼓励自媒体、公众号开展线上直播，推介名吃、名镇、旅游消费地；推出一批"网红打卡地"，发挥集聚人气、带动发展的作用；打造系列特色品牌节庆赛事活动，塑造文旅品牌新形象。《北京市"十四五"时期文化和旅游发展规划》提出，力争到"十四五"期末，全市实现旅游收入9 000亿元，市属艺术表演团体演出场次达到7 500场，人均公共文化设施建筑面积达到0.39平方米/人，四级公共文化设施基本全覆盖。

此外，北京的消费能力在国内一直名列前茅，具备广泛的消费群体和巨大的消费潜力。未来，北京将继续促进消费扩容提质，力争打造新型消费标杆城市。与"两区"建设融合，积极发展"首店"经济，布局一批免税店，引入一批国际品牌店、旗舰店；打造金盏国际合作服务区、大兴国际机场临空经济区等国际消费枢纽。搭载数字经济，鼓励发展"5G+医疗""AI+健康"，提倡培育游戏动漫、养老护理、托幼托育等新消费，加快实施"互联网+"消费；引导传统零售企业开展线上线下销售，大力培育"云逛街""云生活"等线上消费新业态，引进线上线下交互式应用体验项目。打造西单、大栅栏、三里屯、CBD等精品商圈，扩大高品质消费供给。推动夜间经济发展，鼓励商业街区、大型商业设施发展"深夜食堂"，集中培育集合娱乐、餐饮、休闲体育等多种业态的"夜间集市"，据《阿里巴巴夜经济报告2020》显示，北京夜间线上消费在全天占比为45%，是扩大内需不可忽视的重要部分。近年来，北京市第三产业的税收收入占比一直保持在85%以上，在税收总收入中占有主导地位，而文旅等消费服务业又是第三产业的重要组成部分，无疑是增加北京财政收入的重点关注对象。上述"十四五"期间消费扩容增质的具体规划，为北京未来的服务业高质量发展注入了"强心剂"，将令转型期间北京的财政收入得到有力保障。

5.4.3 "五子"联动对未来北京财政支出的影响

5.4.3.1 科研经费支出

为建设国际科技创新中心，推动高新技术企业蓬勃发展，发挥北京科技创新对天津、河北地区的辐射带动作用，保持并不断提高北京的科技研发能力是关键，而科技研发能力的增强离不开持续、大量的科技研发投入。如图 5.8 所示，2017—2020 年北京市研发（R&D）经费的投入规模不断扩大，投入强度不断增加，即使在新冠肺炎疫情期间仍然保持着继续增长的态势。据近几年的《全国科技经费投入统计公报》所示，北京市的 R&D 经费投入强度一直名列全国首位。未来，北京市将以三城一区为主平台持续发力：支持基础前沿研究，加强"从 0 到 1"的基础研究布局，提高原始创新能力；突破关键核心技术，建立关键核心技术攻关的"揭榜挂帅"和重点项目遴选机制，精准支持突破"卡脖子"技术的重大创新项目；优先支持产业链核心环节技术的场景示范应用，孵化引进一批特色"高精尖"企业。显然，这些规划的实施需要北京市政府加大或至少保持原有的科研投入力度，而这也是未来北京财政不可缩减的刚性支出。

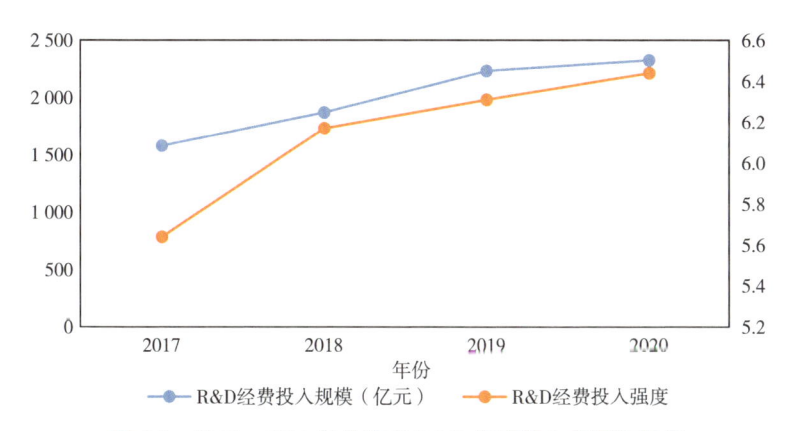

图 5.8　2017—2020 年北京市 R&D 经费投入规模和强度

数据来源：笔者根据2017—2020年《全国科技经费投入统计公报》整理。

然而，科技研发具有资金多、周期长、风险大、见效慢的特点，因此，科技研发引起的财政收益可能需要较长时间才能显现出来，基础研究更是如此。此外，当在北京孵化的高新技术企业成熟之后，即面临其他城市政策红利的诱惑，存在迁出北京的风险，从而降低财政资金对未来财政收入的拉动作用。因此，如何保障孵化成功的高新技术企业继续留在北京发展，为北京财政贡献税收至关重要。

5.4.3.2 新旧基建支出

一方面，"铁""公""机"等老基建仍然是未来北京发展的坚实基础。例如，京津冀协同发展要求大力推动区域交通一体化，"十四五"期间，北京计划建设直连直通的交通体系，服务"轨道上的京津冀"，提升京津—京沪—京雄—京广等城际线路在区沿线景观效果，为跨区的产业、公共服务合作等提供便利交通基础。又如，北京城市副中心综合交通枢纽计划将于2024年底通车，它是连接北京两个机场的唯一轨道交通节点，由此到首都国际机场15分钟，到大兴国际机场35分钟，为推进"两区"建设提供了良好的交通保障。

另一方面，新基建是决定北京未来科技发展方向和速度的基石。"十四五"期间，北京将加快5G、光纤等通信网络基础设施建设，实现重点区域、典型应用场景优先精准覆盖，推动通信网络基础设施与技术同步发展；加快人工智能超高速计算中心、区块链共性平台等数据智能基础设施建设，提升数据中心服务能力；加快覆盖终端、用户、网络、云、数据等可信安全基础设施建设，筑牢数字经济发展安全底座；加快新能源汽车充电桩等新型基础设施建设，包括到2022年新建不少于5万个电动汽车充电桩，建设100个左右换电站。

实际上，不管是老基建还是新基建，对北京未来财力的压力都不容小觑。如北京市发改委公布的2021年"3个100"重点工程计划中，重大基础设施项目有100个，占总项目数的1/3，另有100个重大民生改善项目、100个科技创新及高精尖产业项目，项目总投资超1.3万亿元，当年计划完成投资约2 780亿元。要顺利完成如此规模的基建投资，仅依靠财政投入是远远不够的，还需要利用好政府投资的杠杆作用，激活私人资本，鼓励采用政府和社会资本合作（PPP）等合作模式，带动更多的私人投资加入。

5.4.3.3 京津冀协同发展财政支出

纵深推动京津冀协同发展是"十四五"期间北京市的工作重心之一，因此也成为未来北京财政的重点支出方向。为早日建成以首都为核心的世界级城市群，除了大力推动京津冀交通一体化，还需要在产业、公共服务、环境治理等多方面加强合作。例如，《北京市"十四五"时期公共财政发展规划》

提出，未来几年将重点支持雄安新区－中关村科技园等重点平台建设，推动区域内实验室、科学装置、试验场所的开放共享，构筑三地"政产学研用"一体的创新生态环境；创新开展对口协作和对口合作，完善多元化生态补偿机制，支持张家口首都水源涵养功能区和生态环境支撑区建设；支持市属学校、医院到雄安新区合作办学、办医联体，支持"三校一院"交钥匙项目建设，推动在京部分优质公共服务资源向雄安新区转移。这些规划的实施离不开京津冀财政资金的支持，其中北京市作为京津冀协同发展的"带头人"，势必会承担较多的支出责任。

6 首都财政的国际比较

首都作为一个国家的核心城市，承担着政治、经济、文化、国际交往等多种功能。2014年2月，习近平总书记视察北京并发表讲话，就北京的核心功能提出了明确的城市战略定位。即，要坚持和强化北京的"四个中心"核心功能，即全国政治中心、文化中心、国际交往中心、科技创新中心，深入实施人文北京、科技北京、绿色北京战略，把北京建设成为国际一流宜居之都。2020年北京市政府工作报告指出，要紧抓疏解北京非首都功能的"牛鼻子"不放松，推动实现京津冀协同发展的中期目标，更有力推动城市副中心高质量发展，紧扣"七有""五性"，让人民群众有更多的获得感、幸福感和安全感。"十四五"规划也明确提出，要推动区域经济发展，优化行政区划设置，发挥中心城市和城市群落的带动作用，高标准、高质量地建设雄安新区。

现代财政的主要功能之一在于提供公共物品，满足社会公共需要，并纠正市场失灵问题。对于一个城市来说，城市财政的基本功能在于满足城市职能的需要，城市职能指城市在一定区域内的经济和社会发展中所承担的职责和分工，也包括城市中所进行的各种生产、服务性活动。北京作为首都城市，不仅具有一般的城市职能，而且具有特殊的首都职能，这就需要建立与之相适应的特殊的"首都财政"体制，使之与一般城市的财政体制有所区分，以便于北京市在履行一般城市职能的同时，更好地发挥首都职能的作用，从而促进整个首都经济圈的协同发展。因此，有必要对首都财政问题进行研究分析，探究符合北京市的财政体制建设。

世界重点国家首都财政体制的特点，主要由国家结构形式和首都城市功能两个关键因素决定。其中，首都城市功能对财政体制的决定作用更明显。按各国首都之功能与其财政体制之间的关系，可以分为不同的财政体制类型。本章选择美国首都华盛顿哥伦比亚特区（以下简称"华盛顿特区"）、日本首都东京都和英国首都伦敦市作为样本，考察不同类型首都在政府间财政关系、财政收支等方面的特点。

6.1 华盛顿特区的财政体制分析

6.1.1 美国财政联邦制的发展和变革

财政联邦制（fiscal federalism）也称财政联邦主义，从某种意义上说就是财政分权，其精髓在于给予地方政府以一定的财权和事权，使之拥有财政自主权并相应进行决策。财政联邦制是美国财政管理体制的基本框架。美国的第一部成文宪法[①]，划分了联邦政府和州政府的权力范围，使联邦政府有了一定的财政权力。随着社会的发展和进步，美国的财政联邦制也不断变革，主要经历了以下几个阶段。

第一阶段，从 1789 年美国立宪到 20 世纪 30 年代的经济大萧条时期。这一时期的联邦制被称为"二元联邦主义"（dual federalism），主要指联邦政府和州政府在宪法规定的范围内行使权力，相互独立互不干涉，美国学者又称之为"分层蛋糕"。州政府主要处理国内事务如教育、卫生、司法等，而联邦政府则偏重国防、外交、货币等方面的事务。

第二阶段，从 20 世纪 30 年代到 70 年代。经济危机爆发导致各个地区出现了社会性问题，州和地方政府已经无力解决，由此造成联邦政府的权力不断扩大，这一时期的联邦制被称为"合作联邦制"（cooperative federalism），即联邦政府和州政府之间相互合作的模式，责任层相互交织。罗斯福实行"新政"后，联邦政府通过向州和地方的公共设施建设、公共住房、交通等进行拨款援助，帮助州和地方政府解决社会问题，使联邦政府成为全能型政府，其管辖权也扩大到金融、交通、运输、环保等领域。

第三阶段，从 20 世纪 80 年代到 21 世纪初。为使联邦和州之间的权力恢复平衡而进行了联邦缩权，从而让州和地方政府获得了更多的权力，即"新联邦主义"（new federalism）。这一做法可追溯至 20 世纪 70 年代，时任美国

---

① 该法 1787 年由美国制宪会议制定并通过，于 1789 年 3 月 4 日生效。

总统尼克松提出"还政于州，还政于民"的口号，并提议从联邦政府中拨付一定款项给州和地方，由其自由支配，即"收入分享计划"；后来的里根总统和小布什总统也都实行了联邦缩权政策，扩大州政府的管辖权，以减少因联邦权力的扩大所带来的负面影响。

第四阶段，自2008年奥巴马总统上任起，这一阶段的联邦制被称为"进步联邦制"（progressive federalism）。当时由于美国金融危机爆发，州和地方政府的财政受到猛烈打击，于是奥巴马政府调用巨额的财政补助来促进经济发展。联邦政府的财政收入占全国财政收入的比重因此不断增加，州和地方也越来越依靠联邦的转移支付和补贴。

美国财政联邦制的不断变化是联邦政府根据不同时期的国情并且依据宪法和法律的规定而实施的，联邦和州之间的政府关系也是随着财政联邦制的演变而变化的。总体来看，联邦政府的财权和事权经历了小变大、由弱变强的过程，既体现了联邦政府的统领作用，又体现了州的相对独立性，即"集权"和"分权"的统一。与此同时，美国遵循"宪法至上"原则，联邦和州政府都必须在宪法规定的范围内行使权力和履行义务，不允许越权行为的存在。因此，联邦和州之间的权限纠纷需要一种理性的、公平的机制来解决，即启用联邦最高法院，该机制避免了各行政区之间的矛盾激化，是联邦和州政府之间关系的调节器。

6.1.2 华盛顿特区和联邦政府之间的关系

美国作为联邦制国家，其行政区划包括州级行政区、县级行政区、市级行政区和镇级行政区。其中州级行政区由50个州和1个直辖特区（即华盛顿特区）构成，其中华盛顿特区在行政上由联邦政府直辖，不属于任何一个州；州政府以下称为地方政府（见图6.1）。与政权结构相适应，美国的财政管理体制也分为联邦财政、州财政和地方财政。华盛顿特区作为美国的首都，既要承担一般城市的职能，也要承担首都职能，因此在财政体制上有其特殊性。

联邦政府和华盛顿特区之间的关系存在明显的分权特征，分权通常被认为是权力朝着地方政府转移从而远离中央政府。造成分权化的原因，通常被认为与政治或财政关系和联邦政治体系的效率等经济因素相关。联邦制度的分权化在立法、行政、财政三个方面更加明显，其中全面的分权化除了将相应的资源用于公共服务和社会计划外，还包括将职责和执行权完全转移给民主选举产生的地方政府。

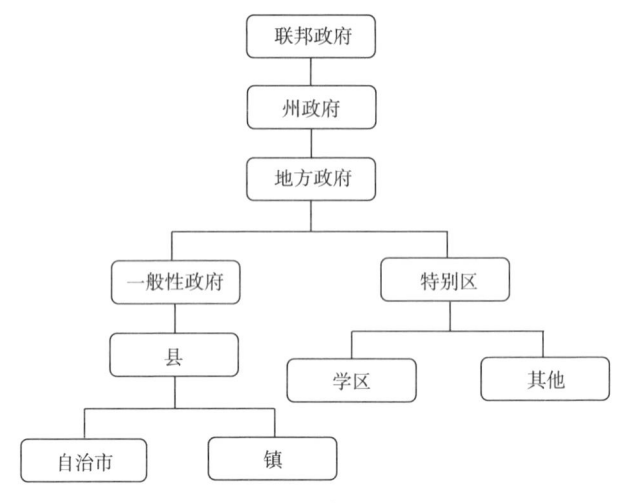

图 6.1 美国政府间层级划分

6.1.2.1 立法分权

美国宪法中只明确了联邦的权力，而把余下的权力交给了州和地方，因此它们是从州宪法中获得自主权的。地方政府普遍接受的定律是"没有普遍法自治权，地方政府是国家的产物，可以创建和废除，并且不受国家约束，地方只能行使明确授予的权力，只不过是立法机关的意愿而已"[1]。但是对于华盛顿特区来说，美国宪法规定了国会对该地区拥有完全管辖权。根据美国宪法第一条第八款规定，国会得在任何情况下，对由某些州让与合众国并经国会接受充作合众国政府所在地的区域（其面积不超过 10 平方英里）行使专有的立法权。这说明国会对华盛顿特区的治理有完整且综合的管辖权，从而使特区的自治权受限。

美国国会于 1973 年通过了《哥伦比亚特区自治和政府重组法》（也称《地方自治法》），授予特区选举市长和特区立法机关（议会）选举议员的权力，其中议会由一名主席和十二名议员构成。《地方自治法》的颁布是特区自治权强化的关键，既授予特区部分立法权和自治权，也明确保留了国会对特区的权力。《地方自治法》明确规定禁止特区议会颁布某些法律，此外也赋予国会阻止特区议会通过任何法律的权力，即特区议会通过的立法必须经国会审查同意后才可以成为正式法律，可见华盛顿特区对国会的高度依赖。

6.1.2.2 行政分权

根据美国宪法的规定，各级政府相对独立行使其权力，有明确的事权划

---

[1] WRIGHT DEIL S. American intergovernmental relations (2007). Ed. LAWRENCE J. O'TOOLE. Washington, D.C: CQ Press.

分,其职权和支出责任既相互区别又互相补充。联邦政府主要行使两类权力:一是宪法第一条第八款明确规定的权力;二是"默示权力",即根据联邦最高法院对宪法授予权力的解释中引申出来的权力,主要包括征税、铸币、设立邮局、宣战、制定破产法、招募军队等。

与权力的划分相适应,政府间的支出责任也有明确规定。联邦政府的财政支出主要集中在国防费、外交经费、国债还本付息等,目的是使宏观经济稳定发展,并向州和地方政府提供援助。特别是在教育方面,联邦政府主要向就读于初中和小学的残疾学生和特困生提供援助,而对于高中等阶段的教育,联邦政府则由教育资助转向提供科研经费。

华盛顿特区的财政支出主要用于人类支持服务(human support services),然后是公共教育体系(public education system)以及公共安全和司法(public safety and justice)等方面。根据《地方自治法》所制定的宪章,通常授予地方政府以行政职责,如提供公共安全、建设公园和娱乐场所、废水处理、垃圾清除、分区、城市街道维护、消防和救援、动物保护、公共交通、住房援助、建设公立医院、维护社会福利程序和保障公共事业等。

除了通常由州提供的服务之外,华盛顿特区还对地方政府所有的典型服务拥有行政管理权。华盛顿特区是一个独特的政府实体,它具有州、市、县和特区政府共同承担的所有责任。与此同时,为了实施有关的行政事务,华盛顿特区必须寻求国会的批准。

6.1.2.3 财政分权

国会授予特区制定预算的权力,同时规定必须由市长将预算方案提交给总统,再由总统转交给国会。特区政府的任何官员或雇员都不得承担或支出各种金额的款项,除非在国会法案批准实行的情况下。这意味着由美国国会审查整个特区政府的预算,从而完全控制其财政收支。

在《地方自治法》中有关于特区政府的一系列借贷、支出和收入的规定,包括有关财政资源管理的准则,但是在所有这些要求中最重要的是:必须通过国会法案批准特区的预算。

"国会在收到市长的预算提案 56 日内,并且在公开听证之后,通过特区政府的年度预算。国会的补充调整也应该在公开听证后通过。这样通过的预算应由市长提交给总统,再由总统提交给国会。除了一些特殊情况之外,特区政府的任何官员或雇员不得承担或支出任何款项,除非经国会法案批准。市长不得在本法令所载的预算程序完成之前,向总统转交任何年度的预算或对其的修订补充。在经过一个会计年度的预算(从 1995 年会计年度预算开始)后,只有当市长向国会提出重新规划的请求并且经国会批准该请求之后,才可以对预算中的金额进行重新规划。"①

6.1.2.4 宪法限制

国会对华盛顿特区施加了许多宪法限制,这些限制适用于借款、支出以及特区议会的影响范围,这一根本性的规定在制度层面将特区的最终权力授予国会。

"尽管有任何其他规定,美国国会保留在任何时候行使其作为特区立法机关的宪法权力,为特区任何事务制定立法,无论其是否在本法案授予议会的立法权范围内,包括修订或废除本法案颁布之前或之后在特区生效的任何法律以及国会通过的任何法案的立法。"②

6.1.2.5 小结

华盛顿特区和联邦政府政府之间的关系存在明显的分权特征。在立法方面,虽然华盛顿特区可以根据具体事务进行立法,但是必须由国会批准特区议会制定的各种立法法案,这样便使华盛顿特区成为国会议价的工具,从而获得其对国家立法的支持。在行政方面,许多提供公共服务的职责都交由特区政府承担,行政管理职责归属特区而非国会。在财政方面,《地方自治法》明确了华盛顿特区有关收支借贷上的规定,其中最重要的就是必须经由国会批准特区的预算法案,在宪法限制上,国会拥有对特区的最终权力。

这种立法、行政、财政上的分权以及联邦对特区直接的集权,能够充分发挥政府在提供公共产品和服务上的积极性。同时,从国会到特区职责的转移表明了权力的分配,但是有一些规定和附带条件,特区几乎无权独自作出相关决定。因此,特区政府的行为往往是联邦政府的意愿。

华盛顿特区与联邦政府之间的关系可以用一种模型表示,即在这种占主导地位的权力模式中,国会能够在不放弃自身任何权力的情况下,授予特区更多的权力。如图 6.2 所示,外圈代表国会权力,内圈代表特区权力;美国国会保留所有权力的最终决定权,所以外圈保持不变,用实线表示。因为国会拥有决定性权力,所以可以把自治权转移到特区范围内(内圈);同理,根据

---

① ROMEO CRYSTAL E. A comparative study of intergovernmental relations of two federal districts: the case of the U.S. District of Columbia and Brasília, Brazil (2010). Dissertations, theses and capstone projects. paper 228.

② ROMEO CRYSTAL E. A comparative study of intergovernmental relations of two federal districts: the case of the U.S. District of Columbia and Brasília, Brazil (2010). Dissertations, theses and capstone projects. paper 228.

国会的意愿也可以缩小特区的权力范围。因此，国会的权力是正无穷大，而特区的权力是有限地甚至是接近于负的无穷大。这意味着除非修正宪法，否则特区政府永远不可能成为特区治理的唯一权力决定和行使者。

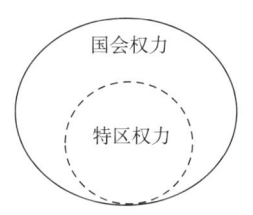

图 6.2　华盛顿特区和国会的政府间关系模型

6.1.3　华盛顿特区与联邦政府间的财政关系

华盛顿特区和联邦政府间的关系中最重要的是财政关系，这种独特的财政关系也是一直争议不断的话题。特区不仅承担州和地方政府的职责，而且承担特区政府的职责，所以其在财政收支方面的体制不同于其他50个州。由于特区的财政收入不足以支付其所要提供的公共服务资金，导致了财政结构性失衡。

6.1.3.1　特区税收和特别预算事项

（1）特区税收

通勤税在美国许多地方的司法管辖区都很普遍，指的是对不在居住地工作的个人的收入进行征税。这些税收可以用来支付公共服务费用，减轻当地居民负担，提高该地区就业量。然而，20世纪90年代初美国联邦政府却驳回了华盛顿特区征收通勤税的法案，并裁定"未经国会批准征税是违宪的"。

《地方自治法》中也规定，特区不能征收通勤税。除此以外，联邦政府还拥有特区41%的财产，虽然财产税是地方政府重要的税收来源，但是特区的财产税收明显减少，严重影响了它的税收自治权。

美国政府问责局（Government Accountability Office，GAO）2003年的一项研究表明，华盛顿特区存在结构性失衡，每年的规模在47 000万美元到110 000万美元之间，这种失衡是由授权和立法以及联邦政府施加的其他要求所引起的。特区不仅要履行州和地方政府所承担的提供公共服务的一般性职责，而且要作为特区政府来履行其独特的职责，并且在税收方面受国会的限制颇多，从而造成了税收的局限性。其支出往往超过收入，且伴随重大的管理问题和债务压力，所以导致了结构性赤字的发生。

（2）特别预算事项

在美国的公共预算实践中，许多州都有应急资金以用于不可预见的事件。

2000年，美国国会通过立法，要求特区建立占总预算2%的"紧急储备金"（emergency reserve）和4%的"应急储备金"（contingency reserve）。大多数州和地方的应急基金占其总预算的1%~3%，而华盛顿特区却需要拨出其地方收入的6%。此外，特区应急储备金和紧急储备金的管理相比其他州和地方更加严格，在使用这些储备金时，特区政府必须"在一年内补充所有提款，并在两年内完成还款"。当经济无法立即好转时，此种还款规定很可能会对特区政府的经济管理造成不小的负担。

6.1.3.2　2019、2020财年特区财政概况

下面以华盛顿特区2019和2020财年[①]的财政状况为例，具体分析它的财政收支规模和结构，并探究其与联邦政府间的财政关系。2019财年，华盛顿特区的财政收入为127.94亿美元，财政支出为122.95亿美元，财政盈余为4.99亿美元；2020财年，其财政收入为137.71亿美元，财政支出为133.98亿美元，财政盈余为3.73亿美元。2020财年的财政收入相比2019财年增长了7.64%，财政支出增长8.97%，财政盈余有明显下降。

6.1.3.3　财政收入情况分析

美国州政府的财政收入由两大类构成，一类是自有来源收入，如税收、非税收入；另一类是政府转移支付，即联邦补助金。州和地方政府大约有30%的财政收入来自联邦转移支付，联邦政府根据各地区的人均收入、人口数量和征税情况等因素分配资金，州和地方政府则通过增加公共产品或提高公共服务的质量来吸引人才。

具体来看，华盛顿特区在2019财年和2020财年中自有来源收入占总收入的比例为70.5%和66.7%，其中税收收入占自有来源收入的85.8%和84.7%，税收收入占总收入的60.5%和56.5%，联邦补助占总收入的29.5%和33.3%（见图6.3）。总体来看，税收是其财政收入的主要来源，华盛顿特区超一半以上的收入来源于税收，同时联邦政府对特区的转移支付也是其财政收入的重要来源。

此外，各级政府都有一个主体税种作为税收的主要来源。联邦政府以个人所得税为主，可以征收除财产税外的所有税种；州政府以销售税为主，可以征收除关税外的所有税种；地方政府主要征收财产税。同时，各级政府间也有税收抵免、税收分享、税收扣除、税收补正等关系。总体来看，联邦政府的收入占其总收入60%，州和地方政府的收入占其总收入的40%。

---

① 美国的一个财政年度是当年的10月1日至次年9月30日。

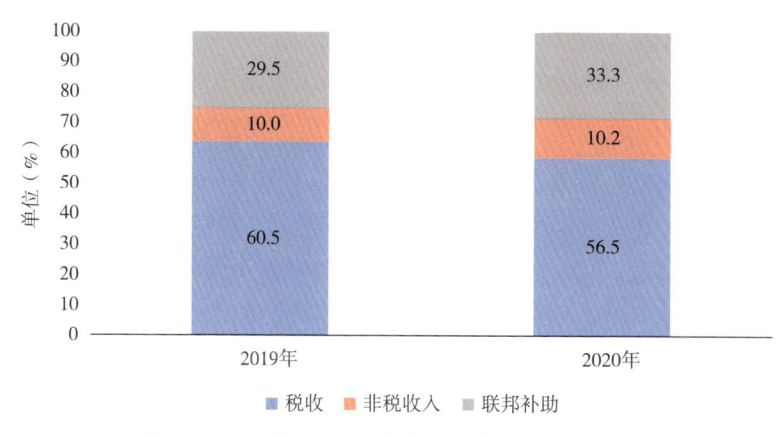

图 6.3 2019 和 2020 财年华盛顿特区财政收入结构

在华盛顿特区的税收收入中，所占比例最大的是所得税和特许权经营税、财产税。如图 6.4 和图 6.5 所示，在 2019 财年和 2020 财年中所得税和特许权经营税分别占 36% 和 39%，财产税分别占 34% 和 36%，这两种税可以为华盛顿特区带来超过 2/3 的税收收入。

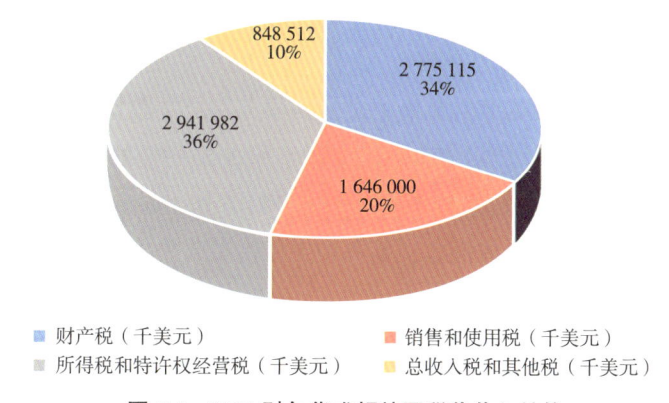

图 6.4 2019 财年华盛顿特区税收收入结构

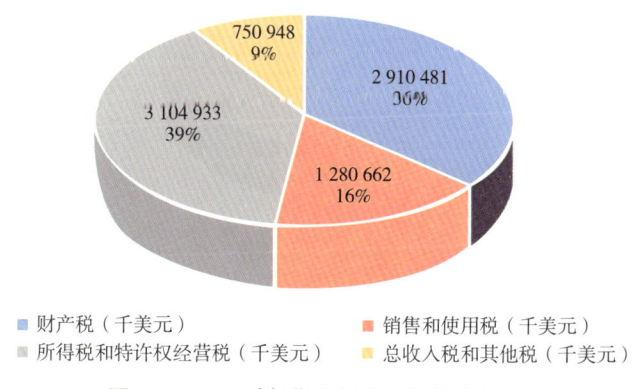

图 6.5 2020 财年华盛顿特区税收收入结构

华盛顿特区的人均收入水平相比其他州是很高的，原因在于其庞大的税基和联邦拨款资金。根据美国政府问责局 2003 年发布的《关于哥伦比亚特区结构失衡和管理问题的报告》提出的估算方法，华盛顿特区的总收入水平高于州政府的平均水平，同时比全国平均水平高 47% 到 60%。华盛顿特区的人均收入水平虽然很高，但也受到税收局限的约束，包括禁止对在特区工作的非居民的收入征税，此外很大一部分财产税税基是由联邦政府所拥有的。

联邦政府禁止华盛顿特区对非居民收入征收特区税，这在美国是绝无仅有的。如果特区税不能完全抵减联邦政府所征收的税，则通勤者将承担一些税负，他们因此会要求更高的补偿并将税负转嫁给雇主，或者选择去其他地方工作，从而减少特区的税收收入。就财产税来看，华盛顿特区不能对联邦政府和外国政府拥有的财产征税。作为美国首都，华盛顿特区内大约有 41%的联邦财产，这使其财产税的税基不能达到全覆盖，因而它的实际财产税收入和理想状态下的最大财产税收入相比有所缺损。如果取消这些限制条件，华盛顿特区的财政收入会更高。当然，与其他州相比，华盛顿特区所获得的人均联邦补助金也更多，从而抵消了一部分税收限制的影响。

6.1.3.4 财政支出情况分析

华盛顿特区的财政支出主要集中在公共服务、公共教育、公共安全和司法等方面。如图 6.6 和图 6.7 所示，其在 2019 财年和 2020 财年的公共服务支出最大，分别占 39% 和 38%；公共教育次之，分别占 21% 和 18%；公共安全和司法也分别占比 11% 和 12%。总体而言，其各项支出占财政总支出的比例比较稳定。

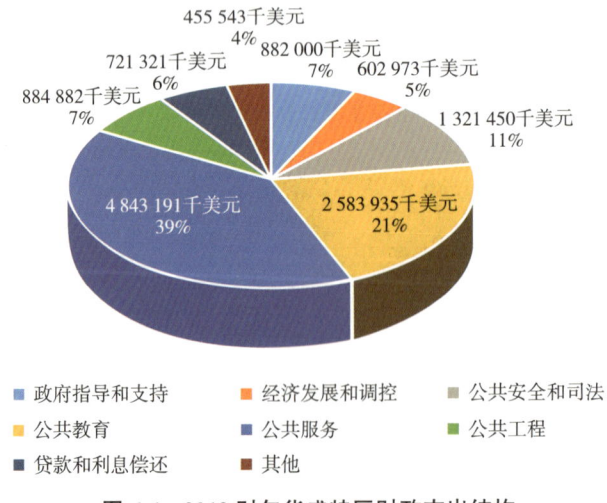

图 6.6 2019 财年华盛特区财政支出结构

[图表：饼图显示各项支出占比]
- 875 444 千美元 6%
- 1 018 659 千美元 8%
- 690 757 千美元 5%
- 1 549 742 千美元 12%
- 2 396 426 千美元 18%
- 5 146 877 千美元 38%
- 915 807 千美元 7%
- 804 758 千美元 6%

图例：政府指导和支持、经济发展和调控、公共安全和司法、公共教育、公共服务、公共工程、贷款和利息偿还、其他

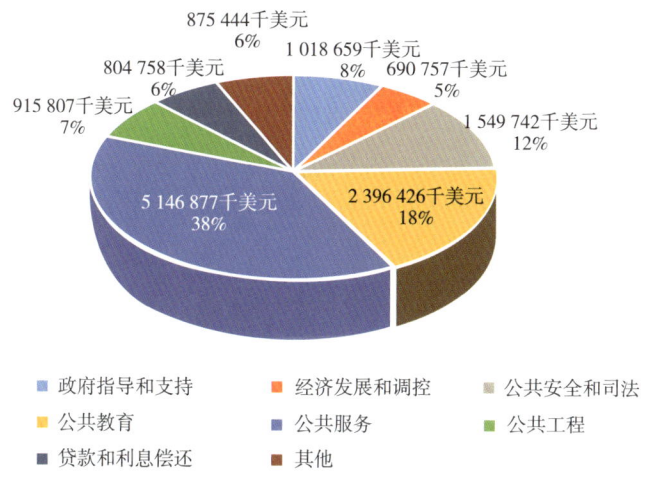

图 6.7　2020 财年华盛特区财政支出结构

从财政支出的去向看，既用于自身支出又用于联邦和私人团体的支出项目有 8 个：政府指导和支持、经济发展和调控、公共安全和司法、公共教育、公共服务、公共工程、贷款和利息偿还、其他（主要是应急预案和保障基金）。在 2019 和 2020 财年，用于联邦和私人团体的支出（federal and private resources）占总支出的比例分别为 26% 和 30%，用于特区自身的支出（general fund）占总支出的比例分别为 76% 和 70%。可见，华盛顿特区承担了一部分联邦公共服务职能。

6.1.3.5　特区的结构性失衡问题

美国政府问责局 2003 年 5 月发布的《关于哥伦比亚特区结构失衡和管理问题的报告》显示，华盛顿特区在未来除了将出现预算赤字外，还面临税收筹集能力同履行其公共服务职责所需成本之间的不平衡；这种永久性失衡与当前的预算失衡无关，而是基于无法控制的结构性条件，即结构性失衡，也就是财政系统的自有收入和联邦补助之和不足以支付平均水平的公共服务。提供平均服务水平的成本与总收入能力之间的差额，就是结构性失衡的规模。

结构性赤字的存在，意味着即使对华盛顿特区的服务进行有效管理，其也必须施加高于平均水平的税收负担，才可以提供平均水平的公共服务。然而因为管理效率低下，即便其向社会施加更加高额的税负也可能无法支撑平均服务水平。美国政府问责局在上述报告中提出，对医疗补助、基础教育和中学教育以及公共安全三个主要领域的审查结果表明，华盛顿特区政府管理

效率低下，每年浪费资金达数千万美元，如教育系统中的财务和计划管理不善，联邦计划的《残疾人教育法》没有充分遵守，等等。为此，华盛顿特区政府也采取了一些措施来解决管理效率低下的问题，以使自有资金和联邦补助可以更多地用于公共服务中，缩小预算缺口。但是，解决管理问题并不能改变结构性失衡的存在，结构性失衡是由华盛顿特区政府可控之外的因素引起的。

华盛顿特区的人均债务水平为美国全国最高。高负债使得特区政府不得不推迟改善基础设施和增加新的资本项目，以应对结构性赤字和持续的预算压力。然而，基础设施的老化会减少提供公共服务的水平，导致提高税收或削减服务支出。

华盛顿特区通过改善管理解决效率低下的问题，通过提高税收和削减服务支出以使预算达到平衡，然而结构性失衡并不受其控制，所以必须考虑影响收支能力的因素。

高贫困、高犯罪率和高生活成本等因素的存在，使华盛顿特区所提供公共服务的成本为美国全国最高。美国政府问责局在上述报告中就结构性赤字的计算，指出华盛顿特区同其他州相比，其所提供人均服务水平的成本要高出75%，并且无法控制医疗、教育以及治安等方面的高昂成本，财政压力也因此进一步增加。在医疗方面，华盛顿特区的支出高于美国全国平均支出两倍；在教育方面，为了让更多贫困儿童接受教育，华盛顿特区在这一领域的支出比州财政支出多18%；在治安方面，华盛顿特区的高犯罪率使得对警察、消防等的支出超过全国平均水平两倍。同时，高昂的房地产价格也提高了政府办公空间的成本，这些都使其所提供公共服务的成本高于美国其他州。

华盛顿特区的人均总收入水平（自有收入和联邦拨款）高于州政府，这是因为其庞大的税基和联邦拨款资金。如前所述，华盛顿特区还存在不能征收联邦财产税和不能对非居民收入征税的限制，如果没有这些规定，其财政收入规模还会增加。在存在税收限制的情况下，华盛顿特区人均总收入水平仍然高于美国其他大部分州，这也反映了联邦政府对其经济的支持，即华盛顿特区的人均联邦补助要远高于其他州。以2000财年为例，华盛顿特区的联邦补助是州财政系统收到的人均联邦补助的2.5倍以上。特区的税收负担是最高的，比州的平均税负高18%~33%，但是该税负产生的收入也仅仅能够维持平均水平的公共服务支出。高收入能力与高税收负担相结合，才能使特区提供更高水平的公共服务支出——2000财年特区的人均总收入水平为

9 298 美元，而全国平均水平仅 5 236 美元。

华盛顿特区的人均总收入水平高于州政府，其公共服务的支出成本也高于州政府，并且公共服务的履行成本超过了它的收入能力。华盛顿特区不仅要承担一般性的城市公共服务支出，而且要承担联邦政府正常运转所需的服务资金支出。虽然从预算上看财政收支尚平衡，但是由于其财权和事权不匹配，华盛顿特区的财政收入和公共职能不匹配，从而导致结构性赤字。因此，通过增加联邦转移支付和弥补财产税损失，进一步提高人均总收入，由联邦政府承担更多原属华盛顿特区的公共服务支出以缓解其压力等做法，都可以调整结构性赤字。

6.1.3.6 小结

虽然美国宪法授予了国会对华盛顿特区的控制权，但是并没有具体界定华盛顿特区和联邦政府之间的财政关系。从上述分析看，华盛顿特区和联邦政府的财政关系具体表现在：财权上，特区向联邦政府让渡了部分税基；事权上，特区不仅具有一般城市的共有职能，而且具有独特的首都职能——承担部分联邦事务的职能。一般城市职能由特区的自有收入承担，首都职能则由特区的自有收入和联邦政府的转移支付共同承担。华盛顿特区的职能特殊性必然会对其财政体制提出特殊要求，从而使其首都财政不同于一般的城市财政。

根据职能划分以及事权和财权之间的不匹配特点，华盛顿特区的财政体制可以概括为财权非均衡的财政分配结构（见图 6.8）。特区财政拨付资金用于首都职能支出，并通过联邦补助金来补充特区财力，以使其财力和公共服务支出相匹配，在形式上表现出地方财政的特征。

综上可知，由于税收限制，首都把一部分财权让渡给中央政府，而首都事权又包含首都职能和一般城市职能；首都财权的范围小于首都事权对应的财权范围，但是大于等于一般城市职能所对应的财权范围。这种因财权和事权不匹配而形成的差额就是结构性赤字，应由中央政府转移支付进行补助。

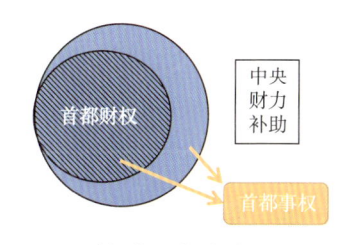

图 6.8 财权非均衡的财政分配结构

6.1.4 美国的首都财政体制对构建我国首都财政体制的启示

华盛顿特区和北京尽管都是首都城市，但是其政治体制和战略地位是不同的。美国实行联邦制，国会对华盛顿特区有完全的控制权，其在立法和预算等方面都受到国会的制约。当然即使有约束，华盛顿特区仍然可以根据具体事务立法，待转交国会批准便可通过成为法律。我国则实行单一的政治体制，只有全国人大及其常委会拥有国家立法权，北京即便作为首都，也不具备此种立法权。

从战略地位来看，华盛顿特区定位于美国的政治中心和外交中心，而北京则比它要复杂得多。正如习近平总书记在2014年所指出的北京"四个中心"的核心功能，即全国政治中心、文化中心、国际交往中心、科技创新中心。如前所述，2020年北京市政府工作报告提出，要紧抓疏解北京非首都功能的"牛鼻子"不放松，推动实现京津冀协同发展的中期目标，更有力地推动城市副中心的高质量发展。"十四五"规划也明确提出要推动区域经济发展，优化行政区划设置，发挥中心城市和城市群落的带动作用，高标准、高质量地建设雄安新区。所以，同华盛顿特区相比，北京承担了更多的首都职能。

当然，尽管华盛顿特区与北京在首都城市地位与职能方面存在一定差异，但是其财政体制对构建北京市的首都财政体制也可起到必要启发和借鉴作用。借鉴华盛顿特区财权非均衡的财政分配结构，在事权和财权不均衡的条件下，北京可探索建立形式上表现为地方财政特征，实质上由中央和北京地方共同承担首都职能的首都财政体制。

具体而言，北京市可借鉴华盛顿特区财政收支的结构性失衡，即财政系统的自有收入和联邦政府的补助之和不足以支付平均水平的公共服务这一点，从首都总收入（自有收入及中央收入）和提供公共服务的总支出两方面考虑构建符合国情的首都财政体制。在财政支出方面，明晰北京市各项职能，明确划分职能支出的资金来源，并由中央承担一部分首都财政的公共服务支出。在财政收入方面，一方面扩大北京市的财政自主权，例如实施特殊的预算管理法和扩大税基的税收征收权；另一方面完善转移支付制度，建立财政转移支付长效机制。同时，提高内部管理效率，避免资金浪费，构建符合北京长远发展的首都财政体制。

6.1.4.1 明确职能划分，疏解非首都功能

北京作为我国首都，其"四个中心"的核心功能突出，经济发展迅速，与美国华盛顿特区相比具有更多的战略角色，承担更多的公共职能，因此需

要疏解非首都功能。所以在借鉴华盛顿特区财权非均衡的财政分配结构的同时，应结合我国国情，通过立法等方式，从根本上、制度上明确职权划分。例如，北京市应明确划分其一般城市职能、首都职能及中央职能。北京市财政承担一般城市职能的支出责任，如城市供水供热、城市污水处理、公共交通等；北京市财政和中央的转移支付共同承担首都职能的支出责任，如国际机场、国家博物馆、国家图书馆等代表国家形象建筑的运营维护；中央职能则由中央财政完全承担，如举办国庆大典、举行奥运会等。

非首都功能指的是与首都功能发展不相符的北京城市功能，此概念于2015年由中央财经领导小组第九次会议提出。疏解一部分不符合世界城市发展目标的功能，可以提升首都城市的国际影响力。北京的人口和功能过度聚集使得"大城市病"越来越严重，降低了人们的生活质量，过多的城市职能也加重了北京用于这类公共服务支出的负担。疏解非首都功能，减少首都事权，可以获得额外的财政收入。

在促进京津冀协同发展中，具有首都功能的北京与其他城市相比，有着更多的事权和支出责任，其城市定位必然影响首都经济发展，对此财政应该予以保障和支持。在我国现有收入划分基础上，中央也要考虑首都建设的特殊性，适当提高税收返还的可能性和适度区间，包括增值税、消费税和所得税基数返还等方面。

面对当前经济下行的形势，首都财政支出结构要不断优化，牢固树立过"紧日子"的思想。对于非刚性的一般性行政支出应按5%的比例削减，涉及民生保障的项目要与财政保障能力相匹配，并且硬化预算约束。同时，对首都的重大活动、国家重大发展战略、市委市政府的重点项目等，要做好保障工作。

6.1.4.2 扩大首都财政自主权，增加财政收入

北京作为首都，不仅要承担一般性的城市公共服务支出，而且要承担中央和国家机关正常运转所需的服务资金支出。但是由于税收限制的存在，北京市损失了许多财政收入，通过采取一些税收分成政策可以稳定北京市的财政收入。2020年中央和北京地方在增值税上税收分成为5∶5，所得税的税收分成是6∶4，中央可以允许北京参与分享中央企业在京业务的相关税收。从外溢性角度考虑，中央可以就信息服务业、科技服务业等产业或者"三城一区"科技成果产业化过程中的税收，制定特殊的税收分成政策，鼓励大量研发企业将成果落地北京。此外，还可以强化税收征管措施，优化纳税服务，加大稽查力度，深入挖掘重点税源户的潜力，建立重点企业目录。

6.1.4.3 完善转移支付制度，弥补首都财力

首都北京承担了部分维持中央和国家机关的运行成本，因而需要中央财政共同分担资金的支出，即首都职能的发挥不仅需要北京市的财政支持，而且需要中央的转移支付补助，转移支付的金额可以弥补北京财权和北京事权之间的差额。但是，中央的转移支付并不是弥补首都职能的唯一方式，如果仅仅依靠转移支付的财力，长期来看首都财政和中央财政的负担都会加重，对北京履行其首都职能和一般城市职能也都会造成不利影响，如引发政府失位、资金浪费等问题，所以要构建转移支付的长效机制。

财政转移支付应该秉持规范、公平、公开的原则，积极推进公共服务均等化。根据2014年发布的《国务院关于改革和完善中央对地方转移支付制度的意见》，转移支付制度应该与事权和支出责任相衔接，合理划分事权，明确支出责任，增强统筹能力，建立以绩效为目标的转移支付动态调整统筹机制；不仅要完善一般性转移支付，而且要规范专项转移支付，控制转移支付的规模和对象。应围绕构建国际一流的和谐宜居之都，优化首都核心区城市功能，对核心区实行特殊的转移支付政策。首都核心区具有承担保障安全、提供高标准公共服务、承担重大战略任务等特殊职能，并且存在更大的税收限制，实行特殊的转移支付政策可以为其提供强有力的财力支撑，保证其履行好"四个服务"的职能和职责。

6.1.4.4 深化预算绩效管理，提高资金使用效益

高效的财政管理水平，可以提升财政资金的使用效率，促进治理能力的现代化，进一步推动首都高质量发展。绩效成本预算是一种源于企业的绩效预算管理模式，由各预算部门在职责范围内合理确定绩效目标，制订计划实施方案，并在成本效益分析基础上编制预算，从而有效提高财政资金使用效益，优化资金配置。如果首都的管理效率低下，资金浪费严重，提供公共服务支付的资金不能充分发挥作用，则要花费更多的财政资金以负担提供公共服务的成本。应通过明确工作原则，建立新型的绩效成本预算管理模式，根据绩效优先、规范科学、借鉴转化三原则合理确定项目的实际成本，推动治理能力和治理体系的现代化。

6.2 东京都的财政体制分析

6.2.1 日本财政分权体制的发展和变革

日本是实行地方自治制度的单一制国家。单一制作为一种国家结构形式，

指中央政府拥有对整个领土的绝对主权并且集中了所有政治权力，与联邦制是对立概念。地方自治，是指在一定的领土单位之内，全体居民组成法人团体（地方自治团体），在宪法和法律规定的范围内并在国家的监督之下，按照自己的意志组织地方自治机关，利用本地区的财力处理本区域内公共事务的一种地方政治制度。由上述定义可知，地方自治制度实质上体现的就是地方分权的思想。日本近代地方自治制度形成的同时，伴随着近代地方财政制度的形成。因为地方自治团体只有在拥有财政自治能力的时候，才能拥有行政自治能力。因此，日本战后地方分权改革也必定涉及财政分权改革，不断完善财政分权体制。

6.2.1.1 日本近代地方财政制度的形成

日本近代地方财政制度的形成可溯至明治维新时期，明治政府在实现中央集权的同时整顿中央与地方的财政关系，并于1875年实现了中央财政和地方财政的彻底分离。自此直到1878年"三新法"的颁布为止，这一期间的日本地方财政被称为"民费财政"，即地方政府的支出主要由"民费"来支付。其中，地方政府支出中的很大一部分来自机关委任事务，即原本属于中央的事务委托给地方来处理。与此同时，政府又发动税制改革，将大量原本属于地方的税收收入收归中央。可见，民费财政期间中央和地方的财力与支出责任严重不相匹配。不仅没有实现财政分权，而且带有对地方民众剥夺的性质。三新法由郡区町村编制法、府县会规则和地方税规则构成，另外再加上1880年颁布的区町村会法案，其颁布标志着日本近代地方财政制度的初步形成。郡区町村编制法规定，府县为行政区划，其下设的町村为基层自治团体，实行地方自治；郡不是自治团体，而是作为中央和地方的纽带，起到监督的作用。府县会规则明确了府县议会的权限在于决定以地方税支付的经费预算及其征收方法，而区町村会法案则规定由区町村会负责决定其区町会的公共事务及经费征收方法。地方税规则将之前的民费一分为二，将原来由府县征收的费用改为地方税，而区町村的费用则由区町村会议定，不视为地方税。这样一来，日本全国的税收体系分为了三个部分，即中央税、地方税（府县）和协议费用（町村）。尽管地方税规则将中央和地方的税收体系划分得更加清晰，但是并没有从实质上增加地方税源，而是延续了民费财政时期中央对地方的财力剥夺。1881年松方正义接管日本财政后，采取紧缩财政的方式治理日本的通货膨胀，史称"松方财政"。在松方财政的背景下，日本中央政府加大了对地方的监督，缩小了府县会的预算审议权限和区町村会的协议费用范围。同时，逐渐减少了对地方的补助，并将财政负担逐步转嫁给地方。这一时期日本的财政改革，使得地方财政进一步受到中央的控制和监督，自治范围进一步收拢。1888年市制町村制（以下简称"新制"）以法律的形式得到明确，规定市町村为地方自治团体，具有独立的公法人格，凡是市町村的公共事务都可以在中央的监督下自主决定并处理。新制一方面授予地方以一定的财政自主权，比如有权征税町村税、有权募集公债等，但是另一方面也加强了中央对地方的财政控制，比如地方制定的预算必须向中央汇报和认定。1890年，府县制郡制在日本确立，府县仍然为行政区划，但是郡成为自治团体，具有独立的财政地位。该制度确立后，府县郡的财政自主性更大，具体体现在财政收支、预算决算以及公债等各方面，但其仍然受到中央严格的监督。在此之后，明治政府不断进行地方财政改革，如1899年的新府县制承认了府县的独立公法人格，日俄战争后的市町村改革，以及1923年的郡制被正式废除等。这些改革逐步加强了日本的财政分权程度，扩大了地方财政的自主性。

6.2.1.2　第二次世界大战后日本财政分权体制的形成和变革

日本近代地方财政制度初步形成之后，一直到第二次世界大战前都没有发生实质上的变化。自第二次世界大战结束后，日本大刀阔斧地进行了地方分权改革，其地方自治制度和财政分权体制也因此有了很大的变化。

（1）"夏普劝告"下的财政分权体制

日本现行财政分权体制的框架、理念等都可追溯到"夏普劝告"。第二次世界大战后，美国出于自身战略目的而对日本经济进行援助，于1949年5月向日本派出了以哥伦比亚大学教授夏普为首的税制调查团并提出有关改革方案，这就是"夏普劝告"的由来。"夏普劝告"以税制彻底改革为主要内容，即在贯彻明确优先市町村原则、行政职责原则、效率原则的基础上，实行以所得税为主的直接税制度，推行纳税申报，加强地方财政。"夏普劝告"重新界定了中央和地方的事权和税收收入划分，为战后日本打造了多级财政体制的框架。但是，这一改革后中央掌握了税收的立法权，而地方只拥有税收的征收权和收益权，并未实现完全的分税制。"夏普劝告"还涉及对转移支付制度的改革，即转移支付由过去以解决地方财政困难为目标的应急性措施，逐渐过渡为解决地区间财力差异的调节手段，并最终转化为以均等化为理念的机制性财力均衡制度。日本根据"夏普劝告"进行的一系列财政分权改革，标志着其战后财政分权体制的初步形成。

（2）第一次财政分权改革

日本的第一次地方分权改革，始于1993年6月参众两院通过的《关于推进地方分权的决议》。随后，又于1995年7月成立了地方分权推进委员会，截至1998年共汇总了五次有关地方分权的改革方案。2000年4月，日本实施了《地方分权一揽子法》，其核心在于废除"机关委托事务"制度。至此，地方自治团体不再定位为执行中央政府事务的机关。自此，日本的中央和地方政府不再是上下、主从的关系，而是对等、合作的关系。然而，这次改革在推动财政分权方面的作用很小，其最大的进步在于废除了地方政府发行地方债的中央许可制度。但是，根据该委员会2001年6月的最终报告，此次地方分权改革尚未完成。因此，作为此次改革的延续，从2003年开始了持续三年的"三位一体"改革。所谓"三位一体"改革，指的是一体化地改革国库支出金、税源转让和地方交付税制度，其目的在于使地方财政不过分依赖国家财政，实现真正的自治。可见，这一次的改革核心转向了财政分权层面。根据《2003年度经济财政运营和结构改革的基本方针》，此次改革期间，中央一共向地方转移了3万亿日元的税源，但同时共削减了中央对地方的补助金4.7万亿日元以及地方交付税5.1万亿日元。可见，此次改革只涉及财政收入方面，对于地方的财力是一个很大的冲击。

（3）第二次财政分权改革

日本的第二次地方分权改革始于2006年12月制定的《地方分权改革推进法》。2007年4月，丹羽宇一郎担任地方分权改革推进委员会会长，到2009年为止，该会共制定了四次改革方案，致力于将各种权限从中央移交到地方，从都道府县移交到市町村，以进一步增强地方分权程度。在财政分权方面，相比第一次分权改革，此次改革更加注重增强市町村基层自治团体的财政能力，目的是使地方真正有能力处理地方事务。但是，在地方交付税和国库支出金的体制下，中央政府对地方政府的财政控制与改革前相比并没有太大变化。日本政府在2009年8月的大选中发生了变化，此后民主党政权推进了"地区主权改革"。2012年12月，自公联合执政的第二届安倍内阁再次上台，并于次年3月成立了地方分权改革推进本部，4月成立了地方分权改革有识之士会议；此后又通过了第三次（2013年6月）至第八次（2018年6月）的分权一揽子法，并一直延续至今。可以说，日本的地方分权改革还在进行中，日本政府还在不断尝试提高地方分权的程度。

6.2.1.3 小结

日本虽然是单一制国家，但是财政上一直保持着幕府时代的分权特征。然而，相比西方的财政分权，日本的地方财政无论怎么改革，始终被置于中央政府强有力的监督控制之下。在第一次分权改革之前，"机关委托事务"制度造成中央和地方政府的事权与支出责任不匹配。虽然事权在中央和地方政府之间划分得很清晰，但是在"机关委托事务"制度之下，地方政府实际上承担了大量中央政府的职能，导致其财力不足，必须依赖中央，从而难以实现真正的自治。第二次分权改革加大了财政分权的力度，但是中央政府仍然对地方政府施加了很强的财政控制。根据《地方财政的状况（令和2年度）》，日本的财政分权改革将持续推动，未来的重点在于如何增加地方财政的可持续性和地方政府提供公共服务的能力，以应对老龄化危机。

6.2.2 东京都与中央的政府间关系

在日本，研究中央和地方政府间关系的学者很多，分类方式各有不同，其中比较著名的是"天川模型"。学者天川晃于1986年将日本中央和地方政府间的关系分为四种类型（见图6.9），并指出日本在第二次世界大战后中央和地方政府间的关系由"集权融合型"向"分权融合型"演变。根据天川晃的定义，集权与分权的标准在于是否由中央政府掌握绝大部分行政资源分配的决定权，而融合和分离的标准在于中央和地方政府在提供地方行政服务时能参与到何种程度。神野直彦则侧重于行政服务的提供方面的研究，他将战后日本的行政体制定义为集权式分散体制，即提供行政服务的决定权在中央政府，但执行由地方政府来完成。西尾胜认同天川晃的划分方式并进一步指出，战后日本经过多次地方分权改革后，与战前相比实现了大幅度的分权化、分离化，但仍然保留着浓厚的集权融合型特色。日本在近代就建立起了地方

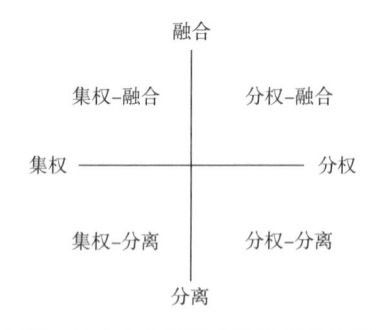

图6.9 日本中央与地方政府间关系类型

自治制度，地方政府包括都道府县和市町村，前者被称为广域自治团体，后者被称为基础自治团体。但是，地方自治并不等于地方分权，地方分权却必定以地方自治为前提。日本的地方自治不是完全的，虽然在改革的过程中逐渐扩大了自治体自律性领域，但是其仍然受到中央政府的干预和控制。

6.2.2.1 地方自治制度

近代的地方自治最早产生于西欧，到19世纪中叶以后，大致形成了以英国为代表的居民自治和以欧洲大陆为代表的团体自治两种类型。居民自治，是指一定区域内的公共事务按照该区域居民的自主意愿来处理；团体自治，是指设立独立于国家的团体，由该团体的代表来处理该团体所在区域的公共事务。可见，地方自治制度是调整中央与地方关系的重要工具。日本在明治维新时期引入了德国模式的地方自治，第二次世界大战后又受到了美国财政联邦主义的影响。第二次世界大战前，日本的地方自治制度是由中央政府自上而下建立起来的，并没有实现真正的地方自治，而是带有极强的中央集权色彩。第二次世界大战后，日本高度集权的体制出现了弊端，难以应对经济危机。因此通过多次分权改革，下放权限，推动地方扩大自治。日本现行宪法规定，"中央和地方政府必须根据法律规定的角色分工进行合作"。可见，在日本中央和地方政府的关系是对等、合作的。地方政府的行政首长以及议会的议员是由居民选举产生的，不受中央政府的控制。日本的地方政府被称为地方公共团体，由都道府县与区市町村的双层结构构成。一级行政区分为东京都、北海道、大阪府、京都府和43个县。截至2020年4月1日，都道府县下设792个市、743个町、183个村。其中，东京都下设26个市、5个町、8个村和23个特别区。日本宪法第八章（地方自治）第九十四条规定，"地方公共团体有权管理其财产、处理事务和执行行政，且可以在法律范围内制定条例"。因此，地方政府的自治主要体现在立法、行政和财政方面，司法权则集中于中央。

（1）立法自治

根据日本的《地方自治法》，一般地方公共团体（都道府县和市町村），只要不违反宪法和法律，就可以制定与本地区事务相关或者与法定受托事务相关的条例。其中，与本地区相关的事务为自治事务，而法定受托事务则原本应是中央政府体现国家职能的事务。可见，虽然日本在第一次分权改革后全面废除了机关委托制度，但是在《地方自治法》中仍然保留了两条法定受托事务的规定。西尾胜认为，地方政府对自治事务拥有立法权，这是立法分权化的体现，但是对法定受托事务拥有立法权只能视为中央委托立法，这是立法分散化的体现。

（2）行政自治

根据《地方自治法》，地方公共团体以提高居民福利为基础，广泛承担自主、综合地实施地区行政的作用。行政自治并不简单等同于行政事务执行分权化，而是指地方政府在拥有执行自治事务权限的同时也拥有执行法定受托事务的自由度。第二次世界大战前，日本地方政府执行的事务大部分来源于中央对地方的委托，因此此时日本的行政体制一直被认为具有高度分散化的特点，但是并不能称为真正的行政自治。第二次世界大战后，日本通过不断的分权改革，使其法定受托事务和自治事务的划分越来越明显，法定受托事务的限定也越来越严格，地方政府逐渐达到行政自治。

（3）财政自治

在日本，财务省并不是地方财政局的上级机关。财务省作为内阁的一个部门，对总理负责，受国会控制；地方财政局对地方政府首长负责，受地方议会控制。根据《地方自治法》，都道府县的议会有权制定预算，通过决算，以及决定关于地方税的征收或分担金、使用费、加入金或手续费的征收。第二次世界大战前，日本中央政府对地方政府的财源有严格的控制，主要体现在地方税的征收和地方债的发行方面。第二次世界大战后，通过一系列分权改革，这两个方面都得到了放宽。虽然税收的立法权仍然集中于中央，但是地方政府有权对地方税的税目、征税客体、征税标准、税率及其他类型的征收进行规定，也就是说，地方政府拥有征收权和收益权。

6.2.2.2　中央对地方的干预

日本的地方自治遵循三大原则。一是法定主义原则，即如果条文中没有规定必须"依照法定"，那么地方政府可以不受中央政府干预。二是效率优先原则，即如果中央政府认为有干预的必要性，则中央政府必须在达到该目的所需的最小限度内考虑普通地方公共团体的自主性和独立性。三是市町村优先原则，即将权限下放到市町村，中央政府和都道府县都应该避免干预市町村处理本地区事务。但是《地方自治法》也同样为中央政府的干预留下了许多空间，如行政方面，当中央政府认为地方政府的处理缺乏适当性时，地方政府的处理就必须通过其许可或批准；又如在财政方面，东京都必须根据政令规定，向总务大臣报告特别区财政调整交付金相关事项，总务大臣认为有必要时，可以就特别区财政调整补助金相关事项提出必要的建议或劝告。

6.2.2.3 小结

东京都作为日本的广域地方公共团体，同其他道府县一样，拥有立法、行政和财政上的自治权，同时受中央政府的干预。东京都设立议会作为权力机关，设立行政委员会作为执行机关。其议会成员由东京都的居民选举产生，不受中央政府的干预，议会的权力包括：制定、修订和废除条例，制定预算，通过决算，征收地方税等。行政委员会包括知事和其他委员，知事由东京都的居民直接选举产生，其他委员由知事任命或居民选举，均不受中央政府的干预。行政机关依据宪法、法律及条例等，以增进东京都居民的福利为目的而处理自治事务和法定受托事务。与其他道府县不同的是，东京都实行特别区制度，旨在保障大都市的一体化和统一化发展目标的实现。为此，东京都承担了一些市町村的职能，同时也受让了一些市町村的财源。

6.2.3 东京都与中央政府间的财政关系

学者町田俊彦和张忠任以日本中央、地方政府占总财政收入的比例作为集权或分权的指标，以其占总财政支出的比例作为集中或分散的指标[1]。在财政收入方面，从图 6.10 中可以看出，日本自 2008 年起，地方分权化程度突破了 50%，虽然从 2012 年起稍有下降，但是在 2020 年又实现了大幅提高。实际上，这是中央对地方转移支付的结果。在转移支付之前，中央和地方的比例大概在 6∶4 左右。在财政支出方面，从图 6.11 可以看出，日本已逐渐从分散型转向集中型，但是地方财政支出占比仍然高于 50%。总之，日本中央与地方的政府间财政关系正从"集权-分散型"向"分权-集中型"过渡。

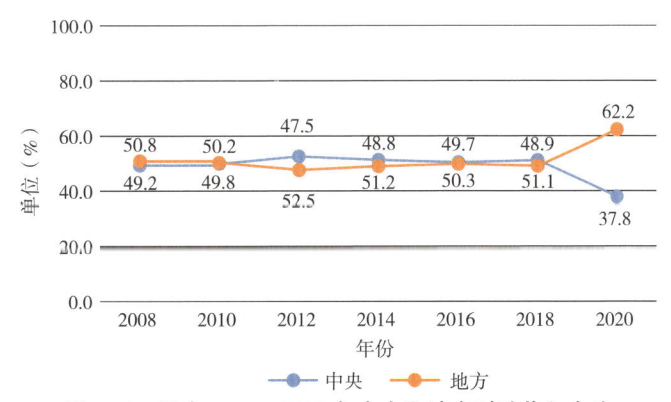

图 6.10　日本 2008—2020 年中央和地方财政收入占比

数据来源：《日本的统计（2008—2020）》。

---

[1] 町田俊彦，张忠任. 政府間財政関係における集権と分権の諸課題：理論と実際［J］. 専修大学社会科学研究所，2017（2）：644.

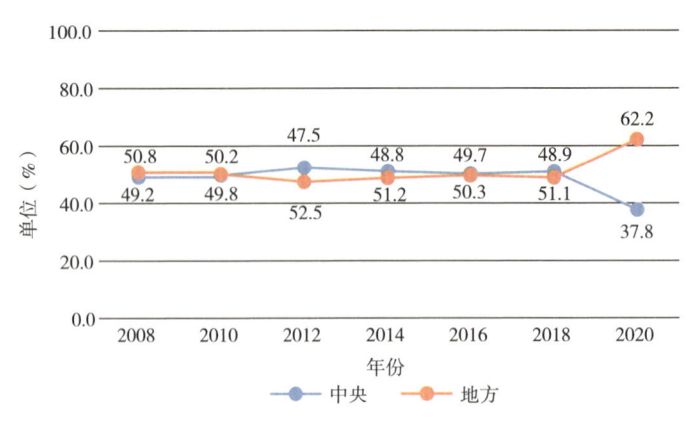

图 6.11　日本 2008—2020 年中央和地方财政支出占比

数据来源：《日本的统计（2008—2020）》。

6.2.3.1　事权与支出责任划分

在日本，中央政府和地方政府以重叠的方式承担多层行政事务，并以统一的方式执行，如表 6.1 所示。各级政府分别发挥其资源配置功能、收入再分配功能以及稳定经济功能。地方政府除了自治事务之外，在现实中确实也承担了一些中央政府的职能。日本在财政支出方面的分权程度一直较高，中央和地方有明确的事权划分。第一次分权改革之后，日本的政府间事权与支出责任更加匹配。

表 6.1　中央和地方政府事权划分

	中央	都道府县（地方）	市町村（地方）
安全秩序	外交、国防、司法	警察	消防、户籍、居民总帐
基础设施	高速公路、国道（指定区间）、一级河川管理等	决定国道（其他）、都道府县县道、一级河川（制定区间）管理，二级河川管理，港口、公营住宅、城市等规划	城市规划事业（公园其他），市町村道、准用河川管理，港口、公营住宅，上水道、下水道等
教育	大学（国立）、私立学校赞助（大学）	高中，特殊教育学校，小学中学教职人员的工资、人事，私立学校赞助，大学（都道府县立）等	小学、中学、幼儿园、大学（市立）等

续表

	中央	都道府县（地方）	市町村（地方）
福利卫生	设定社会保险、医师等执照、医药品许可执照及其他标准	生活救济（町村），儿童福利，老龄人员保健福利、保健所等	生活救济（市），老龄人员保健、福利，看护保健，国民健康保健（事务），垃圾、屎尿处理、保健所
产业经济	货币、关税、通信邮政、经济等政策	振兴地区经济，职业培训，指导中小企业	振兴地区经济，农地利用调整

资料来源：中华人民共和国财政部官网《日本财政制度及经济财政政策走向》。

一直以来，日本地方政府承担了大部分的行政事务。2016 年度日本中央政府与地方政府财政支出决算的净额为：中央 71.523 万亿日元，地方 97.334 2 万亿日元。地方政府的财政支出规模约为国家的 1.4 倍。但是，2020 年度日本中央和国家的预算规模分别为 102.685 万亿、90.739 5 万亿日元，东京都则为 7.354 万亿日元。可见，中央政府正逐渐承担起更多的支出责任。

根据《地方自治法》，中央政府承担在国际社会中作为国家存在的事务、重点承担应由全国统一制定的国民各项活动，或者地方自治相关基本准则的事务，或者必须在全国规模或者全国性的视角上进行的措施和项目。地方政府承担地区事务，都道府县承担涉及广域的、与市町村相关的联系调整以及在其规模或性质上一般的市町村不适合处理的事务，而市町村承担除此之外的地区事务。东京都与其下设的 23 个特别行政区的关系比较特殊，不同于其他都道府县与市町村的关系。为了保证大都市地区实现行政一体化和统一化，东京都包揽了原本属于区市町村的事务，如消防、上下水道和公共交通等。

6.2.3.2 税收划分

在日本，中央政府和地方政府的税收体系是独立、分开的。以中央为课税主体的称为国税，以都道府县和市町村等自治体为课税主体的称为地方税。由于国税、地方税合起来的种类高达 40 多种，因此主要的税收分配如表 6.2 所示。

表 6.2 中央和地方政府税收划分

	国税	都道府县税	市町村税
所得课税	所得税 法人税 地方法人税 复兴特别所得税 特别法人事业税	都道府县民税 法人事业税	市町村民税
消费课税	消费税 酒税 其他消费课税	地方消费税 道府县香烟税 高尔夫球场使用税 轻油提成税 汽车税 矿区税 民税 狩猎税	轻汽车税 市町村香烟税 矿税 入汤税
财产课税等	继承税 注册许可税 印花税	房地产取得税 水利地益税 其他法定外税收	固定资产税 特别土地保有税 城市计划税 水利地益税 共同设施税 宅地开发税 国民健康保险税 其他法定外税

资料来源：日本《地方税法》。

第二次世界大战后日本的财政体制常被戏称为"三成自治"，即地方税占国税和地方税总和的三分之一。事实上，第一次地方分权改革之后，地方税的比例已经上升到了 40%。此后，国税和地方税的比例基本保持在 6∶4。从 2016 年的实质分配情况来看，当年日本的税收收入总额为 98.348 7 万亿日元；在征收阶段，国税占 59.9%，地方税占 40.1%。在日本财政分权的进程中，财政支出一直处于分权化，而财政收入却呈现集权化，这往往导致地方政府的财力不足以处理本地区事务。中央政府通过地方交付税、地方让与税以及国库支出金等方式弥补地方财力的不足，如 2016 年最终税收收入的分配结果为国家占 39.9%，地方占 60.1%，这是因为有约 30% 的国税通过地方交付税、地方让与税及国库支出金的制度分配给了各地方政府。但是，这同时也加大了中央对地方的财政控制以及地方对中央的财政依赖。

东京都比较特别，为了平衡 23 个特别行政区的税收差距以及确保大都市区的税源，建立了都区财政调整制度。东京都将征收的市町村税，即市町村民税、法人税、固定资产税、特别拥有土地税及法人事业税交付对象的分配额按一定比例分配给各区。此外，特别区之间的财政调整也是为了避免各区之间因税收差异造成财力不均而实施的制度，当各区标准财政所需要的金额超出标准财政的收入时，该财源不足部分将作为交付金由东京都予以补贴。

6.2.3.3 转移支付制度

日本中央对地方的转移支付由地方交付税、地方让与税和国库支出金三部分组成，如图 6.12 所示。地方交付税旨在保障地方政府的一般财力，即没有规定用途，任何经费都可以使用。然而，地方让与税和国库支出金都是规定用途、专款专用的，旨在扶持地方特定事业的发展。

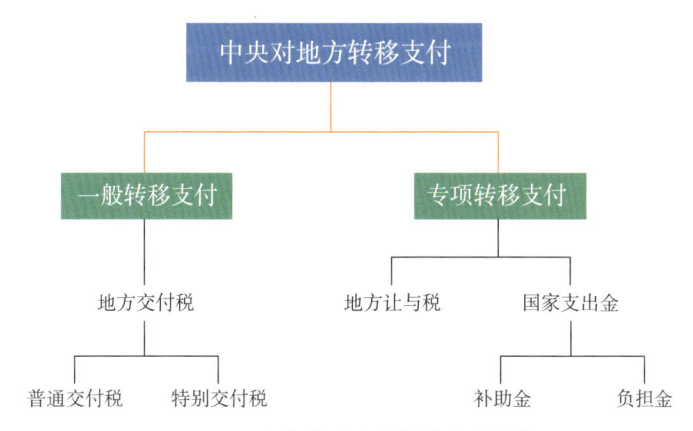

图 6.12　日本中央对地方的转移支付体系

（1）地方交付税

《地方交付税法》旨在保障地方行政的计划性运营于实现地方自治之宗旨的同时，强化地方团体的独立性。地方交付税包括普通交付税和特别交付税，分别占总税额的 94% 和 6%。普通交付税，是指每年对基准财政需求额超过基准财政收入额的地方政府，按照一定的公式计算向其交付之普通交付税的金额。在普通交付税未能满足地方政府的特别财政需求，如发生灾害或是财政收入突然减少等特殊情况下，综合考虑地方政府基准财政需求额超过基准财政收入额的程度来计算交付金。

东京都财政体制的独特之处，在于把23个特别区所在的区域视为市町村，以分别计算得出的基准财政需求之合计额和基准财政收入之合计额为基准财政需求额和基准财政收入额。东京都是日本唯一一个不存在地方交付税的都道府县。

（2）地方让与税

地方让与税是指按照客观标准将国税转让给地方政府的部分，日本现行的地方让与税有地方挥发油让与税、石油气让与税、汽车重量让与税、特别土地转让税、飞机燃料让与税、特别法人事业让与税以及森林环境让与税。其中，石油气让与税只能转让给都道府县和指定都市，东京都不能将其转让给下设的区市町村。

（3）国库支出金

国库支出金根据中央和地方政府的经费负担加以区分，必须以地方政府进行该国库支出金相关事务所需且足够的金额为基础来计算，包括补助金和负担金两部分。国家仅在认定实施该政策有特别必要，或者认为地方公共团体在财政上有特别必要时，方可向该地方公共团体发放补助金。当地方公共团体根据法令规定必须实施某些事务，而其又与某些国家事务存在相互利害关系，为使之顺利实施而国家需要进一步负担经费时，国家应进一步承担全部或部分经费。

6.2.3.4 小结

目前，日本中央与地方的政府间财政关系正从"集权–分散型"向"分权–集中型"过渡。但是，从财政收入的角度来说，目前日本中央与地方的政府间财政关系仍然属于集权型，因为在中央对地方的转移支付之前，中央和地方的财力分配大约为6∶4。东京都则是一个特例，其对中央政府转移支付的依赖远低于其他地方政府，因此东京都与中央政府的关系可以说是高度分权的。从财政支出的角度看，目前日本中央与地方的政府间财政关系仍然属于分散型，不过自2018年以来，其中央政府已承担了大量支出责任。日本在地方分权改革的推进过程中，不断明确中央与地方的事权划分，以使各级政府的事权与支出责任相匹配。同时，尽量将权限下放到基础自治团体，即市町村。东京都则比较特殊，虽然其属于广域自治团体，但是在特别区制度之下，为了整个首都的统一化和整体化，东京都仍然承担了一部分基础自治团体的事权。

6.2.4　2019—2020 年度东京都的财政状况

下面以 2019 财年和 2020 财年的财政状况为例，具体分析东京都的财政收支规模和结构，以探究东京都和日本中央政府间的财政关系。2019 财年，东京都的财政收入为 8.121 9 万亿日元，财政支出为 7.581 1 万亿日元，扣除下一年度应转的财源后，实际财政盈余为 1 277 亿日元；2020 财年，其财政收入为 9.054 7 万亿日元，财政支出为 8.609 5 万亿日元，扣除下一年度应转的财源后，实际财政盈余为 9 亿日元，基本实现了财政收入平衡。东京都 2020 财年的财政收入相比 2019 财年增长了 11.48%，财政支出增长了 13.57%，财政盈余有明显下降。

6.2.4.1　财政收入情况分析

日本都道府县的财政收入主要来源于两部分。第一部分为一般财源，包括地方税、地方让与税、地方交付税、地方交付特例金等；第二部分为特别财源，包括国库支出金和地方债等。地方交付税、地方让与税和国库支出金实际上都是中央对地方的转移支付，其中地方交付税其实是地方的固有税源，但是由中央政府来统一征收和分配；地方让与税和国库支出金，则是中央政府对地方的专项补助；地方债主要用于道路、学校等公共设施的建设，以实现建设费用的长期公平负担。

（1）东京都财政收入结构特征

与日本其他地方政府相比，东京都的财政收入呈现以下几点特征。

第一，地方税所占比例远高于其他地方政府。如 2019 年度东京都的财政收入决算额中所占比例最大的为地方税，占其总收入的 70.66%，而其国内地方财政中地方税所占比例的平均数仅为 39.92%。

第二，国库支出金的所占比例远低于日本其他地方政府。2019 年度日本地方政府国库支出金所占比例的平均数为 15.34%，东京都仅为 4.37%。

第三，不过分依赖地方债。地方债是完善社会资本、进行城市改造的重要财源，但考虑到将来的财政负担，东京都不过分依赖地方债。2019 年度日本地方政府的地方债平均数为 10.53%，东京都仅为 1.70%。

第四，没有地方交付税。收取地方交付税的前提是理论上存在财源不足，即预算编制时财政需要大于财政收入。在这种计算标准之下，东京都处于财政盈余的状况，因此不存在地方交付税，而日本地方政府地方交付税所占比重的平均数为 16.21%，是其地方重要的财力补充来源。具体比例情况如

图 6.13 所示。

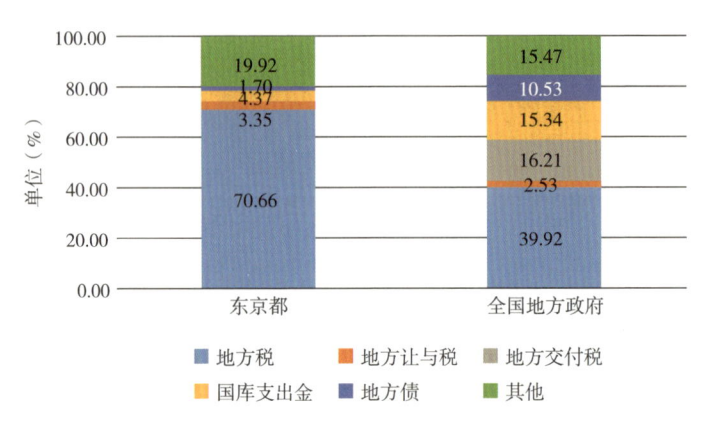

图 6.13　2019 年东京都与日本国内地方政府财政收入比较

数据来源：《东京都年次财务报告书（令和元年度）》和《地方财政的状况（令和元年度）》。

（2）东京都税收收入结构特征

日本实行彻底的分税制，即国税和地方税相互独立，分开征管。2019 年度、2020 年度其中央政府总体收入中的税收收入占比分别为 61.6%、61.9%，相较之下，东京都的税收占比分别为 70.66%、58.46%。相比 2019 年度，2020 年度东京都的税收收入下降了 7.7%，降幅较大，这主要是受到了新冠肺炎疫情的影响。可见，相比国税体系，东京都的税收收入结构不稳定，更容易受到经济冲击的影响。

图 6.14 和图 6.15 为 2019 年度和 2020 年度东京都的税收收入结构，从中可知在东京都的税收收入结构中，占比最大的是都民税、法人事业税、固定资产税和地方消费税。在东京都，都民税和法人事业税合称法人二税，加起来占比超过了总收入的 50%。都民税也称居民税，在东京都只对办事机构在东京都的法人征收，课税对象为企业所得额。23 区[①]内的法人作为东京都的特例，将相当于市町村民税的一部分也作为都民税向其属地都税事务所申报缴纳。市町村的法人除了向都税事务所（都税支所）和支厅申报都民税之外，还向市政府、町村政府申报市町村民税。至于事业税，在东京都是对法人或进行营利性事业但没有法人资格的组织征收的，课税依据为所得额等。可见，法人二税都容易受到企业收益的影响，造成东京都的税收收入结构不稳定。

---

① 东京 23 区是指日本东京都底下，市中心地区的 23 个特别区之合称。

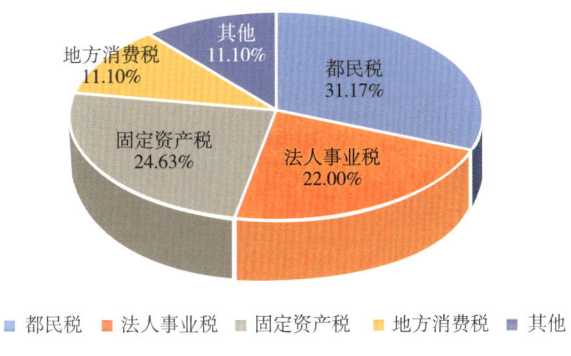

图 6.14　2019 年度东京都税收入结构

数据来源：《东京都年次财务报告书（令和元年度）》。

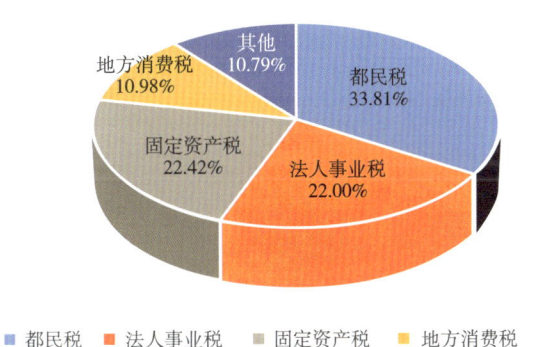

图 6.15　2020 年度东京都税收入结构

数据来源：《东京都年次财务报告书（令和2年度）》。

6.2.4.2　财政支出情况分析

东京都的支出分类方式有两种。第一种按照支出的性质划分，分为一般支出、公债偿还金和税收联动费等。其中，一般支出是指将公债偿还金、地方消费税交付付金等税收收入的一定比例交付区町村用于其税收联动等经费，主要包括工资支出、投资支出和补助支出三部分。税收联动费用包括特别区财政调整交付金和其他基金。与其他都道府县不同，特别区财政调整交付税是东京都实行都区财政调整制度下的特有支出。换句话说，东京都承担了一部分市町村的职能。2019 年度，与其他道府县相比，东京都按支出性质划分的财政支出结构中，工资支出和公债偿还金偏低，如图 6.16 所示。工资支出的偏低，当归功于东京都一直以来削减政府部门行政人员的努力。东京都在都民需求多样化、高度化的情况下，通过维持少数精英的高效执行体制，在努力提高都民服务的同时，通过对所有政府事务、事业的重新评估，实施职员定额的削减；与 1999 年相比，2019 年东京都一般行政部门的定员削减了约三成。第二种是按照支出的目的划分，分为教育支出、民生支出、商工支出、土木支出、卫生支出等。其中，2019 年度占比排名前三的为教育支出 16.76%、民生支出 14.46% 和土木支出 11.71%。2020 年度的占比排名发生了变化，前三位分别为民生支出 15.59%、商工支出 15.07% 和教育支出 13.97%，如图 6.17 所示。这两个年度相比，民生支出和教育支出没有很大变化，变化较大的是商工支出，增加了 191.6%，其原因是受新冠肺炎疫情的影响，东京都加大了对工商业的财政支持。1993 年，在东京都的财政支出中，占比最大的是土木支出（27.0%），其次是教育支出（14.6%），民生支出只占到了 6.4%。究其主要原因，一是日本的老龄化问题越来越严重，因此民生支出比例逐渐提高；二是受到经济危机等影响，政府不得不增加商工支出以振兴企业，从而造成土木支出大幅下降。

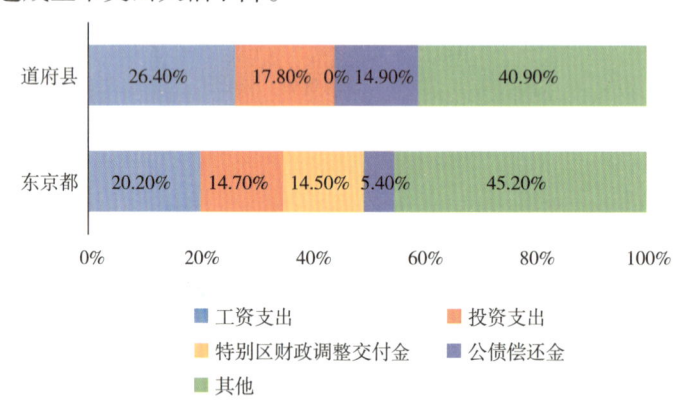

图 6.16　2019 年度东京都与道府县财政支出对比（按性质划分）

数据来源：《东京都年次财务报告书（令和元年度）》。

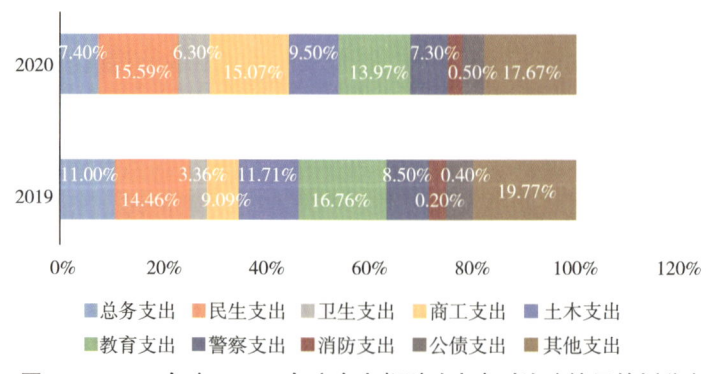

图 6.17　2019 年度、2020 年度东京都财政支出对比（按目的划分）

数据来源：《东京都年次财务报告书（令和2年度）》。

6.2.4.3 东京都的财政健全化程度

日本在1956年颁布的《地方财政重建特别措施法》以1954年产生赤字的国营企业的财政重建程序为中心，主要适用于地方政府普通账户和地方国营企业的财政重建。随着地方分权改革的推进，地方政府在逐渐获得财政自主性的同时，也面临着更大的财政风险。一些财政能力较弱的地方政府难以应对经济冲击等风险和压力，容易产生赤字，进而导致债务危机。因此，为了帮助这些地方政府维持提供公共服务的能力以及让该地区的居民更加了解其地区的财政状况，日本于2007年6月颁布了《地方财政健全化法》（以下简称《健全化法》），并于2009年4月全面实行。《健全化法》既包括流量指标，也包括存量指标，有助于在财政恶化的早期纠正财政问题和恢复财政状况。

东京都一直以来都是日本财政能力最强的都道府县之一，人口和经济活动密集，税源丰富。1990年日本爆发房地产泡沫危机，东京都的税收收入急剧下滑，为了维持高水平基础设施等投资性支出，政府发行了大量地方债。在这一背景下，东京都出现了财政赤字，并由此开启了财政重建之路。具体来讲，其财政重建主要通过减少行政人员、精简行政机构以及削减投资性支出等方式来压缩财政支出。自2005年起，东京都由财政赤字转为盈余，财政重建取得成果。在《健全化法》颁布以后，虽然东京都的财政收支一直是盈余，但是政府仍在为财政健全而不断努力。具体而言，其主要通过项目评估、活用公债和设立基金来保障财源，同时通过进一步精简人员和机构来压缩行政支出。根据《健全化法》的规定，对财政健全化的判断一共有四个指标，包括实际赤字率、合并实际赤字率、实际公债费率以及将来负担率。2019年度，日本所有都道府县的实际赤字率与合并实际赤字率都为0%。《健全化法》规定，实际公债费率超过18%的地方政府，再发行地方债时需要经过中央政府的许可。2019年度，日本只有一个都道府县的实际公债费率超过了18%，且全部都道府县的平均比率为10.92%，东京都则远低于这个水平，如表6.3所示。《健全化法》还规定，将来负担率超过400%的地方政府就将进入早期财政重建阶段。2019年度，日本的全部都道府县中，负担率低于100%的有3个，负担率在100%到200%的有25个，在200%到300%的有16个，在300%到350%的有3个，平均负担率为173.6%，而东京都也远低于这个水平，如表6.3所示。可见，相比其他都道府县，东京都的财政健全化程度很高，并且特别具有危机意识，通过不断活用财源、削减开支以及调整支出结构来维持高质量、高水平的公共服务提供能力。

表 6.3　2019 年度东京都的财政健全化指标　　（单位：%）

	东京都	都道府县平均水平	财政重建基准率
实际赤字率	0.00	0.00	8.59
合并实际赤字率	0.00	0.00	18.59
实际公债费率	1.50	10.92	35.00
将来负担率	23.60	173.60	400.00

资料来源：《东京都年次财务报告书（令和元年度）》和《地方财政的状况（令和元年度）》。

6.2.4.4　小结

财政收入方面，东京都地方税所占比例远高于日本国内地方政府的平均水平，地方债和转移支付所占的比例则远低于其国内地方政府的平均水平。虽然东京都地方税的主体税种——法人二税容易受经济冲击的影响，但是东京都能高效率地运用地方债和基金来维持财政收入。财政支出方面，东京都自 1990 年日本房地产泡沫危机之后，不断精简行政机构，压缩一般性财政支出，完善绩效预算，提高财政支出效率。在一系列改革之下，东京都的财政状况运行良好，但是仍然面临老龄化的压力。

6.2.5　日本的首都财政体制对构建我国首都财政体制的启示

东京都是多功能首都的代表，是日本的经济中心、文化中心、政治中心等。20 世纪 70 年代，东京都出现了一极化发展的趋势，即日本大量人口集中迁入东京都。根据《日本的统计 2021》，2015—2019 年，日本总人口减少了 107 万人，即便在每年人口持续减少的情况下，东京都市圈的人口仍在持续增加。尽管日本政府出台了多种政策来避免东京都的一极化发展，但是仍然难以遏制这种趋势。在高人口密度的背景之下，东京都通过活用地方债、活用基金、绩效预算等各种方式维持了很强的财政独立性和良好的财政运行状况，这对我国首都北京的财政建设可起到一定的启发和借鉴作用。

6.2.5.1　增强首都财政独立性，培育新的税源

中国和日本一样都是单一制国家，但是日本很早就建立起了地方自治制度，并且几十年来仍在不断推行地方分权改革，以增强地方政府的自律性。从前文可以看出，东京都的财政收入主要依赖地方税，极少依赖中央的转移支付。税收收入同样是北京市财政收入的主要来源，但其来源以中央的转移

支付和地方共享税为主，一定程度上不利于地方财政的独立性。因此，北京可以在疏解非首都功能的背景下，立足新的功能定位，培育新的税源，增强首都财政的独立性。

6.2.5.2　增加首都财政收入，活用地方债

作为现代财政制度的重要内容，地方债既处于中央和地方财政分权的核心领域，又体现了政府与市场对事权划分的逻辑。日本在第一次地方分权改革时就废除了地方政府发行地方债的中央许可制度，而我国自 2015 年的预算法中才允许地方政府适度举债。东京都虽然对地方债的依赖很小，但是其地方债形式多样，收益率高，并且具有完善的地方债管理机制。东京都将地方债收入用于筹措公共设施建设等所需的资金，如道路、公园、学校、福利、医疗设施、港湾设施等。在应对新冠肺炎疫情方面，其地方债也发挥了极大的作用。

6.2.5.3　完善预算绩效考评体系，提高财政支出效率

日本引入了事业评价制度来评价地方政府在政策、措施、提供公共服务等方面的有效性和成果，旨在提高地方政府作为自治体的效率和治理能力。东京都在财政重建期对集中实施的项目进行了事业评价，成功地提高了项目的支出效率，摆脱了财政重建的危机。据《东京都年次财务报告（令和 2 年度）》，东京都自 2007 年因为引入事业评价制度而累计确保财源约 6 500 亿日元。北京市可以借鉴东京都在事业评价制度中的方法，完善预算绩效考评体系，提高财政支出效率。

6.3　伦敦市的财政体制分析

下面以英国财政体制的发展与变革研究为起点，充分借鉴其首都伦敦的财政体制构建经验，探索建立我国首都北京财政体制的思路。第一部分是英国财政体制的发展与变革，分别从英国公共财政体制和地方自治制度两个方面来阐述英国财政体制的发展历程。第二部分先从立法控制、行政控制、财政控制和司法控制分析其中央对地方的监督与控制，然后对其地方自治制度进行了简述。第三部分具体研究了其中央与地方的事权与支出责任的划分、财政收入与税收的划分以及转移支付制度，详细分析了伦敦与英国中央政府间的财政关系。第四部分通过对伦敦的具体财政收支数据进行分析，展示了伦敦的财政状况。第五部分则对伦敦财政体制进行具体探究，就其发展变革的经验对构建我国首都北京的财政体制提出相关建议。

6.3.1 英国财政体制的发展与变革

6.3.1.1 英国公共财政体制的发展与变革

英国虽是一个面积不大、人口不多的岛国，但其历史作用却十分特殊。英国是最主要的原生型现代化国家，被称为"代议制之母"。现代预算制度和公共财政都起源于英国，公共财政是建设现代化国家的核心要素，是政治制度现代化和经济制度现代化的结合点，既是经济基础也是上层建筑。因此，即使今天英国所建立的庞大帝国已经衰落解体，其所创建的财政制度仍对其他国家产生了深刻的影响。英国 13 世纪初限制王室征税权的举措从萌芽到不断发展成熟的这一漫长演变过程，正是其议会控制财政的机制日臻完善的过程。通过对英国公共财政体制的发展与变革历程进行梳理，可将其划分为以下几个阶段。

第一阶段从 1215 年《大宪章》的签署到 1688 年《权利法案》颁布前，为英国公共财政体制的早期形成阶段。《大宪章》的产生是英国公共财政所形成的前提条件，其主要内容是限制王室的征税权，给予贵族权力，保卫贵族的利益，为未来的议会制度奠定了基础，实质上也包含了后来议会所具有的征税权力。在《大宪章》签订后的 4 个多世纪里，贵族及城市市民与王室围绕着财政问题而不断斗争，议会正是在这种斗争中得以建立并不断成熟的，成为纳税人的权力机构，行使监管征税和税收支出的权力。

第二阶段从 1688 年光荣革命与《权利法案》的颁布到 19 世纪中叶，为英国公共财政的确立阶段。《大宪章》毕竟只是在一定程度上限制了王室的权力，并没有从根本上撼动英国的封建体制，反而在财政困难不断加剧的情况下使得国王专制愈加严重，从而催生了资产阶级发动的光荣革命。光荣革命确立了议会至高无上的财政主权，它手握着开征新税的绝对权力，以及监督国王收入来源与变更税收的权力，并建立了公共融资制度，监督财政资金的使用。光荣革命后，英国逐步建立起君主立宪制，尤其是在内阁制形成之后，国王统而不治，实权很快转移到议会，首相登上了内阁舞台。后经不断改革发展，直至 1866 年英国议会设立审计总长专门审计各政府部门的财务状况，公共财政得以形成，预算成为议会控制财政运行的载体。

第三阶段从 19 世纪中叶到"人民预算案"的开展，为确立下院"一元财政权"的阶段。从公共财政的确立到 20 世纪初期为止，议会的财政权是二元的，上院、下院都享有财政权。1909 年的"人民预算案"确立了人民预算的重要地位，推动了下院对上院财政权的剥夺，"二元财政权"由此转变为"一元财政权"。

第四阶段从 1911 年至今，为现代英国议会对财政的控制阶段。自 1911 年后，英国议会控制财政的形式与方法不断进行着调整变革，但是主旨不变——议会拥有财政的控制权。1968 年，英国政府正式编制复式预算；1998 年，又颁布了《1998 年财政法》与《稳定财政发展法》，进一步促进了财政管理制度的完善，其财政制度也逐步走向现代化。

6.3.1.2 英国地方自治制度的发展与变革

英国有着颇为深厚的地方自治传统，被誉为"地方自治之家"，是地方自治制度的引领者。梳理英国地方自治制度的发展历程，在宏观上有利于厘清英国中央政府与地方政府的权力分配，在微观上有利于掌握其地方政府的政治发展历程，有助于深入了解英国的财政体制。英国地方自治制度的发展与变革，可分为以下几个阶段。

第一阶段，为英国地方自治制度的早期形成阶段（440—1832）。英国早期地方自治制度包括郡、自治市和教区自治。在盎格鲁 - 萨克逊时期（440—1066），郡的名称是 Shire，诺曼征服英国（1066）以后，威廉一世才将其改为 County，并一直沿用到现在。郡这一行政区划最早出现于威塞克斯王国（Wessex）和东盎格利亚（East Anglia），其出现标志着以血缘和家族关系为基础的部落王权，过渡到了以占有领土为基础的地域性君权。10 世纪时，威塞克斯的各任国王将郡制推行到了英国其他地区。到了埃德加统治时期（959—975），英格兰的郡制划分基本形成，并一直稳固沿用到了 1974 年。自治市形成于盎格鲁 - 萨克逊末期，是一些城市为了摆脱郡的限制而逐渐形成的与郡相并立的地方结构。1215 年《大宪章》颁布后，确立了"王在法下"的原则，国王须承认伦敦等城市已有的自治权，地方自治市制度得以迅速发展，至此中世纪的英国逐渐形成了郡与自治市二元并立的地方权力机构。教区（parish）原本是中世纪基督教会的基层组织，是一个地区居民进行宗教活动必不可少的单位，其在都铎时期（1485—1603）经过改革后成为英国地方政府最基层的单位。在英国地方自治制度的早期形成阶段，地方自治主体比较分散，中央对地方的管辖权也十分有限，地方政府呈现较高程度的自治性，对规范化的地方自治体制也处于摸索阶段。

第二阶段，为英国现代地方自治的发展阶段（1832—1979）。英国现代地方自治体制源于其 1832 年《改革法》的颁布，自此英国逐渐建立了地方议会制度。1835 年英国颁布的《市政法》，是其现代地方政府形成的标志，此后地方自治制度得到了持续、充分的发展。1888 年的《地方政府法》确立了郡议会的权力，即主管郡内事物，此时的英国地方政府仍旧是郡与自治市并立的局面，不同的是又建立了一个伦敦郡议会来管理伦敦事物，郡议会、自治市议会以及伦敦郡议会由此成为英国地方政府结构中的第一层级。1894 年再次颁布的《地方政府法》在郡议会的范围内建立了区和非郡自治市议会，成为第二层级的地方政府。1899 年颁布《伦敦政府法案》，设立了 28 个自治市，连同伦敦市作为第二层级的地方政府。此外，在英格兰和威尔士的部分地区还存有第三层级的地方政府——教区。至此，英国地方政府的现代自治制度初步形成。

1929 年《地方政府法案》的发布标志着地方的权力发展达到巅峰，中央下放给地方政府更多的职能，如医疗服务、实施济贫法等。第二次世界大战后英国地方政府的权力受到削弱，一系列改革措施亟待实施，1963 年颁布的《伦敦政府法》确立了大伦敦议会，其下辖 32 个伦敦自治市和 1 个伦敦城；1972 年颁布的《地方政府法案》也对苏格兰和威尔士的郡进行了重新规划。20 世纪 70 年代后，英国地方政府仍不断改革重组，英国现代地方自治制度也在不断完善并逐步规范之中。

第三阶段，为地方自治的发展与转变阶段（1979 年至今）。1979 年撒切尔夫人担任英国首相后，掀起了新公共管理运动的浪潮，新公共管理运动主张地方政府的结构由双层结构转变为单层结构，强调单层政府结构减支增效的优势。经过一系列的改革，单一管理区逐步建立，地方政府的数量大量减少。此外，自 20 世纪 70 年代末以来，英国地方自治制度发生了重大变革，由中央政府直接或间接委派的准地方自治政府（quangos）开始大量出现，来执掌原来地方所拥有的服务功能。准地方自治政府的出现使得地方自治主体不再只有地方政府，企业和私人部门也被涵盖在内，由此政府部门和非政府部门之间就形成了合作伙伴的关系，共同治理地方。变革后的地方自治主体呈现多样化的趋势，地方自治制度也有向地方治理转变的趋势，需要寻求地方自治和地方治理之间的均衡模式。目前，当代英国地方自治制度的发展与变革进程仍在继续。

6.3.1.3 小结

英国是典型的实行单一制的国家，议会管理整个英国，是最高的立法机关，中央政府由议会产生并对议会负责，地方政府的权力也均来自议会的授权，中央政府是各级地方政府的最高领导机构。纵观英国公共财政的发展与变革历程，可以说就是英国打造一个强大的中央政府、实现中央集权的过程。中央政府集中了国家的最高权力，而英国实行的又是议会制政体，即中央政府由议会产生并对议会负责，因此英国的各级地方政府实质上是由议会和中央政府共同管辖的。英国地方自治制度的发展与变革历程，则是英国地方政府实行自治的悠久历史进程。虽然权力集中是单一制国家的题中应有之意，但英国不同于地方权力较小而中央高度集权的单一制国家，而是有其地方自治的传统，它实施权力下放举措，但又有别于地方权力较大的联邦制国家，这就体现了英国政府结构的独特之处——"中央集权"与"地方自治"的并存与结合。

6.3.2 大伦敦与英国中央政府的政府间关系

英国作为单一制国家，由威尔士、苏格兰、北爱尔兰和英格兰4个部分构成。英国中央政府由英国内阁、议会和首相组成，内阁由议会中占多数席位的党派组成，其领袖即当选首相，英国中央政府通过由选举产生的各地方议会来控制地方政府。在地方政府的结构方面，由于英国首都伦敦①处于英格兰区，所以此处主要介绍英格兰的政府间的关系层级。

英格兰有着复杂的多层级地方政府，各区域的政府层级也并不相同，有的只存在单一层级的地方政府，有的则存在二级或三级地方政府，总体来看，英格兰地方政府划分为郡、地区（district）以及教区三级（见图6.18）。在英格兰的大部分地方，存在郡与地区两级地方政府，只有部分地方在第二层级之下还存在第三级地方政府——教区。同时，英国还存在单一层级的地方政府，统称为单一管理区（unitary authority），细分来说，有的被称为自治市，有的被称为自治市镇，也有的被称为自治镇，这一级地方政府负责当地所有的管理服务职能。此外，英国还有专门的政府机构，如负责各地方的消防救援、社会治安、客运以及垃圾处理等。

大伦敦相对而言比较特殊，与都市郡（metropolitan county）、非都市区（non-metropolitan county）以及单一管理区都属于郡一级，大伦敦政府（great London authority，GLA）负责大伦敦的整体权责，但其下的32个伦敦自治市（London boroughs）和1个伦敦城（city of London）又具有单一管理区的属性，因此从行政划分上来说，这些自治市和伦敦城本质上与郡同级，但从法理上来说，仍然是大伦敦的下辖单位。

---

① 此处需要强调的是，英国首都伦敦指的是大伦敦，而并非伦敦城。

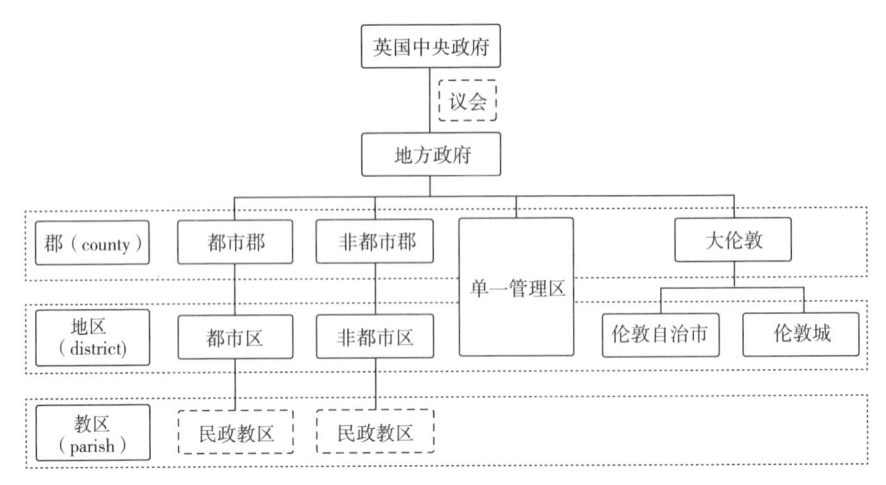

图 6.18　英国政府结构划分

在英国，一方面中央政府是地方政府的最高领导机构，它通过立法、行政、财政和司法等途径对各级地方政府进行管理监督和控制；另一方面，英国又被称为"地方自治之家"，在地方自治方面有着丰富的经验。因此，英国的中央政府和首都伦敦市政府之间，相应也存在以中央集权与地方自治并存为特征的政府间关系，这一特征可从中央政府对地方政府的立法控制、行政控制、财政控制和司法控制以及地方自治等方面来加以阐述。

6.3.2.1　中央对地方的监督与控制

（1）立法控制

议会是英国最高的立法机构，行使国家最高的立法权，是英国政治的中心。议会通过立法来确定地方政府的权力，地方政府必须在中央政府制定的法律范围内实行地方自治，因此立法控制不仅为地方政府提供了法律遵循，而且为中央政府控制地方政府提供了法律保障，即通过法律来协调中央与地方的政府间关系。例如，《议会法》规定中央政府有权制定控制地方政府的规章条例，因此中央政府可以通过发布各种指令来控制地方政府的活动。

1888 年英国议会颁布《地方政府法》，规定在每一个郡设立郡议会，承担全郡的公共事务，并根据该法案建立了伦敦郡议会，管理伦敦的行政、司法以及财政事务。1899 年的《伦敦政府法》进一步对伦敦郡的组织形式进行改革，组建了 28 个伦敦自治市和 1 个伦敦城，建立了全面的地方政府自治管理体系。英国议会于 1963 年颁布新的《伦敦政府法》，对伦敦政府再次进行改革，设立大伦敦议会以代替原来的伦敦郡议会。1965 年，大伦敦议会正式建立。1985年的《地方政府法》废除了大伦敦议会和大都市郡议会，其职能相应转交给大伦敦之下的各个自治市及都市区议会，因此伦敦自治市、伦敦城和都市区具有单一管理区的性质。1999年，英国议会颁布了《大伦敦政府法》，规定建立由伦敦市长和伦敦议会所组成的大伦敦政府。

在英国的中央与地方关系中，即便中央政府权力下放，实行地方自治，地方政府仍然处于从属地位，"中央的权力是绝对的，议会拥有主权且对地方政府拥有完全的控制权，其可授予地方政府以权力，也可将权力从地方政府手中收回。中央政府规定地方只能在有明确立法的范围内行事，在议会认为合适时，还可以创建或者废除地方政府"[1]。大伦敦政府的建立就可以被视为英国中央政府在不断变革控制地方政府的手段，其地方政府的权力实质上仍然取决于中央政府的议会立法。

（2）行政控制

英国中央政府通过授权立法、大臣行使待执行权、定期审查等方式实现中央政府对地方政府的行政控制。其中央政府可以授权地方政府颁布规章条例，以充实完善议会立法的条款，地方政府也可以直接制定颁布新的规章条例，但前提是要获得中央政府的批准。如果地方政府不同意执行立法规定的决策，中央政府可以任命委员会执行规定事项或者亲自执行，以保证中央对地方的控制权。此外，地方政府的运行规划等均要上报中央政府审查核定，由相关大臣批准后方能实施；中央政府有权审定、修改乃至驳回地方政府的施政计划和方案并定期对地方政府履行的职责范围进行视察，以确保地方政府在中央立法的职能权限内实行地方自治。

经英国中央政府授权，地方政府大致拥有法律授予的地方规章立法权、从事公共事业的行政权、维护公共安全权、改良社会设施权、发展社会福利权、执行全国性任务权、从事准商业活动权、依法征收地方税及其他费用的财政权。

与之相应，英国中央政府对地方政府的职责也有明确规定。如在大伦敦，基于1999年《大伦敦政府法》的规定，由伦敦市长和伦敦地方议会组成的大伦敦政府（GLA）于2000年成立，其管辖范围包括整个大伦敦地区，履行整个大伦敦的公共交通、治安、应急服务、环境和规划等一系列公共职能；英国中央政府则主要负责国防、外交、高等教育、社会保障、医疗卫生、中央

---

[1] ELCOCK H. Local government: policy and management in local authorities. Routledge, 2013. P4.

债务还本付息以及对地方政府的补助支出等职能。

（3）财政控制

英国中央政府在财政上高度集权，对财政收支具有强大的统筹力，中央财政收入占其总收入的绝大部分，地方政府只有有限的收入来源，其中税收是英国最主要的财政收入。财政高度集权的特点决定了税收立法权完全由中央决定，地方不能设置税种且只能在规定的范围内征税，因此在法定的事权基础上，地方政府的支出在很大程度上取决于中央政府的转移支付制度。此外，英国中央政府还通过颁布一系列法规、条例，对地方政府预算进行制度化的监督管理。这样一套较为完整的地方依赖中央的财政制约机制，使其中央能够通过控制地方的财政命脉来调控地方财政。

2019财年，伦敦地方税占比约10%（其中作为地方税主体税种的市政税占比为2.7%、营业房产税占比为5.1%），而中央税则占70%以上；伦敦财政支出中的重要类目如社会保障（33.6%）、健康支出（27.4%）和教育支出（13.7%）都是由中央政府支出的项目。

（4）司法控制

英国的委托立法具有悠久的历史，从19世纪70年代初就已经得到了迅速发展。其之所以出现，是为了便于地方政府管理各地纷繁的事务，以应付不时出现的紧急状态，不断完善立法所涉及的范围和内容，因此由议会授予地方政府颁布具有法律效力的法规、条例、法令和细则的权力。与此相对应，大伦敦政府拥有中央立法所赋予的权责，但其各项决策均受中央政府的司法监督，中央政府对其也有着高度的司法制约。

地方政府的立法权源自议会的委托，因此受制于议会立法，中央政府要求地方政府在法定的范围内行使司法权，禁止越权行为。只要地方政府行使立法权时超出中央规定的限度，出现越权行为，在地方立法与中央立法冲突的情况下，地方法令将因被认为是违法的政策措施而宣告无效。此外，英国法院会通过合宪审查和行政诉讼案件审理，行使对行政的司法监督与控制，若对法庭的判决结果不同意，可继续上诉至最高法院和议会上院。

6.3.2.2 地方自治

前文梳理了英国地方自治制度的发展脉络，揭示了英国地方自治的浓厚传统。自盎格鲁-萨克逊时期地方自治体制的早期萌芽，到形成独特的中央集权与地方自治并存之自治体制，英国一直在寻求中央政府与地方政府之间权力的均衡。实行自治的地方政府拥有中央赋予的一定的自主权，允许其在规定职责范围内不受中央限制，独立管理本地区的各项事务，以释放地方自治主体的最大活力。但从地方自治制度的发展历程中可知，其中央赋予地方权力的程度、形式，包括相关法律条例的颁布、更新以及地方自治体系的结构等，一直都处于不断变革之中，即，在英国地方自治是一个既传统又新鲜的话题。

6.3.2.3 小结

大伦敦和英国其他郡级地方政府一样，受其中央政府的立法控制、行政控制、财政控制以及司法控制，同时也有一定的地方自治权，在法定权限内不受中央的干预。大伦敦设有大伦敦政府，由伦敦市长（mayor of London）、伦敦地方议会（the London assembly）构成，市长主要负责制定伦敦的战略规划以及预算草案，议会则旨在代表各地方监督市长的权力并参与重大决策的制定，由伦敦下属的伦敦消防局、伦敦警察局、伦敦交通局、两个市长发展公司共5个职能机构来管理32个伦敦自治市和1个伦敦城。除涉及全伦敦范围内的共同事务需要由大伦敦市政府以及33个地方当局共同解决外，其他事务如教育、社会照顾、住房、图书馆、休闲娱乐、环境健康、垃圾处理、征收地方税以及制定各管辖地区的规划等，均由33个地方当局选举产生的地区议会负责处理。

6.3.3 政府间财政关系

6.3.3.1 事权与支出责任的划分

在英国，中央政府与地方政府之间事权与支出责任的划分存在着地区差异，即中央政府下放给英格兰、威尔士、苏格兰和北爱尔兰的权力并不一致。总体来说，英国中央政府主要负责国防、外交、高等教育、社会保障、医疗卫生、中央债务还本付息以及对地方政府的补助支出等职责，而英格兰地方政府则主要提供教育、交通运输、社会护理、住房、娱乐文化、环境、警察消防等公共服务，具体情况如表6.4所示。

表6.4 英国地方政府（英格兰）提供的服务

主要服务	具体方面
教育	维持幼儿园、小学、中学以及特殊学校的运行，为学生提供教育、膳食并支持他们的特殊教育需求；向其他青少年、成年人、家庭以及社区提供教育服务；等等

续表

主要服务	具体方面
交通运输	建造和维修非主干道路及桥梁；街道照明；负责交通管理和道路安全；提供公共交通特惠票价，补贴公共交通运营商；等等
社会照顾	为儿童及家庭提供援助、福利、抚养、领养服务，为青少年提供安全的住宿，为老人提供护理、住宿、日托以及膳食服务，为残障人士和精神疾病患者提供相关服务，等等
住房	提供住房策略与建议、住房津贴与福利，为无家可归的人提供住所，等等
文化服务	负责档案馆、博物馆、美术馆以及公共娱乐场所的开放，提供室内外运动娱乐设施，开放公园，促进旅游发展，开放图书馆并提供信息服务，等等
环境服务	提供社区安全服务、消费者保护、制定贸易标准；提供火葬和殡葬服务；保障食品安全，负责虫害防治，制定住房标准，提供公共设施；提供农业、渔业服务；负责垃圾收集和处理以及街道清洁工作；等等
规划发展	负责建筑工程开发工作，制定规划政策，提出环境倡议，负责经济和社区的发展，等等
安保服务	提供社区安全、消防与救援服务以及法庭服务等
其他服务	负责地方税收、土地收入，进行出生、死亡、婚姻以及选举登记，制定应急计划，推行民主代表制，公司管理，等等

资料来源：《英国地方政府财政统计（2014年第24期）》（Local Government Financial Statistics England No.24 2014）。

根据英国宪法，地方政府执行中央赋予其的职能，但地方各级政府的职能范围存在着明显的差异。在英格兰地区，地方政府在郡、区、单一管理区、都市区、大伦敦政府以及伦敦自治市之间的职能划分也不能一概而论，表6.5反映了英格兰各级地方政府事权的细分情况。

表 6.5 英格兰地方政府事权划分

	都市区		郡区			大伦敦区			
	区议会	专门政府	单一管理区	郡议会	区议会	专门政府	伦敦自治市	伦敦城	大伦敦政府（GLA）	专门政府
教育	√		√	√			√	√		
公路	√		√	√			√	√	√	
交通规划	√		√	√			√	√	√	
运输		√	√						√	
社会照顾	√		√	√			√	√		
住房	√		√		√		√	√		
图书馆	√		√	√			√	√		
休闲娱乐	√		√		√		√	√		
环境健康	√		√		√		√	√		
垃圾收集	√		√		√		√	√		
垃圾处理	√	√	√	√			√	√		√
规划申请	√		√		√		√	√		
战略规划	√		√				√	√	√	
警察		√				√			√	
消防救援		√		√		√			√	
地方税收	√		√		√		√	√		

资料来源：《英国地方政府财政统计（2014年第24期）》（Local Government Financial Statistics England No.24 2014）。

英国是财政权力高度集中的国家，其中央政府的财政支出在其总支出中的比重较高，占比近80%，中央承担着主要的支出责任。相比之下，地方政府的财政支出十分有限，占比约20%，且支出责任有逐年下降的趋势，英国中央政府与地方政府2015—2019财年[①]财政支出占总支出的比重情况如图6.19所示。

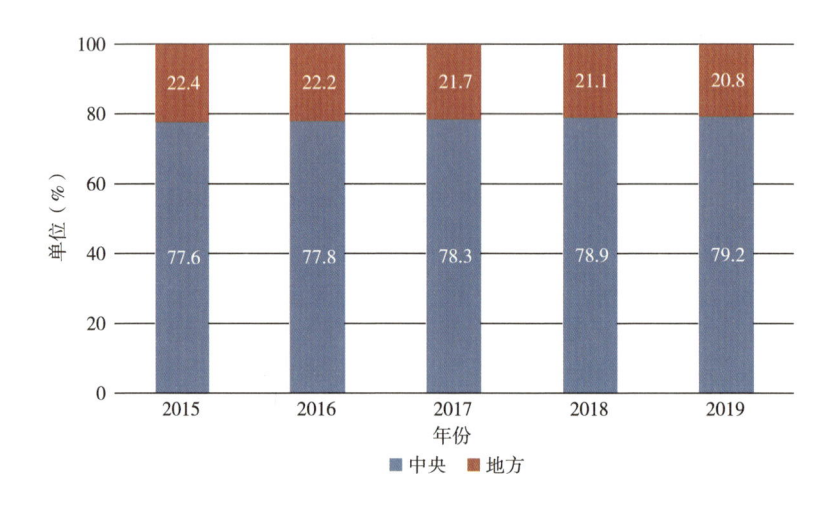

图6.19　2015—2019年英国中央与地方财政支出比重（占总支出）

数据来源：《公共支出统计分析（2020）》（Public Expenditure Statistical Analyses 2020）。

6.3.3.2　财政收入与税收划分

财政收入是事权与支出责任得以实现的保证。2017财年，英国财政总收入7 742亿英镑，占GDP的37.30%；2018财年，英国财政总收入7 742亿英镑，占GDP的37.14%；2019财年的总收入达到8 062亿英镑，占GDP的37.28%，可见近年来英国财政收入占GDP的比重总体保持稳定的态势。英国实行的是中央高度集权的财政收入体制，对比英国中央与地方财政收入的比重可以发现，英国政府财力分配高度集中，中央政府财政收入占比高达94%左右，而地方政府的财政收入只占到其总收入的6%左右（见图6.20）。

英国政府的财政收入主要来源于税收。其2018财年的数据显示，英国政府的税收收入占到总收入的86.2%，相比2017财年的86.54%略有下降但仍

---

① 英国财年的起止时间为当年4月1日至次年3月31日。

保持着较高占比。此外，英国实行严格的分税制，设置中央税和地方税，不设共享税。英国税权高度集中，中央不仅掌握着税收立法权，对地方进行监督与控制，而且地方税收收入的绝大部分也都归中央支配和使用，英国的中央税收收入占其全部税收收入的 90% 左右，而地方税收收入只占总税收收入的 10% 左右，地方政府的财政收入主要依靠中央对其的转移支付。2018 财年英国的主要税种税收收入情况如图 6.21 所示。

图 6.20　2015—2019 年英国中央与地方财政收入比重（占总收入）

数据来源：英国财政收入网（http://www.ukpublicrevenue.co.uk）。

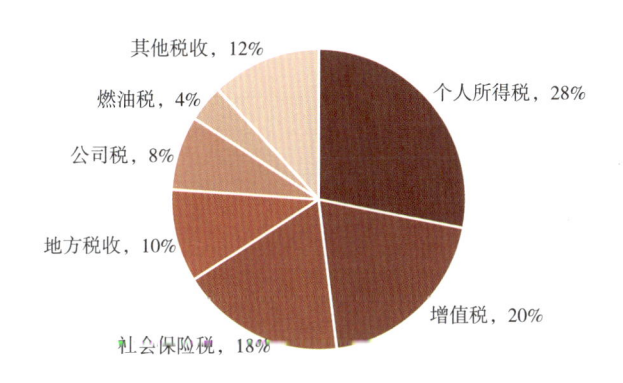

图 6.21　英国 2018 财年主要税种税收收入情况

数据来源：《英国政府统一账户（截至2019年3月）》（Whole of Government Accounts: year ended 31 March 2019）。

在英国，大部分税种都属于中央税，包括个人所得税、公司税、社会保险税、增值税、资本利得税、遗产税、印花税、消费税等主要税种，地方政府只在有限的范围内征收市政税（council tax）及营业房产税（business rates）等小税种。表 6.6 为 2019 财年英国中央与地方政府具体的财政收入情况，既表明了其中央与地方政府的财政收入来源，也反映了其中央与地方政府主要税种的税收划分情况。

表 6.6　英国中央与地方政府财政收入（2019 财年）

	中央政府		地方政府		总收入	
	收入（十亿英镑）	比例（%）	收入（十亿英镑）	比例（%）	收入（十亿英镑）	比例（%）
所得税	258.0	34.02	—		258.0	32.00
个人所得税	201.7	26.60	—		201.7	25.02
公司税	56.3	7.42	—		56.3	6.98
资本利得税	6.2	0.82	—		6.2	0.77
社会保险税	137.5	18.13	—		137.5	17.06
间接税	299.3	39.46	33.7	70.50	333.0	41.30
消费税	31.5	4.15	—		31.5	3.91
增值税	180.1	23.75	—		180.1	22.34
燃油税	28.0	3.69	—		28.0	3.47
印花税	12.9	1.70	—		12.9	1.60
市政税	—		33.7	70.50	33.7	4.18
其他	46.8	6.17		0.00	46.8	5.81
商业及其他收入	62.2	8.20	13.1	27.41	75.3	9.34
平衡项	−4.8	−0.63	1.0	2.09	−3.8	−0.47
合计	758.4	100.00	47.8	100.00	806.2	100.00

注：此处地方财政收入中不包括中央对地方的转移支付。

数据来源：英国财政收入网（http://www.ukpublicrevenue.co.uk）。

伦敦与英国其他地方政府大体一致，其直接财政收入来源于市政税、营业房产税以及只占极小部分的收费、投资、利息等收入，主要财源仍来自中央对其的各种转移支付。

6.3.3.3 转移支付制度

如前所述，英国地方政府收入只占国家总收入的6%左右，但承担了超过20%的支出责任，这使得地方政府仅依靠其本级财政收入无法满足公共服务的支出，因此地方政府的大部分支出需要由中央政府进行拨款补助。英国中央政府对地方的转移支付类型与层次颇为繁杂，大体上包括营业房产税（business rates）、收入支持转移支付（revenue support grant，RSG）、规定用于特定用途的专项转移支付（specific grants）以及其他各类转移支付支出。

在此有必要对英国的营业房产税作进一步说明。在2013年之前，其营业房产税由地方征收之后需要全额上交给中央，由中央对这部分收入进行再分配后返还地方，再分配的营业房产税（redistributed business rates）属于中央对地方的转移支付补助。2013年4月推出的营业房产税保留计划（business rate retention scheme）改革了营业房产税的分配方式，营业房产税收入先由地方按规定比例保留部分，剩余部分再上交中央，地方自留的这部分营业房产税（retained income from rate rentention scheme）就成为地方政府收入来源的一部分，而上交中央的营业房产税收入则为收入支持转移支付（RSG）提供了大部分资金来源，收入支持转移支付是指中央政府给予地方政府的且不规定其用途的转移支付款项。

表6.7为英格兰2012—2019年地方政府收入汇总。

表6.7 英格兰2012—2019年地方政府收入汇总（单位：百万英镑）

	2012	2013	2014	2015	2016	2017	2018	2019
转移支付收入（百万英镑）								
收入支持转移支付（RSG）	448	15 175	12 675	10 387	7 653	4 162	1 410	664
营业房产税（再分配）	23 129	—	—	—	—	—	—	—

续表

	2012	2013	2014	2015	2016	2017	2018	2019
其他转移支付	74 115	75 807	76 596	82 917	82 676	77 730	75 878	72 305
转移支付总额	97 692	90 982	89 271	93 304	90 329	81 892	77 288	72 969
地方政府资金收入（百万英镑）									
市政税	26 715	23 371	23 964	24 734	26 083	27 641	29 563	31 452
营业房产税（地方自留）	—	10 719	11 331	11 855	11 735	15 162	17 973	17 216
其他收入	22 056	23 229	23 040	22 377	22 627	23 680	25 003	24 397
资金收入总额	48 771	57 319	58 335	58 966	60 445	66 483	72 539	73 065
其他收入	8 842	9 253	18 469	19 390	18 305	19 511	19 553	19 857
地方政府总收入	155 306	157 554	166 075	163 871	163 588	164 262	167 676	165 890
转移支付占比（%）	63	58	54	57	55	50	46	44

注：2017财年以来，由于地方政府营业房产税的自留比例逐步上升，因此地方的营业房产税收入显著增加。与之相应，收入支持转移支付（RSG）也显著下降。

专项转移支付计入其他转移支付，并未单独分列。

资料来源：《英国地方政府财政统计（2020年第30期）》（Local Government Financial Statistics England No.30 2020），《英国地方政府财政统计（2018年第28期）》（Local Government Financial Statistics England No.28 2018）。

图6.22反映了2012—2019年英国中央政府对英格兰地方政府转移支付的数量。

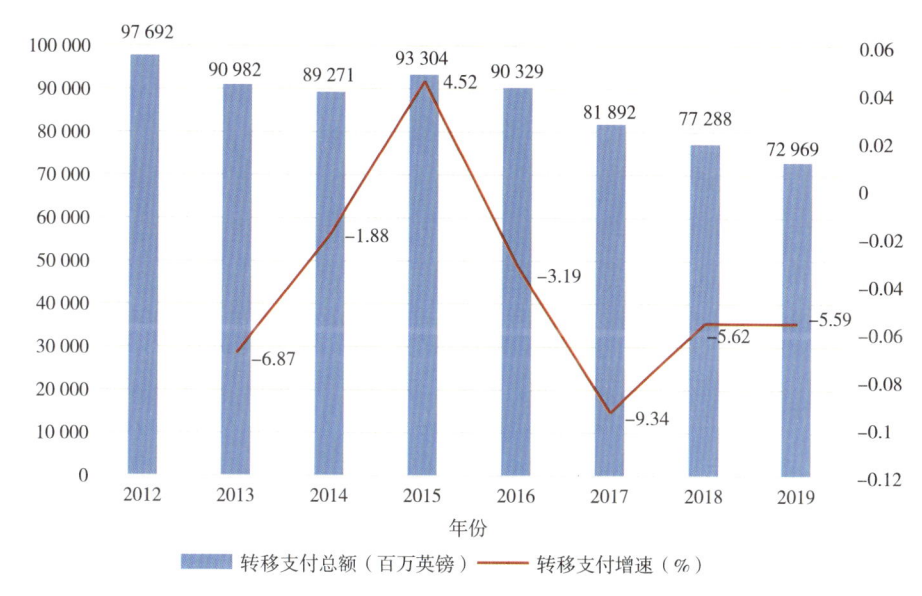

图 6.22 2012—2019 年英国中央政府对英格兰地方政府转移支付的变化趋势

总体上，英国中央政府对英格兰地方政府的转移支付数量呈下降的趋势。2012—2014 年，转移支付数量从 976.92 亿英镑减少到的 892.71 亿英镑。2015 年的转移支付数量有所上升，同比增长 4.52%。2015 年后，英国中央政府对英格兰地方政府的转移支付数量继续呈下降的趋势，其中 2019 年为 729.69 亿英镑，同比增速为 -5.59%。2012—2019 年转移支付占英格兰地方政府总收入的百分比也逐年降低，由 2012 年的 63% 下降到 2019 年的 44%。近年来，英国中央政府对地方的转移支付力度大幅降低，主要原因在于其为了鼓励地方经济的发展，允许地方保留部分营业房产税收入，且这一保留比例不断被调高，从而使得中央对地方的补助幅度逐步降低。当然，即使转移支付占比近些年有所下降，但地方政府的支出对中央政府转移支付的依赖程度仍超过了 40%，其中央对地方的转移支付力度仍旧很大。

6.3.3.4　小结

英国的中央与地方政府间财政关系具有财政高度集权的特征。财权、事权、税权以及转移支付制度的制定权等大都集中在中央政府的手中，地方财政的独立自主性较弱。此外，英国央地政府间的事权、财权与支出责任划分明确，单一制中央集权下的转移支付制度也发展得较为成熟，配合日臻完善健全的法治体系，使得高度中央集权背景下英国财政管理体制中的央地政府间财政关系运转颇为成功。

6.3.4 伦敦的财政状况分析

英国政府官网、地方财政年报等均未对伦敦总体的财政状况进行详细统计汇总，只有英国国家统计局（Office for National Statistics，ONS）关于国家以及地方公共部门各财政年度的报告包含伦敦的财政收支详情。但是英国国家统计局关于其全国和地方财政年度数据的统计，并没有将中央与地方财政收支完全分隔开，而是充分考虑到行政划分并强调权力下放[①]，有一套与之相应的地方财政收入的分配标准。这一标准所确定的收入、支出的划分，与前文所述的英国中央、地方政府的财政收入、支出划分标准并不一致。例如税收收入，并不是按照中央税和地方税的形式来严格划分中央税收收入和地方税收收入的，而是按照纳税人的居住地来划分税收收入的，这一标准体现了在英国中央权力日益下放的背景下，统计全国与地方财政数据的一个发展趋势。

这种统计方式将英国所获得的政府收入按照不同的方式和比例分配给地方，作为地方的收入来源，并在地方政府支出中计入中央对地方的公共服务支出，毫无疑问会与实际情况存在差异，不能清楚显现地方政府的收入、支出结构。但不可否认的是，这种统计标准能够清晰地展示其中央与地方财政之间的关系，突出中央对地方收入、支出的干预程度。

英国国家统计局关于财政收入和支出的分配标准是基于"谁负担"和"谁受益"两个概念来确定的。确定收入的筹集地点是实行"谁负担"这一原则的基础，也就是需要确定纳税人的居住地，对于间接税如增值税的分摊，是以消费者承担间接税的假设为前提的；对于直接税如所得税的分摊，则是根据纳税人的住址来分配税收收入的。"谁受益"的原则可以从两个方面来考量：一方面，需要确认财政支出是否用于地方，如果财政支出显示已向该地区提供了公共服务并使该地区居民受益，则这部分支出应该计入地方财政支出；另一方面，如果财政支出实际花费在该地区，则这部分花费毫无疑问要计入该地区。

下面以英国 2018 财年和 2019 财年的财政状况为例，以英国国家统计局发布的数据为基础，具体分析伦敦的财政收支规模和结构，探究伦敦与英国中央政府间的财政关系。2018 财年，英国财政收入 1 656 亿英镑，财政支出 1 260 亿英镑，财政盈余为 396 亿英镑；2019 财年，英国财政收入 1 673 亿英镑，财政支出 1 312 亿英镑，财政盈余为 361 亿英镑。2019 财年的财政收入相比 2018 财年增长了 1.03%，变化幅度较小，财政支出则增长了 4.13%；财政盈余有明显减少，相比 2018 财年降低了 9.49%。

---

① 近些年，英国强调权力下放，逐步将税收和福利权下放给地方。

6.3.4.1 财政收入情况分析

根据英国《国家和地方公共部门财政：方法指南》编制的国家与地方财政数据统计方法，考虑到行政划分与权力下放因素，其《国家和地方公共部门财政》各年度的报告中并未严格区分中央与地方收入。因此，根据该方法指南得出的地方公共部门财政收入是地方广义上的收入，包含原本属于中央政府但按照"谁负担"和"谁受益"原则分摊给地方的收入，其中地方的中央税收入又占地方各项收入的主要部分。

如图6.23所示，总体来看，2018财年、2019财年伦敦的中央税占其总收入的70%以上，个人所得税、增值税、社会保险税与公司税都属于中央税税种；其他财政收入中包括除上述以外的中央税以及地方税收入。伦敦的地方税收入占比不超过10%，其中，2018财年伦敦市政税占比2.63%、营业税占比5.01%；2019财年伦敦市政税占比2.72%、营业税占比5.05%。2018财年、2019财年伦敦的财政收入基本平稳发展，并无太大波动。伦敦的中央税与地方税的悬殊占比进一步表明，英国中央政府在财政上实行高度集权的制度，对财政收支具有极强的统筹能力。

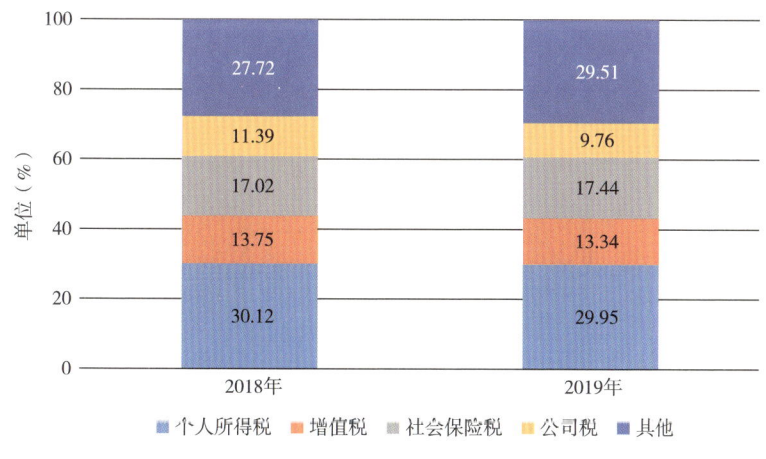

图 6.23　2018、2019财年伦敦财政收入比较

数据来源：《国家和地方公共部门财政（2019财年）》（Country and regional public sector finances: financial year ending 2019）、《国家和地方公共部门财政（2020财年）》（Country and regional public sector finances: financial year ending 2020）。

6.3.4.2 财政支出情况分析

按照功能分类，英国的财政支出主要包括经济事务、住房、一般公共服务、教育、医疗卫生、社会保障等十几项内容；从支出占比来看，社会保障、医疗卫生、教育以及一般公共支出占据了主要部分，比重超过70%。2018财年，伦敦的社会保障、医疗卫生、教育以及一般公共服务支出占比分别为28.83%、21.79%、11.66%、9.33%；2019财年，伦敦的社会保障、医疗卫生、教育以及一般公共服务支出占比分别为28.37%、22.70%、11.30%、9.22%，与2018财年相比，伦敦2019财年各财政支出项目占比基本保持稳定，变化幅度并不明显（见图6.24和图6.25）。财政支出中的这几个主要类目，如社会保障、医疗卫生以及教育支出等，都是依据英国的基本法规定由英国中央政府直接为地方提供的支出，其为伦敦地方提供的服务支出比重占伦敦财政支出的绝大部分。

6.3.4.3 大伦敦政府2019、2020财年财政状况分析

就英格兰地方而言，其各级政府机构，包括郡、地区、教区议会以及专门的政府机构等，都有自己的预算和收支计划，以更好地为本地居民提供服务。因此伦敦所包括的32个自治市和1个伦敦城，以及管理整个伦敦地区的大伦敦政府（GLA）都有各自管辖范围及职责权限内的财政收支计划，权责划分明确。接下来以大伦敦政府2019财年、2020财年的收支详情为例，分析其财政状况，从大伦敦政府的收支分析中辩证看待整个伦敦的财政收支情况。

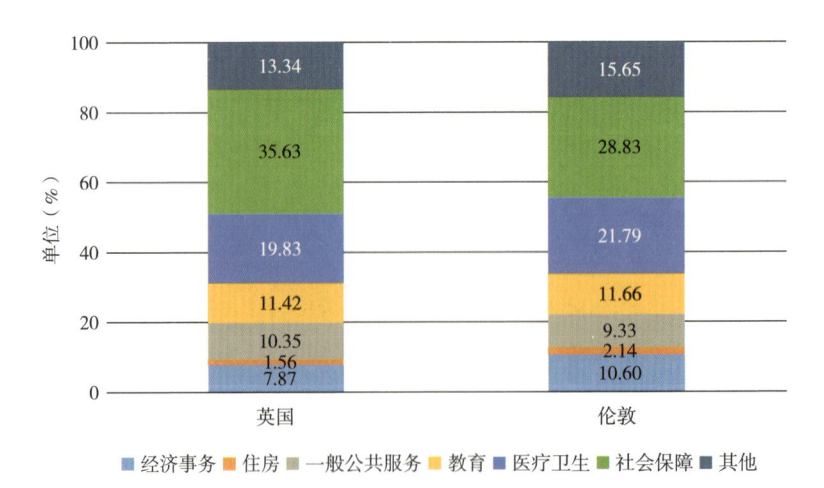

图6.24　2018财年英国财政总支出与伦敦财政支出比较

注：图中的经济事务，包括运输、企业和经济发展、科学技术、就业政策、农业、渔业和林业等方面的支出。

数据来源：英国国家统计局。

6 首都财政的国际比较

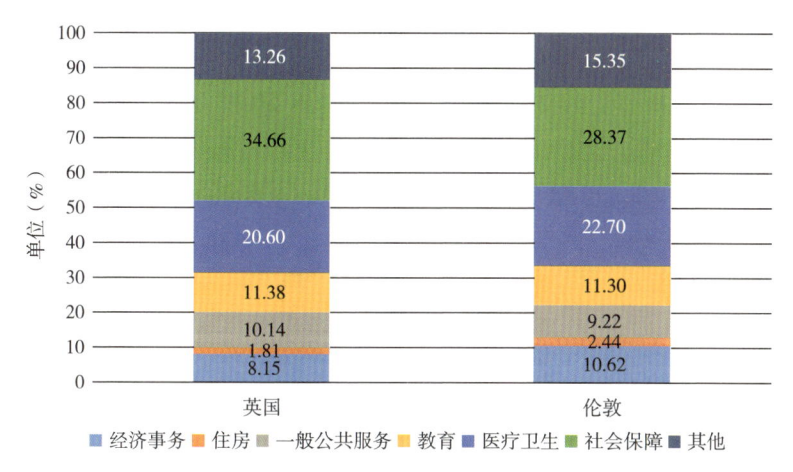

```
图表数据：
英国：经济事务 8.15，住房 1.81，一般公共服务 10.14，教育 11.38，医疗卫生 20.60，社会保障 34.66，其他 13.26
伦敦：经济事务 10.62，住房 2.44，一般公共服务 9.22，教育 11.30，医疗卫生 22.70，社会保障 28.37，其他 15.35
```

图 6.25　2019 财年英国财政总支出与伦敦财政支出比较

数据来源：英国国家统计局。

大伦敦政府 2019 财年财政收入 61.453 亿英镑，财政支出 59.185 亿英镑，财政盈余 2.268 亿英镑；2020 财年财政收入 61.824 亿英镑，财政支出 59.165 亿英镑，财政盈余 2.659 亿英镑。其 2020 财年财政收支与 2019 财年相比，变化幅度不大，财政盈余稳定中略有增长。

由图 6.26、图 6.27 可知，市政税与营业房产税收入以及转移支付收入是大伦敦政府主要的财政收入来源。2019 财年，大伦敦政府市政税与营业房产税收入共计 36.68 亿英镑，占其财政收入比重为 59.69%，转移支付收入为 23.95 亿英镑，占比 38.97%。2020 财年，大伦敦政府市政税与营业房产税收入共计 28.03 亿英镑，占其财政收入比重为 45.34%，转移支付收入为 32.72 亿英镑，占比 52.93%。2020 财年转移支付收入较 2019 财年增长 36.62%，这主要是受到新冠肺炎疫情的影响，英国中央政府加大了对地方的转移支付补助力度。

由图 6.28、图 6.29 可知，在按性质划分的大伦敦政府财政支出结构中，各项服务支出以及向各职能机构[①]支付的款项占比最大。其 2019 财年各项服务支出 48.30 亿英镑，向各职能机构支付的款项为 9.09 亿英镑，占比分别为 81.61%、15.36%；2020 财年，其各项服务支出 39.78 亿英镑，向各职能机构

---

① 大伦敦政府有 5 个职能机构，分别为伦敦消防局（London Fire Commissioner, LFC）、伦敦警察局（Mayor's Office for Policing and Crime, MOPAC）、伦敦交通局（Transport for London, TFL）和两个市长发展公司（Old Oak and Park Royal Development Corporation, OPDC；London Legacy Development Corporation, LLDC）。

支付款项 9.52 亿英镑，占比分别为 67.24%、16.09%。2020 财年各项服务支出较 2019 财年下降 17.64%，向各职能机构支付的款项较 2019 财年有所增长，为 4.73%。

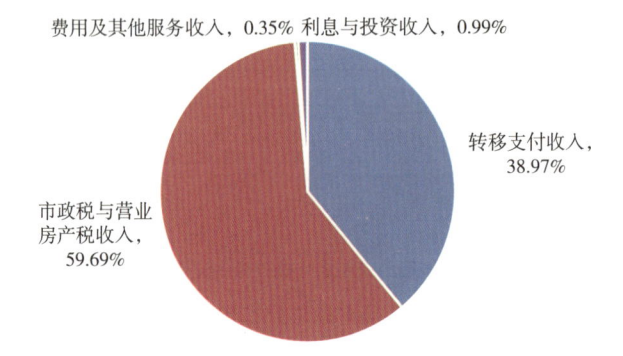

图 6.26　2019 财年大伦敦政府财政收入（按性质划分）

数据来源：《大伦敦政府经审计的帐目报表（2020年第21期）》（Greater London Authority Audited Statement of Accounts 2020/21）。

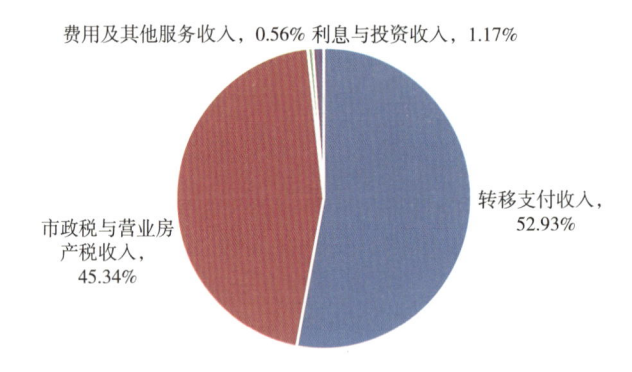

图 6.27　2020 财年大伦敦政府财政收入（按性质划分）

数据来源：《大伦敦政府经审计的帐目报表（2020年第21期）》（Greater London Authority Audited Statement of Accounts 2020/21）。

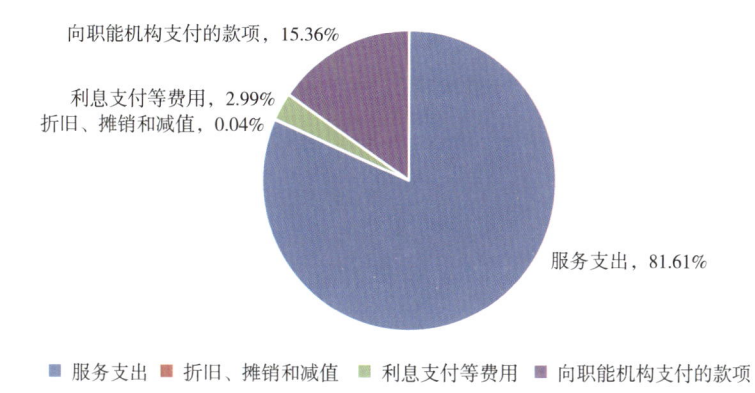

图 6.28　2019 财年大伦敦政府财政支出（按性质划分）

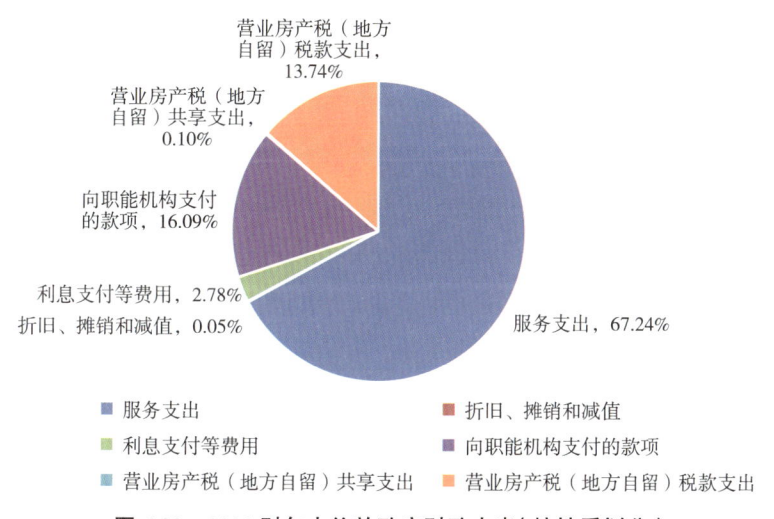

图 6.29　2020 财年大伦敦政府财政支出（按性质划分）

注：2020年，英国批准了大伦敦政府与33个伦敦地方当局进行营业房产税试点，允许其拥有75%的营业房产税保留比例。其中，大伦敦政府保留37%的营业房产税，高于基准，需要上交营业房产税保留税费8.13亿英镑（2017年只批准了大伦敦政府这一个试点）。

由于2020财年伦敦33个地方当局营业房产税留存比例较低，经过大伦敦政府与33个当局集体同意，将大伦敦政府留存的营业房产税部分收入在33个地方当局之间共享。

6.3.4.4　小结

伦敦的行政划分十分特殊。大伦敦政府虽负责管理整个伦敦，但其下辖的32个伦敦自治市和1个伦敦城却又具有单一管理区的属性，除涉及大伦敦地区的共同事务由大伦敦政府或由其与各自治市共同管辖外，其他公共事务均由各自治市的议会负责。因此，大伦敦政府以及各自治市的财政收支数据都只能体现各自管辖范围内的财政情况，并未全面统计整个大伦敦的财政收支状况，且英格兰关于各级地方政府的财政统计报告——《英格兰地方政府财政统计》，也只是从总体上分析了英格兰地方政府的收入与支出详情，并未分地区统计郡及郡以下地方政府的财政收支，因此英国国家统计局公布的伦敦财政收支统计是目前可以查阅到的较为完整的财政数据。即使该统计方法与一般统计方法有较大差异，但还是能在一定程度上反映英国中央政府与伦敦地方政府间的财政关系，突出体现了英国中央政府对财政的主导地位：伦敦财政收入中的中央税占比达70%以上，财政支出中占有绝对份额的社会保障（33.6%）、健康支出（27.4%）和教育支出（13.7%）等也都是由其中央政府支出的项目。通过对大伦敦政府财政收支状况的分析，可清楚了解英国的中央政府对地方的财政控制——其向地方转移支出的金额即为最有力的证明。可见，在地方事权与财权不匹配的情况下，英国的中央政府通过各种补助支出确保了地方财政的均衡发展。

6.3.5 英国的首都财政体制对构建我国首都财政体制的启示

按照功能划分，通常可将首都城市分为多功能和单功能两种，北京和伦敦都属于多功能首都城市。北京是我国的政治中心、文化中心、国际交往中心、科技创新中心，伦敦则是英国的经济、政治、文化以及金融中心。当然，北京与伦敦的城市战略定位存在一定差异。作为老牌的发达国家，英国首都伦敦在发展建设过程中曾遭遇过一系列"首都病"或"大城市病"，如环境、卫生、人口等方面的"大城市病"，这与北京目前的情形十分相似。此外，英国作为典型的权力向中央高度集中的单一制国家，这一特点在其财政体制上尤为突出，英国的中央政府在财政收入、税权划分以及支出责任等方面都占大部分比重。伦敦所承担的首都财政职能、所凸显的首都财政特征和所形成的首都财政体制对构建我国的首都财政体制具有重要的启示与借鉴意义。

6.3.5.1 改革行政体制，调整政府层级，提高首都行政效率

我国是世界上主要国家中政府层级最多的国家之一。政府层级过多存在一定的弊端，从财政角度而言这会大幅度削弱我国分税制收入划分的可行性。很难设想，在"地方政府"的概念囊括省以下四级政府的特殊情况中，税种该如何划分。低层级政府的财政困境由此凸显。与我国五级地方政府架构不同的是，英国虽也有多层级地方政府，但其最低层级为第三级地方政府，比我国的五级行政划分要更为简洁，因此管理机制也更为高效。

我国学者贾康等主张减少政府层级和财政层级，撤除乡镇级政府和乡镇财政，将其变为县级政府的派出机构，同时虚化地市级政府，将地市级政府规定为省级政府的派出机构，那么最终所建立的三级（中央、省级、县级）加两个半级（地市、乡镇作为派出机构）政府结构，就很接近市场经济国家的一般行政划分。我国的五级政府框架有待改革，但并非只能通过减少政府层级来简化政府机构、提高各级政府的工作效率。有学者也持其他调整政府层级的观点，如主张缩小省级政府的管辖范围，增加省级政府的数量，同时扩大县乡两级政府的管辖范围并减少其政府数量。总体而言，调整政府层级能够更加精准地落实地方政府的职能定位，确保分税制财政体制良性运转；首都行政区划也能相应得到精简，不仅有利于政治和行政管理的高效运行，而且有利于首都财政运行效率的大幅提升。

6.3.5.2 明确界定首都事权与支出责任，推进非首都功能疏解

随着经济的发展，北京出现了人口过快增长，中心城区功能过于集中，所承担的事权与职责过于繁杂等"大城市病"问题，使其必须疏解非首都功能才能够提升首都经济的发展质量，惠及民生，从而进一步提高首都北京的国际影响力。2015年2月10日，习近平总书记在中央财经领导小组第九次会议上指出要疏解北京非首都功能。确实，作为一个拥有十几亿人口的大国，北京不应该承担也没有能力承担过多的非首都功能。当前，北京迫切需要的是明确首都城市的战略定位，加强"四个中心"的核心功能建设，避免因为政府层级较多而造成各级政府，特别是首都北京发生事权划分不规范、不明确的现象。因此，要继续不懈地推进疏解北京非首都功能的进程，为首都减负提质。

6.3.5.3 构建合理的地方税收体系，保证首都财政收入

地方政府事权的落实，需要以充足的地方财政作为保障。在英国，其地方政府的本级财政收入十分有限，所得税、增值税等主体税种收入都属于中央税，地方税税种寥寥可数，主要以市政税与营业房产税为主，且均属于财产税的范畴。英国的地方财产税体系对我国可产生一定的启示：我国没有地方主体税种，缺乏地方税源，而与其他各税种相比，财产税具有税源稳定、不易转嫁、易于征收等特点，毫无疑问最适宜作为地方税的主体税种。此外，以房产税为主的财产税税基较为有限，无法为地方政府的收支提供强有力的保障，因此对于财产税的改革不能局限于房产税的范围，要将范畴延伸到房地产税，建立以房地产税为主的财产税。

近年来，我国已在循序渐进、稳步推进房地产税改革试点，房地产税立法也已提上日程。由此可见，构建合理的地方税收体系是当前我国税制改革的重点问题。房地产税作为一个新税种，其设立是"从无到有"的，因此改革过程会较为漫长。待房地产税大面积乃至全面实施后，地方政府就有了稳定的财政收入来源；与之相应，首都的财政收入也能够得到保证，首都财政的自主权也能够进一步得到增强。只有北京所背负的沉重的财政包袱得以减轻，才能有足够的精力来保障首都核心职能的充分发挥。

6.3.5.4 规范转移支付制度，确保首都财力充足

如前所述，英国的中央政府掌握着全国绝大部分的财政收入，其中央财政的收入占总收入的比例高达94%左右，地方政府的收入只占6%左右；与此同时，英国中央政府的财力十分集中，其首都伦敦以及各地方政府的大部分支出都有赖于中央的转移支付。我国在实行分税制改革后，也越来越重视中央财权的集中，事权下移和财权上移成为财政分权的重要特征；中央政府的宏观调控能力由此得以加强，而转移支付制度是实施宏观政策的有效途径。中央有一定的财力规模是实现转移支付制度的基础，这也正是英国转移支付制度发展较为成熟的主要推动力。反观我国，近年来中央财政收入占总收入的比重基本稳定在50%左右，中央政府实际可支配的财力偏弱，其转移支付也就无法发挥最大程度的作用；与之相应，对首都北京的转移支付也难以确保充足的数量。因此，为引导地方政府以中央政策为导向发展地方经济，激励地方积极推进公共服务均等化，就需要适当提高中央政府可支配财力的数量，同时完善我国转移支付的模式，以确保转移支付的对象和资金规模合理、科学，确保转移支付的资金分配流程规范、透明。

"四个中心"和"四个服务"是中央对首都北京工作的基本要求，也是首都北京的根本遵循与职责使命。为此，北京所承担的首都核心功能，需要中央提供多途径的资金支持与帮助，以减轻首都的财政压力，确保首都财力充足，从而为加强"四个中心"建设、提升"四个服务"水平保驾护航。

7 关于首都财政发展的政策建议

首都作为一个国家的政治中心和中央政府所在地，是一个政治概念。首都既有一般城市的共有职能，也有其独有的首都职能。首都城市职能的特殊性必然会对其财政体制提出特殊要求，从而使首都财政具有不同于一般城市财政的特征。

党的十八大以来，习近平总书记多次考察北京，提出"建设一个什么样的首都，怎样建设首都"这个重大问题，新时代首都建设规划由此拉开了帷幕。2017年9月，党中央、国务院批复《北京城市总体规划（2016年—2035年）》，北京城市发展的整体蓝图正式确立。2018年12月，党中央、国务院批复《北京城市副中心控制性详细规划（街区层面）（2016年—2035年）》，标志着北京城市副中心的规划建设迈出了崭新一步，将与河北雄安新区共同建成北京新的"两翼"。2020年8月，党中央、国务院批复《首都功能核心区控制性详细规划（街区层面）（2018年—2035年）》，成为未来首都核心区的总体纲领和总体指南，编制核心区控规在我国首都规划建设史上尚属首次。

围绕"都"的功能谋划"城"的发展，以"城"的更高水平发展服务保障"都"的功能，更好地履行首都职责，推动首都高质量发展。在更好地处理"都"与"城"的关系，更好地落实"四个中心"城市战略定位，履行"四个服务"基本职责，加快建设国际一流的和谐宜居之都的过程中，财政所发挥的基础性作用既体现在为首都城市战略的实现提供财力保障，也体现在为首都的高质量发展提供有效的财政工具与政策。因此，有必要对与首都功能相匹配的财政责任的常态化特征进行分析，并探索首都财政责任制度化的可行方案。

第一，首都财政需要为中央政务提供高标准的服务保障。北京作为我国的政治中心，是党、政、军、司法等最高机构，国家经济决策、管理最高机构，国家市场准入和监管最高机构，国家主要银行、保险、证券等金融最高管理机构，国家级社会团体等的所在地。北京必须做好 4 500 余家中央在京单位的各项常态性服务保障工作。例如，用地方面，划拨给中央部门的大量土地，往往以远低于土地成本的价格，甚至以无偿的方式供给，其土地成本差价全部由北京市承担。用房方面，北京市不仅要为中央企业协调解决办公用房，而且在每年的经济适用房用地中直接预留了很大比例的中央和国家单位用地；每年划拨给在京中央、军队等单位的经济适用房（不经过公开销售）产权满五年后可根据北京市政策转为商品房上市出售，其高额差价并不回归中央或北京市，而由对口单位获得。生活保障方面，北京市为入职国务院各部委、直属机构及在京央企的毕业生提供户口保障，并为其本人、配偶、子女、父母等提供与户口挂钩的本地医疗、教育、住房等公共服务。

北京为履行政治中心和国际交往中心的职能，保障国家重要的政治活动、国际交往活动、邦交国家使馆机构和国际组织驻华机构的安全，在政治环境秩序、维护首都安全和社会安定方面的投入和支出规模、标准均明显高于其他省市，而且呈现刚性特征，可压缩空间很小。

第二，首善之区对公共服务的范围和水平之要求更高。北京作为首善之区，除了做好中央在京单位的各项服务保障工作之外，还要以高标准努力满足市民日益增长的美好生活需要。据统计，在一般公共预算支出中，北京在教育、医疗、社会保障、文化体育等民生事业方面支出的人均标准均高于上海，在一般公共服务、农林水事务、科技等方面支出的人均标准也显著高于上海，这表明北京在城市公共服务方面承担了相对更大的支出责任，而这也是造成北京市财政收支缺口较大的原因之一。虽然近年来北京和上海的财政收支缺口均呈逐年扩大的趋势，但是相比较而言，北京市的财政收支缺口更大，如 2019 年北京一般公共预算收支缺口为 1 591.2 亿元，远大于上海的 1 014.2 亿元。

第三，北京承担了部分全国性公共产品的供给责任。北京既是首都所在地，也是全国性公共产品的聚集地，如北京的公共交通、教育、医疗等公共产品不仅服务于北京市民，而且服务于非京籍常住人口和流动人口。目前，医疗方面北京市每天大约要接待 13 万人次来京就诊；教育方面，北京市需要满足在京近 47.1 万非京籍义务教育阶段学生享受优质教育资源（占全市义务教育在校学生人数的近 42%）的需求。此外，北京市在大气污染和环境治理方面的投入，在民族文化、非物质文化遗产、国家级历史古迹、国家级文化设施、名人故居、国家级文化活动、国际文化交流、博览会等方面的投入，在支持开展公共外交和民间外交，加强国际化宣传推广，支持亚投行（亚洲基础设施投资银行）等国际组织落户北京方面的投入，都具有典型的全国性公共产品支出的性质，其受益范围不仅限于北京市。

第四，北京在京津冀协同发展中的辐射带动作用需要财力保障。为推动京津冀协同发展，北京市在雄安新区建设，大兴国际机场建设，筹办冬奥会，实施交通、生态、产业三个领域率先发展等任务方面不断加大资金投入力度。2017—2019 年，北京市级政府性投资项目在交通设施建设、社会管理和公共服务、生态环境三项中占比最高，分别为 33.7%、24.2%、16.9%。北京市把支持雄安新区建设当成自己的事来办，统筹全市优质资源，推进全方位协同合作，从协同创新、公共服务等七个方面抓好雄安新区建设的对接支持。可见，北京在京津冀协同发展中所发挥的辐射带动作用，需要投入相应的财政资金作为必要保障。

第五，减量发展、转型升级和税制改革等因素造成首都财政压力的进一步凸显。按照新版北京城市总体规划，北京成为全国第一个减量发展的城市，规划要求北京实现人口规模和建设规模双控，严守人口总量上限、生态控制线、城市发展边界三条红线。明确 2020 年将全市常住人口规模控制在 2 300 万人以内，2020 年以后长期稳定在这一水平；2020 年全市生态控制区面积占市域面积比重达到 73%，到 2035 年提高到 75%；2020 年全市城乡建设用地规模减至 2 860 平方公里，2035 年减至 2 760 平方公里，腾退减量后的用地要更多用于增加绿色生态空间。按照减量发展要求，一方面，北京市采取了一系列调控政策措施，为稳定房地产市场，防止房价过快增长，北京市实施了严格的房地产调控措施；为改善首都环境，更好履行政治中心职能，北京市进一步严格执行大气污染综合治理措施，为保障重大活动等的举办而在一定程度上限制企业生产和工程施工。另一方面，北京市以第三产业为主的产业结构造成其财政收入受"营改增"等税制改革的影响很大，加之北京目前仍处于推动产业优化升级的动力转换期，能够支撑财政收入增长的新动能有待进一步培育和壮大。综上，面对经济因素、政治因素等多种因素的综合作用和影响，北京市财政收入持续增长的难度加大，维持其财力格局与稳定可能需要考虑更多特殊机制。

考虑到首都财政支出责任的特殊性，以及现阶段财政运行的巨大压力，应遵循以下原则探索落实首都功能定位的财税政策和配套措施。

首先，首都功能与规划发展事关中央事权，需要在财税政策制度设计、财税利益关系调整上得到中央的支持。

其次，北京市应注重发挥地区主观能动性，完善市区两级财政管理体制，全面实施预算绩效管理，加快构建符合首都发展战略和功能定位的财税政策体系和财政管理体系。

最后，首都财政体制建设需要与京津冀协同发展高度契合，将财政激励引导、财税利益格局调整、财政体制创新深入融入京津冀一体化。

具体建议包括以下几点。

其一，争取一定的税收分成政策倾斜以推动北京市财政收入的稳定增长。北京市地方财政收入的稳定性关系首都功能实现的财力保障问题，具有很高的政治意义。从北京市的税收收入及其为在京中央单位、人员所提供公共服务的匹配性出发，可以考虑对目前完全缴纳至中央的中央直属企业所得税，允许北京市按照一定比例参与分享，或者允许北京市参与分享中央企业在京业务的相关税收。考虑科技投入的外溢性[1]，中央层面可以考虑对信息服务业、科技服务业等行业或"三城一区"科技成果的产业化过程中形成的税收收入，制定特殊的税收分成政策，以鼓励北京市提高创新链和产业链的进一步融合。此外，对北京市在深化新一轮服务业扩大开放综合试点，建设国家服务业扩大开放综合示范区过程中所采取的财税支持政策当中涉及的企业所得税、个人所得税等减免由中央分成部分承担。

其二，对核心区实行特殊的转移支付政策。考虑到首都特殊的功能定位，特别是考虑到其核心区承担保障安全，提供高标准公共服务，承担重大战略任务等的特殊性，考虑到核心区所承担的限收和增值并存的压力，实行中央对核心区的特殊转移支付政策，给予核心区稳定的财力支撑，从而支持核心区提升"四个服务"的能力，保障"四个服务"职责的履行。

其三，建立区域协同发展专项基金。借鉴美国等国家和地区的大都市圈经验，建立京津冀区域协同发展专项基金。以三地财政资金作为引导资金，以政府投资、资本金注入、财政补助、贴息等方式投入非核心产业转移、产

---

[1] 大量研发企业往往于初创阶段选择在北京孵化落地，享受北京当地的财政补贴和税收优惠政策，但出于土地、人力资源等要素成本考虑，其研发成果在北京进行产业转化的比例并不高，从而产生外溢。

业链打造等领域。发挥财政资金"四两拨千斤"的作用,广泛吸引社会资本进入基金体系,通过政府引导和市场调节,推动京津冀产业链分工格局的形成,促进京津冀三地自贸区联动发展,着力构建京津冀协同发展的高水平开放新平台。

其四,通过深化北京市的预算绩效管理推动财政资金效益提升。除了通过增收减支等方式化解北京的财政收支压力外,还需要从根本上提高其财政资金的使用效益,并以此来促进首都治理能力的现代化,以高水平财政管理推动首都的高质量发展。预算绩效管理不是简单的压缩开支和削减预算,而是通过全成本、全周期预算绩效管理,绩效管理与问责制挂钩,绩效管理与战略目标挂钩等现代财政管理技术,更好地改善管理、优化机制、规范行为,从而提升行政效率,从根本上改善财政资金使用效率。

参考文献

[1] 薄贵利. 中央与地方关系研究 [M]. 长春：吉林大学出版社，1991.

[2] 柴彬. 英国都铎时期经济社会视野中的教区 [J]. 中国社会科学院研究生院学报，2005（6）.

[3] 陈嘉陵. 各国地方政府比较研究 [M]. 武汉：武汉出版社，1991.

[4] 陈二厚，齐中熙，韩洁. 打造中国经济升级版：新一届中央政府简政放权改革纪实 [M]. 北京：中国言实出版社，2015.

[5] 陈世香. 行政价值研究：以美国中央政府行政价值体系为例 [M]. 北京：人民出版社，2006.

[6] 丁颖，师颖新，户泉巧. "二战"以来的日本财政分权改革 [J]. 经济社会体制比较，2011（5）.

[7] 董光器. 古都北京五十年演变录 [M]. 南京：东南大学出版社，2006.

[8] 董光器. 从北京城市性质提法的演变看首都60年的发展 [J]. 北京规划建设，2009（5）.

[9] 高学增. 关于首都财政问题的初步探讨 [J]. 财政研究，1981（5）.

[10] 高妍蕊. 首都功能核心区迎来历史性新起点 [J]. 中国发展观察，2020（17）.

[11] 郭冬梅. 三新法体制的形成与日本近代地方自治 [J]. 社会科学战线，2006（2）.

[12] 范俊生. 首都财税的"阵痛"与"药方" [N]. 北京日报，2014-08-28（3）.

[13] 贾康，白景明. 县乡财政解困与财政体制创新 [J]. 经济研究，2002（2）.

[14] 焦海涛. 论"首都财政"范畴的特异性 [J]. 经济法研究，2008（7）.

[15] 吉冈健次. 日本地方财政史 [M]. 東京都：東京大学出版会，1981.

[16] 李秉仁. 首都规划建设掀开新的历史篇章 [J]. 城市开发，1994（4）.

[17] 李浩. 首都北京第一版城市总体规划的历史考察：1953年《改建与扩建北京市规划草案》评述 [J]. 城市规划学刊，2021（4）.

[18] 李松森. 中央与地方国有资产产权关系研究 [M]. 北京：人民出版社，2006.

[19] 李建军，杨天乐. 英国地方政府支出责任和地方税：经验与启示 [J]. 财政

监督，2017，399（9）．

[20] 李靖．关于推进首都非核心功能疏解的财税政策的思考：基于京津冀协同发展的视角[J]．中国经贸导刊，2015（16）．

[21] 李颖津．依法行政、科学理财 推动首都财政工作迈上新台阶[J]．中国财政，2015（2）．

[22] 李颖津．创新财政管理，推进京津冀协同发展[J]．预算管理与会计，2016（2）．

[23] 利特鲁普，张晓晗．两个首都的比较：历史上的北京与哥本哈根[J]．经济社会史评论，2009（1）．

[24] 鎌田素史．国と地方の税源配分[R]．东京都：参議院常任委員会調査室・特別調査室，2020.

[25] 梁思成，陈占祥．梁陈方案与北京[M]．沈阳：辽宁教育出版社，2005.

[26] 林坚．首都功能定位需要处理好十大关系[J]．中国流通经济，2015，29（4）．

[27] 刘剑文，侯卓．事权划分法治化的中国路径[J]．中国社会科学，2017（2）．

[28] 刘馨蔚．"两区"建设为北京加速[J]．中国对外贸易，2021（10）．

[29] 刘波．北京国际交往中心建设的现状及对策[J]．前线，2017（9）．

[30] 刘东霞．美法财政体制分析及对我国财政体制改革的启示[J]．现代商业，2012（8）．

[31] 刘作丽，聂艺菲，张悦，等．基于全球城市坐标系的首都功能再思考[J]．城市观察，2019（4）．

[32] 卢友富．略论日本战后财政体制及其影响因素[J]．东北亚论坛，2003（1）．

[33] 陆铭，向宽虎，陈钊．中国的城市化和城市体系调整：基于文献的评论[J]．世界经济，2011（6）．

[34] 毛其智．日本首都功能转移考[J]．国外城市规划，2000（2）．

[35] 梅松．60年首都经济发展思路演变和成就评价[J]．北京社会科学，2009（5）．

[36] 苗丽静．城市公共财政建设的现状与目标取向：以大连市为例[J]．财政研究，2005（11）．

[37] 彭兴业．首都城市功能研究[M]．北京：北京大学出版社，2000.

[38] 钱乘旦，许洁明．英国通史[M]．上海：上海社会科学院出版社，2007.

[39] 史言信.国有资产产权：中央与地方关系研究[M].北京：中国财政经济出版社，2009.

[40] 施昌奎，毕娟，罗植.北京公共服务发展报告（2018—2019）[M].北京：社会科学文献出版社，2019.

[41] 苏峰.从北京七次城市总体规划看首都建设的基本思路[J].北京党史，2008（2）.

[42] 苏祖安.英国地方政府体制和职权研究[J].科技创业月刊，2013，26（10）.

[43] 孙宏伟，谭融.论英国地方自治体制的发展与变革[J].内蒙古大学学报（哲学社会科学版），2014，46（2）.

[44] 沈培培.论美国联邦制的发展演变对我国的启示[J].法制与社会，2013（21）.

[45] 涂满章，詹圣泽，詹国南.世界特大城市对北京疏解非首都功能的借鉴[J].技术经济与管理研究，2017（8）.

[46] 王亚男.1900—1949年北京的城市规划与建设研究[M].南京：东南大学出版社，2008.

[47] 吴素芳.积极推进新时代首都财政改革发展[N].中国财经报，2018-06-14（2）.

[48] 吴素芳.北京财政：风雨兼程四十载 改革潮头谱华章[J].中国财政，2018（18）.

[49] 吴素芳.推动新形势下首都经济社会高质量发展[J].中国财政，2019，777（4）.

[50] 熊文钊.大国地方：中央与地方关系法治化研究[M].北京：中国政法大学出版社，2012.

[51] 西尾胜.日本地方分权改革[M].张青松，刁榴，译.北京：社会科学文献出版社，2013.

[52] 徐行.新中国行政体制的初创[M].北京：当代中国出版社，2013.

[53] 余英.中心城市财政压力及其缓解：基于美国学术文献的考察[J].徐州工程学院学报（社会科学版），2016，31（5）.

[54] 杨树相.论首都财政与首都经济[J].北京经济瞭望，1999（1）.

[55] 杨全社，李林君，王海南.北京市在疏解非首都核心功能中的事权研究[J].经济研究参考，2016（52）.

[56] 礒崎初仁, 金井利之, 伊藤正次. 日本地方自治[M]. 张青松, 译. 北京: 社会科学文献出版社, 2010.

[57] 张道庆. 美国与法国财政联邦主义比较[J]. 经济经纬, 2005（3）.

[58] 张京成, 沈晓平, 廖旻. 北京文化创意产业发展报告（2020）[M]. 北京: 社会科学文献出版社, 2020.

[59] 张敬淦. 北京规划建设五十年[M]. 北京: 中国书店出版社, 2001.

[60] 张军扩, 战后伦敦治理"大城市病"的经验启示[N]. 中国经济时报, 2016-08-18（5）.

[61] 张庆. 墨西哥"中央－地方"关系的动态演进（1917—2012年）[J]. 拉丁美洲研究, 2014（6）.

[62] 赵仑. 北京市公共产品需求分析[J]. 经济与管理研究, 2009（7）.

[63] 赵永仁. 英国的反腐与监督机制[J]. 中国人大, 2014, 363（15）.

[64] 张光. 财政转移支付对省内县际财政均等化的影响[J]. 地方财政研究, 2013（1）.

[65] 安锦, 任致伟. 转移支付对县际财力的均等化效应: 以内蒙古为例[J]. 财会月刊, 2015（3）.

[66] 马海涛、任致伟. 转移支付对县级财力均等化的作用[J]. 财政研究, 2017（5）.

[67] 朱军, 寇方超, 宋成校. 中国城市财政压力的实证评估与空间分布特征[J]. 财贸经济, 2019（12）.

[68] 关成华, 赵峥. 中国城市科技创新发展报告2020[M]. 北京: 科学技术文献出版社, 2021.

[69] 北京市国民经济和社会发展第十三个五年规划纲要[EB/OL].[2021-12-15]. http://www.beijing.gov.cn/gongkai/guihua/wngh/qtgh/201907/t20190701_99981.html.

[70] 北京市国民经济和社会发展第十四个五年规划和二〇三五年远景目标纲要[EB/OL].[2021-12-15]. http://fgw.beijing.gov.cn/fgwzwgk/zcgk/ghjhwb/wnjh/202104/t20210401_2638614.htm.

[71] 上海市国民经济和社会发展第十四个五年规划和二〇三五年远景目标纲要[EB/OL].[2021-12-15]. https：//www.shanghai.gov.cn/nw12344/20210129/ced9958c16294feab926754394d9db91.html.

[72] 深圳市国民经济和社会发展第十四个五年规划和二〇三五年远景目标纲

要 [EB/OL].[2021-12-15].http://www.sz.gov.cn/cn/xxgk/zfxxgj/ghjh/index.html.

[73] 北京城市总体规划（2016 年—2035 年）[EB/OL].[2017-10-13].http://invest.beijing.gov.cn/xxpt/fzgh/bjsgh/201912/t20191206_908577.html.

[74] 北京市 2019 年国民经济和社会发展统计公报 [EB/OL].[2020-03-02].http://www.beijing.gov.cn/zhengce/zhengcefagui/202003/t20200302_1673464.html.

[75] 2020 年中国硬科技创新白皮书 [EB/OL].[2020-09-17].https：//www.iyiou.com/analysis/202009171008281.

[76] 北京市 2020 年国民经济和社会发展统计公报 [EB/OL].[2021-03-12].http://www.beijing.gov.cn/zhengce/zhengcefagui/202103/t20210312_2305538.html.

[77] 北京市"十四五"时期公共财政发展规划 [EB/OL].[2021-06-24].http://czj.beijing.gov.cn/zwxx/tztg/202106/t20210624_2420213.html.

[78] 北京市加快医药健康协同创新行动计划（2021—2023 年）[EB/OL].[2021-07-22].http://www.beijing.gov.cn/zhengce/zfwj/zfwj2016/bgtwj/202107/t20210722_2446806.html.

[79] 北京市关于加快建设全球数字经济标杆城市的实施方案 [EB/OL].[2021-07-30].http://kw.beijing.gov.cn/art/2021/8/5/art_2384_14382.html.

[80] 北京数字经济规模占 GDP 比重居全国第一位 [EB/OL].[2021-08-16].https：//paper.cnii.com.cn/article/rmydb_15963_303793.html

[81] 北京市"十四五"时期文化和旅游发展规划 [EB/OL].[2021-09-08].http://www.beijing.gov.cn/zhengce/zhengcefagui/202110/t20211025_2520206.html.

[82] 神野直彦. 地方分権と税源移譲について [J]. 国際税制研究，2005（5）.

[83] 藤田武夫. 日本地方財政制度の成立 [M]. 东京都：岩波書店，1941.

[84] 天川晃. 変革の構想－道州制論の文脈 [J]. 东京都：東京大学出版会，1986.

[85] 町田俊彦，張忠任. 政府間財政関係における集権と分権の諸課題：理論と実際 [J]. 専修大学社会科学研究所，2017（2）.

[86] 真山達志. 自治体における事業評価導入の多面的意義 [J]. 会計検査研究，2001.

[87] ESCOBAR，LEMMON. Fiscal decentralization and federalism in Latin America[J]. The journal of federalism[J]，2001，31（4）.

[88] GONZÁLEZ，LUCAS I. Political power, fiscal crises, and decentralization in Latin America：federal countries in comparative perspective（and some contrasts

with unitary cases) [J]. The journal of federalism, 2008, 38 (2).

[89] No shelter from the storm: DC's rainy fund is inaccessible in the midst of a sever fiscal crisis[EB/OL].[2010-03-20].http://www.dcfpi.org/no-shelter-from-the-storm-dc%E2%80%99s-rainy-fund-is-inaccessible-in-the-midst- of-a-severe-fiscal-crisis.

[90] LEE, ROBERT, JOHNSON, et al. Public budgeting systems[M]. Sudbury, MA: Jones and Bartlett Publishers, Inc , 2004.

[91] O'CLEIREACAIN, CAROL. The orphaned capital: adopting the right revenues for the District of Columbia[M]. Washington, D.C: Brookings Institution Press, 1997.

[92] RODDEN, JONATHAN. Comparative federalism and decentralization: on meaning and measurement[J]. Comparative politics, 2004, 36 (4).

[93] SHOCK, DAVID. Part I: the foundations of governmental relations in the U.S. lecture[M]. Kennesaw, GA : Kennesaw State University, 2009.

[94] U.S. CONGRESS. House of representatives. H.R. 4269. 108th Cong., 2d sess, 2004 WEISS, ERIC M. D.C.'s bid to impose commuter tax denied: court undercuts home-rule effort[N]. The Washington Post, 2005.

[95] WRIGHT, DEIL, S. American intergovernmental relations[M]. Washington, D.C: CQ Press, 2007.

[96] WRIGHT, DEIL, S. Understanding intergovernmental relations[M]. Pacific Grove, California: Brooks/Cole Publishing Company, 1988.